Leben Lernen
KLETT-COTTA

Zu diesem Buch

Psychoanalyse und Zen-Buddhismus sind unterschiedliche Erfahrungswege, die jedoch viele Ziele gemeinsam haben: Einsicht, Empathie und Heilung. In einem sich schrittweise vertiefenden Dialog werden Gemeinsamkeiten und Unterschiede herausgearbeitet.

Gerald Weischede, Gestalttherapeut, Körpertherapeut, seit 30 Jahren Praxis in Zen-Buddhismus, Zen-Lehrer in Göttingen.

Ralf Zwiebel, Professor Dr., Psychoanalytiker am Alexander-Mitscherlich-Institut Kassel; em. Professor für Psychoanalytische Psychologie an der Universität Kassel; in freier Praxis tätig.

Alle Bücher aus der Reihe ›Leben Lernen‹ finden Sie unter:
www.klett-cotta.de/lebenlernen

Gerald Weischede
Ralf Zwiebel

Neurose und Erleuchtung

Anfängergeist in Zen und Psychoanalyse
Ein Dialog

Klett-Cotta

Leben Lernen 226

Klett-Cotta
www.klett-cotta.de

Printed in Germany
Umschlag: Hemm & Mader, Stuttgart
Titelbild: Paul Klee: Hauptweg und Nebenwege, 1929, 90

Satz: Kösel, Krugzell
Auf holz- und säurefreiem Werkdruckpapier gedruckt und gebunden
von Kösel, Krugzell
ISBN 978-3-608-89087-7

Bibliografische Information der Deutschen Nationalbibliothek
Die Deutsche Nationalbibliothek verzeichnet diese Publikation in der
Deutschen Nationalbibliografie; detaillierte bibliografische Daten sind im
Internet über <http://dnb.d-nb.de> abrufbar.

Inhalt

I. Vorwort und Einleitung 7

II. Zen und die Praxis der Psychoanalyse – ein Überblick 11

III. Zen und die Praxis der Psychoanalyse – Vertiefungen 41

1. Eine kurze Einführung 41
2. Literaturübersicht 44
3. Praxis des Zen 59
   3.1 Grundlagen der Praxis 59
   3.2 Über das »Selbst« 79
   3.3 Über Geist und Bewusstsein 101
   3.4 Über das Leiden 120
   3.5 Zum Begriff der Leerheit 145
4. Praxis der Psychoanalyse 162
   4.1 Über die psychische Arbeit des analytischen Paares: Verarbeiten – Durcharbeiten – Nacharbeiten 162
   4.2 Die affektive Regulierung der therapeutischen Beziehung am Beispiel des Weinens 188
   4.3 Allein-Sein in der Gegenwart des Anderen: Die Praxis des lebendigen analytischen Kontaktes 210
   4.4 Gelingen und Scheitern: Dilemmata heutiger psychoanalytischer Praxis 232

IV. Zur Dynamik von Präsenz und Reflexion: Abschließende Überlegungen 253

Danksagung 261

Literatur 263

I. Vorwort und Einleitung

Zen und Psychoanalyse stammen aus unterschiedlichen Zeiten, aus unterschiedlichen Kulturen und sie haben ganz unterschiedliche historische, sozio-kulturelle und geisteswissenschaftliche Hintergründe. Zen wird eher der Religion zugeschrieben, die Psychoanalyse der Psychologie und Wissenschaft, Letztere mit einem notorisch kritischen Verhältnis zur Religion. Im Zen steht das Schweigen im Mittelpunkt, in der Psychoanalyse die Rede. Im Zen geht es um einen »Weg der Weisheit«, eine soteriologische Disziplin, in der Psychoanalyse – vor allem auch in der heute üblichen klinischen Praxis – um eine Behandlungsmethode bei psychischen Problemen. So wundert es auch nicht, dass sich Zen und Psychoanalyse in der Regel doch mit einer erheblichen Skepsis, wenn nicht sogar Verleugnung oder Ablehnung gegenüberstehen und auch behandeln. Erst bei genauerem Studium wird deutlich, dass es seit Beginn der Psychoanalyse vor über 100 Jahren und mit dem Beginn der Ausbreitung des Buddhismus und insbesondere des Zen in der westlichen Welt immer wieder Versuche gab – und in den letzten Jahren vermehrt gibt –, einen Dialog zwischen diesen beiden Wegen zu entwickeln.

Davon handelt dieses Buch. Die beiden Autoren lernten sich auf Seminaren des amerikanischen Zen-Meisters Richard Baker-Roshi vor über 15 Jahren kennen. Einer von ihnen ist ein enger Schüler von Baker (G. W.), der andere ein suchender Psychoanalytiker, der erst vor Kurzem auf die Zen-Meditation gestoßen war (R. Z). Vor einigen Jahren boten wir ein Seminar zum Thema »Zen und Psychoanalyse« in der Universität Kassel an, das letztlich zum Ausgangspunkt unserer engeren Zusammenarbeit wurde. Wir stellten verschiedene Texte in einem Reader zusammen, der bei den Studierenden und auch anderen Interessierten Anklang fand. Ursprünglich entstand der Gedanke, diesen Reader in verbesserter Form herauszugeben. Dann zeigte sich jedoch, dass wir in unserem Dialog Feuer gefangen hatten und immer mehr den Wunsch verspürten, die komplexe Thematik von Zen und Psychoanalyse aus unserer ganz eigenen, persönlichen Sicht darzustellen – oder besser: zur Diskussion zu stellen. Denn wie ja an dem Umfang unseres Buches erkennbar ist, entfaltet diese Thematik doch eine enorme, wie wir aber finden, stimulierende Eigendynamik und Tiefe. Ermutigt hat uns ein ähnliches Buch des indischen Yogalehrers T. K.V. Desichakar und des Psychoanalytikers H. Krusche, das zwar anders aufgebaut ist, aber ein ähnliches Anliegen verfolgt, nämlich einen Dialog zwischen unterschiedlichen Heilungswegen zu eröffnen (Desichakar und Krusche 2007).

Das menschliche Verstehen scheint uns einer unaufhebbaren Dynamik von Gelingen und Scheitern zu unterliegen. Dies beginnt bereits bei dem Selbstverstehen: Oft genug bleibt unklar, ob das eigene Erleben und die eigenen Handlungen und ihre Begründungen auf einem angemessenen Verstehen beruhen oder doch Erklärungen sind, die man zusammengefasst als Rationalisierungen bezeichnen könnte. Jedenfalls ist bereits das Selbstverständnis oft genug von Missverständnissen, Selbsttäuschungen und Illusionen durchsetzt. Dies gilt natürlich in gleicher Weise für das intersubjektive Verstehen. Es ist vielfach beschrieben und analysiert worden, und wir wollen hier nur darauf hinweisen, dass intersubjektives Verstehen keineswegs die Regel ist, sondern dieses sich immer erst wieder durch das Überwinden von Missverständnissen erarbeiten lassen kann. Daher ist es kein Wunder, dass wir dies auch in professionellen und wissenschaftlichen Diskussionen erleben. Diskutieren beispielsweise Psychoanalytiker einen klinischen Fall, so besteht die gesamte Diskussion im Grunde in dem Versuch, eine gemeinsame Sprache und ein gemeinsames Verständnis zu finden, das man in keinem Fall voraussetzen kann. Nicht selten stellt man erstaunt fest, dass vertraute Begriffe von den Kollegen ganz unterschiedlich verstanden und interpretiert werden. Gibt es diese Verstehensprobleme also schon unter Psychoanalytikern einer »Schule«, so werden diese Probleme noch größer, wenn es um Diskussionen zwischen verschiedenen psychoanalytischen Auffassungen geht oder sogar um Diskussionen zwischen verschiedenen Psychotherapierichtungen. Aus eigener Erfahrung wissen wir, dass diese zum Teil erheblichen Hindernisse der Verständigung nur durch intensive und persönlich engagierte Dialoge partiell überwunden werden können; im Sinne des von D. Bohm entwickelten Dialog-Gedankens ist es notwendig, die Diskussion – in der es immer um Positionen und damit auch um Macht geht – in einen echten Dialog zu überführen, der von einem genuinen Interesse und von Respekt geprägt ist (D. Bohm 2001). Entscheidend ist es nach diesen Vorstellungen, die eigenen, oft impliziten Grundannahmen wahrzunehmen, infrage zu stellen und immer wieder zu überprüfen, um damit auch die eigenen Überzeugungen »in der Schwebe zu halten« und notfalls auch zu revidieren. Nur dann kann man wahrscheinlich etwas wirklich Neues lernen.

Wenn es also dieses Grundproblem der Verständigung gibt, das sich schon bei sich relativ nahestehenden Personen zeigt, umso mehr muss der Versuch des folgenden Buches erstaunen, in dem zwei Menschen über zwei Selbsterforschungs- und Heilungswege in einen Dialog zu kommen versuchen, die auf den ersten Blick kaum gegensätzlicher erscheinen mögen. Der Leser mag entscheiden, ob uns dies gelungen ist.

In einem ersten Teil des Buches geben wir einen Überblick über die Beziehung von Zen und Psychoanalyse. Der mit der Thematik nicht vertraute Leser kann sich über beide Richtungen in eher groben Zügen informieren und bekommt auch einen ersten Eindruck über Konvergenzen und Divergenzen. In einem zweiten Teil geht es dann um eine Vertiefung dieser Thematik. Nach einer kurzen Literaturübersicht, die vor allem zeigen wird, dass es doch einen zunehmend bedeutsamen Dialog zwischen Zen und Psychoanalyse – vor allem auch in den angelsächsischen Ländern – gibt (III, 2), werden wir zuerst die Praxis des Zen und dann die Praxis der Psychoanalyse detaillierter beschreiben. Die Kapitel über die Praxis des Zen beziehen sich vor allem auf die meditative Praxis und ihre damit verknüpften Grundannahmen, im Besonderen über das Selbst und über Geist und Bewusstsein. Diese werden wir dann am Ende des jeweiligen Kapitels aus psychoanalytischer Sicht kommentieren. Dabei wird es vor allem auch um zentrale Aspekte der psychoanalytischen Praxis gehen, etwa der freien Assoziation, der gleichschwebenden Aufmerksamkeit und der Bedeutung des Unbewussten (III, 3.1 – 3.3). In einem weiteren Kapitel wird es um die Problematik des Leidens gehen, das aus buddhistischer und psychoanalytischer Perspektive besprochen wird. In einem gesonderten Kapitel werden wir einen zentralen buddhistischen Begriff genauer diskutieren, den Begriff der Leerheit, der als die zentrale Grundauffassung des Mahayana-Buddhismus angesehen werden kann (III, 3.5). Die Kapitel über die Praxis der Psychoanalyse stehen vor allem unter dem Motto der Arbeitsweise des modernen Psychoanalytikers. Es werden in den unterschiedlichen Kapiteln Thematiken des »analytischen Paares«, der affektiven Regulierung in der analytisch-therapeutischen Beziehung, des Allein-Seins in der Gegenwart des Anderen und die Dynamik von Gelingen und Scheitern detailliert besprochen und diese wiederum aus der Zen-Perspektive reflektiert (III, 4.1–4.4). Alle diese Überlegungen suchen und finden immer wieder einen gemeinsamen Nenner, der in dem Begriff des »Anfänger-Geistes« eine prägnante Formulierung gefunden hat.

Das zusammenfassende Schlusskapitel steht dann unter dem Motto von »Präsenz und Reflexion«: Dies betrachten wir als ein komplementäres Paar, das aber im Sinne einer »coincidentia oppositorum« (Cusanus) eine einheitliche Haltung beschreibt, die für einen Heilungsweg, der zu Einsicht, Empathie und auch Weisheit führt, unabdingbar ist. Es geht uns nicht darum, einen einheitlichen Heilungsweg vorzuschlagen, sondern einen interkontextuellen Dialog zu eröffnen, der es ermöglicht, den jeweils spezifischen Weg besser zu verstehen und wenn erforderlich auch zu erweitern[1].

1 Wenn im Fortlauf des Buches von »Patient« oder »Therapeut« die Rede ist, schließt dies selbstverständlich die »Patientin« oder »Therapeutin« mit ein. Auf die unter Gender-Gesichtspunkten korrekte Form wurde ausschließlich der flüssigeren Lesbarkeit wegen verzichtet.

II. Zen und die Praxis der Psychoanalyse – ein Überblick

Einleitende Bemerkungen

Das folgende Einleitungskapitel ist eine erste Übersicht der gesamten Thematik. Es gibt dem eher eiligen Leser die Möglichkeit, sich einen ersten Überblick zu verschaffen. Da es sich bei unserem Buch um eine Zusammenarbeit zwischen einem Zen-Lehrer (mit psychotherapeutischer Ausbildung und Praxis) und einem klinischen Psychoanalytiker (mit Erfahrung in der Zen-Praxis) handelt, wollen wir in dieser Einleitung zuerst unseren persönlichen Zugang zum Zen darstellen. Dies ist keine leichte Aufgabe, erscheint jedoch wenigstens im Ansatz notwendig, da man immer wieder leicht in den Verdacht kommt, den eigenen Weg oder die eigene Methode vielleicht doch nicht richtig verstanden zu haben. Allerdings zeigt die neuere Entwicklung, dass solch ein »Doppelweg« zwischen einer psychologisch-therapeutischen und einer spirituellen Disziplin keineswegs ein »Holzweg« sein muss, sondern vielleicht ein Weg, der in der Zukunft viel öfters beschritten werden wird. Es folgt nach den persönlichen Bemerkungen in einem ersten Ansatz der Versuch, die Grundlagen und die Praxis von Zen und Psychoanalyse zu beschreiben und die Gemeinsamkeiten und Unterschiede genauer herauszuarbeiten.

Persönliche Wege zum Zen (Ralf Zwiebel)

Wie bin ich als Psychoanalytiker zur Psychoanalyse und dann zum Zen[1] gekommen? Dazu einige kurze Anmerkungen zum persönlichen

---

1 Im Folgenden sprechen wir kurz gefasst von Zen. Manchmal macht man eine Unterscheidung zwischen Zen-Buddhismus und Zen, wobei man mit dem Ersteren eine im weitesten Sinne religiöse Praxis beschreibt (einschließlich bestimmter Rituale und ethischer Einstellungen) und mit dem Letzteren eine grundlegende non-duale Einstellung der Wirklichkeit gegenüber versteht. Dies kommt in einer Bemerkung von Bernard Philips, die Kapleau zitiert, besonders schön zum Ausdruck: »Zen ist dreierlei. Äußerlich und objektiv betrachtet, ist Zen zuerst einmal eine bestimmte Schule des Buddhis-

Hintergrund. In beiden Fällen waren es folgende zentrale Motive, soweit ich dies selbst erkennen kann: der Wunsch nach Glück – oder sollte ich etwas vorsichtiger von dem Wunsch nach Wohlbefinden sprechen –, der Wunsch nach Erkenntnis und der Wunsch nach Heilen und Heilung. Diese Strebungen sind wohl als universell-existenziell anzusehen, werden allerdings bei jedem Menschen durch Konstitution, Lebensgeschichte und kulturelle Umwelt jeweils spezifisch-individuell geformt. Als Schüler hatte ich den brennenden Wunsch, Arzt und Wissenschaftler zu werden, aus heutiger Sicht wohl eine Kompromissbildung aus dem Wunsch nach Erkenntnis und Verstehen und dem Wunsch nach Helfen (vielleicht als Ausdruck von unbewussten Wiedergutmachungs-Impulsen) und Heilung (als Ausdruck eines eher unbewussten Ahnens einer persönlichen Problematik). Nach einer eher kurzen Zeit in der biochemischen Wissenschaft entdeckte ich als junger Arzt zu Beginn der 70er-Jahre die Psychoanalyse, die in dieser Zeit eine zunehmende Aufmerksamkeit in wissenschaftlichen Diskursen und in der Öffentlichkeit erregte. Die Erfahrungen mit der analytischen Ausbildung und die ersten Jahre als praktizierender Analytiker in eigener Praxis konfrontierten mich jedoch vor allem mit den Grenzen der Theorie und Praxis, und zwar sowohl bei mir selbst als auch bei meinen Patienten und Analysanden. Konkreter gesprochen, war die damalige psychoanalytische Ausbildung nur begrenzt eine gute Vorbereitung auf eine allgemeine psychotherapeutisch-psychoanalytische Praxis. Es ist sehr schwierig, im Nachhinein dieses Gefühl des Mangels zu beschreiben. In jedem Fall blieb eine suchende Bewegung nach einem »Mehr«, ohne dass dies immer artikulierbar war, lebendig. Andererseits mag es als ein Entwicklungsschritt angesehen werden, die Grenzen der Glücksmöglichkeiten, die Grenzen von Erkenntnis und

---

mus. Als solches besitzt es seine eigene Geschichte und institutionalisierte Form. Auf einer tieferen Ebene ist Zen, zweitens, das Herz und die Essenz des Buddhismus. Ohne eigene Schriften oder Lehren zu bemühen, deutet es direkt auf die endgültige Quelle aller buddhistischen Lehren, nämlich die Erleuchtungserfahrung des Buddha selbst. … Wenn wir noch tiefer blicken, überschreitet Zen sogar den spezifischen Buddhismus und ist nicht mehr nur eine bestimmte Religion, sondern Religion an sich, ihrer universellsten Absicht. Mit anderen Worten, Zen ist Leben in Wahrheit, authentisches Sein, in dem das Selbst seine Entfremdung sich selbst und allem anderen gegenüber überwunden hat. Wenn Zen auf diese Weise verwirklicht wird, bleibt nichts mehr, was man Zen nennen könnte.« (P. Kapleau 1997, S. 28 – 29)

Heilung bei einem selbst und bei anderen wirklich anerkennen zu können; dennoch stellen diese Grenzen wiederum schmerzliche und leidvolle Erfahrungen dar, die diese suchende Bewegung und die Frage nach der Veränderlichkeit dieser Grenzen aufrechterhielt. In meinem Fall war es zum einen der analytische Weg, den ich versuchte, immer genauer zu studieren und zu verstehen – um auf diese Weise die Grenzen meines Könnens und Verstehens sowohl zu akzeptieren als auch auszuweiten –, und zum anderen der Zen-Weg, den ich aufgrund verschiedener Umstände für mich entdeckte. Dies begann mit einer Auseinandersetzung mit der indischen Religiosität, die ich auf meinen häufigen Reisen nach Indien erlebte, den ersten Erfahrungen mit Yoga und endete schließlich in drei wichtigen Begegnungen, die ich hier kurz andeuten möchte: zuerst die mit Douglas Harding, einem 2008 hochbetagt verstorbenen modernen, englischen »Mystiker«, der seinen »kopflosen Weg« als Wiederentdeckung des Offensichtlichen beschreibt (D. Harding 1986). In diesem Text beschreibt er seine »Erleuchtung«, als er im Himalaya seine »Kopflosigkeit« und damit das wahre Sehen entdeckte: *»Der beste Tag meines Lebens … war, als ich merkte, dass ich keinen Kopf hatte … Es war, als ob ich in diesem Augenblick neu geboren worden wäre, brandneu, ohne Verstand, bar jeder Erinnerung. Allein das Jetzt existierte, dieser gegenwärtige Augenblick und was klar in ihm gegeben war … Sofort bemerkte ich, dass dieses Nichts, dieses Loch, wo ein Kopf hätte sein sollen, keine gewöhnliche Leere war, nicht ein bloßes Nichts. Im Gegenteil, es war ganz ausgefüllt. Es war eine unermessliche Leere, unermesslich angefüllt, ein Nichts, das Raum für alles fand – Raum für Gras, Bäume, schattige, entfernte Hügel und hoch über ihnen schneebedeckte Gipfel wie eine Reihe kantiger Wolken, die im blauen Himmel standen. Ich hatte einen Kopf verloren und eine Welt gewonnen.«* (D. Harding 1986, S. 17–18). Es war hier eine Form von absoluter Subjektivität, von unmittelbarem, einfachem Sehen angesprochen, auf das mystische Erfahrung immer wieder Bezug nimmt und das im Kontrast zur alltäglichen, durch konzeptuelles Denken gefilterten Wahrnehmung steht.

Eine zweite Begegnung war die mit Ramesh Balsekar in Bombay, der wichtigste Schüler von Nisardagatta Maharaj, einem »erleuchteten« Beedi-Verkäufer aus Maharashtra. Er vermittelte in Gesprächen und Kursen interessierten spirituellen Suchern die wesentliche Lehre dieses ungewöhnlichen indischen Heiligen, was er auch »Experiencing the Teaching« nannte (R. Balsekar 1988). Es handelt sich hier um eine aus dem Hinduistischen kommende Advaita-Vedanta-Lehre, in dem der Suchende immer wieder die zentrale Frage: Wer bin ich? stellt. Dabei geht es um die Entdeckung, dass das »wahre Selbst« niemals konzeptuell zu fassen ist, sondern durch permanente Dekonstruktion – in den alten Schriften als »neti-neti«, nicht dies, nicht das, beschrieben in seiner »Leerheit« erfasst wird. Das Wichtigste dabei ist das »Ich bin«, eine nichtkonzeptuelle Erfahrung des Seins, der subjektiven Existenz, eine Art »no-state-state« (S. Wolinsky 2002, S. 20). Alles andere wird als Konzeptualisierung entlarvt, einschließlich des ganzen »spirituellen Spiels« mit Begriffen wie Erleuchtung, Befreiung, Guru und Meister, dem Weg etc. Wir werden später noch sehr viel genauer auf diese Gedanken eingehen. Die dritte wichtige Begegnung war die mit einem Zen-Text, der auf fast rätselhafte Weise eine tiefe Wirkung auf mich ausübte und dazu führte, dass ich erstmals mit der meditativen Praxis begann: S. Suzukis »Zen-Geist-Anfänger-Geist«. Auf Suzuki werden wir später noch ausführlicher zu sprechen kommen. Der Schlüsselbegriff war der »Anfänger-Geist«, der auf fast magische Weise eine fundamentale Wahrheit und Bedeutung zu formulieren schien. Aber erst die persönliche Begegnung mit Richard Baker Roshi, dem Dharma-Nachfolger von Shunryu Suzuki Roshi, führte dazu, dass ich mich intensiver der eigenen meditativen Praxis zuwandte. Leitend blieb dabei immer die Vorstellung, dass es sich bei dem analytischen Weg und dem Zen-Weg um zwei unterschiedliche Zugänge zu einer Wirklichkeit des Menschen handelt, die beide aber auf dem universalen Streben nach Wahrheit, Freiheit, Wohlbefinden und Glück, Erkenntnis und Heilung beruhen.

Persönliche Wege zum Zen (Gerald Weischede)

Mein buddhistischer Weg begann 1979. Damals hatte ich meine eigene psychotherapeutische Praxis und arbeitete darüber hinaus noch als Stationsleiter in einem Landeskrankenhaus. Auf Empfehlung einer Freundin nahm ich an einem Zazen-Wochenende in der Stadt Essen teil. Vollkommen unvorbereitet saß ich damals auf meinem Sitzkissen und erlebte eine schreckliche Erfahrung nach der anderen, höllische Bilder wechselten ab mit fast unerträglichen Schmerzen. Im Wochenendangebot waren darüber hinaus noch Übungen aus der Eutonie. Eine dieser Übungen habe ich in besonders schmerzlicher Erinnerung: Wir sollten uns, auf dem teppichlosen Linoleumboden, mit unserer Wirbelsäule auf einen Bambusstab legen und uns in dieser Haltung komplett entspannen. Spätestens hier war mein Zen-buddhistischer Weg erst einmal beendet.

Diese ungute erste Erfahrung mit Meditation überzeugte mich, dass Psychotherapie wohl doch der einzige gangbare Weg zur inneren Befreiung sei. Diesen Standpunkt habe ich damals vehement vertreten, ganz zum Unwohlsein eines sehr guten Freundes und Arbeitskollegen. Er hatte sich der Vipassana-Meditation zugewandt. An langen Diskussionsabenden stritten wir darüber, ob es überhaupt einen Befreiungsweg gäbe und ob Meditation hierzu etwas beizutragen hätte. Völlig überzeugt davon, dass Psychotherapie der einzige Weg sei, sträubte ich mich lange Zeit, an einem Vipassana-Kurs teilzunehmen. Aber mein Freund ließ nicht locker. Er besuchte immer wieder Kurse, und die Veränderungen, die er für mich sichtbar durchlief, lösten meine Widerstände auf, und ich besuchte einen Vipassana-Kurs in England. Es war der Durchbruch zur Meditation. Nach dem ersten 10-Tage-Schweige-Retreat wollte ich eigentlich nie wieder sprechen und einfach in Schweigen leben. Natürlich begann ich schnell wieder zu reden, aber dieser erste Kurs hinterließ eine tiefe Spur. Jetzt war ich wirklich geöffnet für das Meditationsabenteuer: Vipassana hatte mich für den Zen-Weg »gerettet«. Hier gibt es wenig formale Regeln: Wir konnten sitzen, wie es uns angenehm war, auch gegen einen Pfeiler oder eine Wand gelehnt, etwas, das völlig undenkbar in der Zen-Tradition ist.

Während dieser Kurse eröffnete sich mir ein neuer Zugang zu meinem Atem. Ich hatte als Kleinkind und als Jugendlicher Asthma. Es hat mich früh mit meinem Atem in Kontakt gebracht: der Atem als Quelle meines Lebens, aber auch seine Nähe zum Tod. Immer wieder hatte ich Angst, während der Asthmaanfälle nicht mehr einatmen zu können und zu sterben. Diese Erfahrungen haben mich sehr tief geprägt, denn der Atem steht im Zentrum meiner täglichen Achtsamkeit und speziell auch im Zentrum meiner Zen-Praxis. In diesen Vipassana-Kursen nun lernte ich den Atem als Konzentrationsgefährt kennen, aber auch als sanften Begleiter, um liebevoll mit meinen Schmerzen umzugehen. Und ich lernte, ihn nicht zu beeinflussen oder zu nutzen, sondern ihn einfach in Ruhe zu lassen. Ein liebevolles Hinwenden und Beobachten des Atems bis hin zum vertrauensvollen Nicht-Beachten.

Nach einer solchen Erfahrung blieb es natürlich nicht aus, dass ich Durst nach mehr hatte, und im Laufe der Zeit besuchte ich viele Vipassana-Kurse in England. Durch die Begegnung mit Stanislav und Christina Grof, bei denen ich 1982 im Esalen-Institut in Kalifornien eine längere Veranstaltung besuchte, hatte sich darüber hinaus meine psychotherapeutische Welt verändert und vergrößert. Der Beginn der Achtzigerjahre war die Zeit der transpersonalen Psychologie, einem einflussreichen Teil der humanistischen Psychologie. 1983 besuchte ich die Zweite Transpersonale Konferenz in Davos/Schweiz. Das Programmangebot war überwältigend: von der Meditation bis hin zur trommelnden Männergruppe war vieles vertreten. Auf dieser Konferenz traf ich auch Richard Baker Roshi, damaliger Abt des San Francisco Zen Center. Das Kennenlernen dieses Mannes in Davos hat mein Leben verändert. Zwar kehrte ich erst einmal in meine gewohnte Arbeitsumgebung nach Köln zurück, aber schon im nächsten Frühjahr besuchte ich das San Francisco Zen Center für mehrere Monate. Ich nahm teil an dem gesamten klösterlichen Alltag und besuchte mein erstes Zen-Sesshin in Green Gulch, einem Ableger des Zen-Centers nördlich von San Francisco. Sieben Tage lang ein völlig durchstrukturierter Tagesablauf, in dessen Mittelpunkt das Zazen stand, das Sitzen in Versunkenheit. Natürlich wieder einmal keine einfache Zeit, aber dieses Mal hielt ich durch. Es war das erste formale Sesshin von vielen weiteren, die ich im Lauf der Zeit noch sitzen würde.

Nach der Rückkehr nach Deutschland wurde mir deutlich, dass ich mitten in einer existenziellen Krise steckte. Ich entschied mich, meinen Beruf als Therapeut aufzugeben, ein weiterer Schritt heraus aus den eingefahrenen Gleisen hinein in eine mehr ungewisse Zukunft. Ich gab also meine psychotherapeutische Praxis und mein kleines Seminarhaus auf und ging nach Todtmoos zu Karlfried Graf Dürckheim und Maria Hippius. Aber auch das sollte nur eine Übergangszeit sein. Die Existenzialpsychologische Bildungsstätte, kurz Rütte (ein Ortsteil von Todtmoos) genannt, war ein weiterer Schritt für mich in Richtung Zen. Karlfried Graf Dürckheim, mit seinem sowohl japanisch-buddhistischen als auch westlich-psychologischen Hintergrund, hat damals einen großen Einfluss auf mich ausgeübt. Er war die erste Person, die für mich westliche und östliche Weisheitslehren zusammengebracht hat. In dieser Todtmoos-Zeit reifte in mir langsam der Plan, Richard Baker Roshi, mit dem ich weiterhin in Kontakt geblieben war, in Santa Fé/USA zu besuchen. Ich war bereit, den großen Schritt zu wagen, aus meiner gewohnten Kultur herauszutreten, zusammen mit meiner Frau Gisela.

Ich habe mich auf die Wanderschaft und die Suche gemacht und die »besten Jahre« meines Lebens in Klöstern und Zen-Orten verbracht: Ich habe die Vipassanā-Meditation kennengelernt und für mehrere Jahre geübt, ich habe die traditionelle Zen-Praxis in Japan kennengelernt und habe 10 Jahre in den Rocky Mountains gelebt, wo wir unserem Lehrer geholfen habe, einen Zen-Praxisplatz aufzubauen. In der Folge haben wir dann einen weiteren Praxis- und Studienplatz im Schwarzwald eröffnet.

Das Leben eines Praktizierenden ist, wie jedes andere Leben auch, eines ohne Anfang und ohne Ende. Eine unendliche Geschichte. Im Japanischen heißt Mönch Unsui, eine Wolken-Wasser-Person. In Bewegung sein, sich »treiben lassen«, aber auch eine Person, die sich jeder Situation entsprechend angemessen verhält, dabei ganz anwesend, entspannt und ganz aufmerksam, absichtslos und doch immer achtsam. Als ordinierter Priester lebe und bewege ich mich in einer Tradition, die auf mehr als 2500 Jahre Erfahrung zurückblicken kann. Das verpflichtet und es trägt mich. Das Weitertragen dieser Tradition ist etwas, das mich mit Freude und Hingabe erfüllt, wenn dies auch mit der einen oder anderen Schwierigkeit verbunden ist. Denn: Der größte Lehrmeister ist immer noch das Leben.

Neurose und Erleuchtung

Von Neurose und Erleuchtung im Titel zu sprechen, weist gleich zu Beginn auf die Kluft zwischen Sprache, Abstraktion und Begrifflichkeit auf der einen Seite und der lebendigen Wirklichkeit auf der anderen Seite hin: Denn selbstverständlich gibt es keine »Neurose« oder »Erleuchtung«, sondern neurotische oder erleuchtete Menschen. Darüber hinaus ist auch der Begriff der Neurose äußerst vielschichtig und komplex. Im Grunde kann man mindestens drei Dimensionen unterscheiden: Neurose als Ausdruck eines universellen Konflikts, als klinisches Syndrom und als Unterscheidung zwischen allgemein menschlichem und psychischem Leiden. Berühmt ist Freuds Formulierung in diesem Zusammenhang von dem Ziel der Psychoanalyse, nämlich neurotisches Elend in alltägliches, gewöhnliches Unglück zu verwandeln (Freud 1895, S. 311 ff.)[2].

Ob es überhaupt einen logischen Sinn macht, Neurose und Erleuchtung zu vergleichen, wird sich im Laufe der Behandlung des Themas sicher klarer zeigen. Der Begriff der Erleuchtung wird anhand der Ausführungen des modernen japanischen Zen-Meisters Gudo Wafu Nishijima in einem ersten Ansatz etwas verständlicher: Ausgehend von einem Vergleich zwischen buddhistischem und westlichem Denken bemerkt er, dass in der Geschichte des westlichen Denkens zwei vorherrschende und fruchtbare Denkströmungen zu finden seien, nämlich der idealistische und der materialistische Denkansatz. Der idealistische Denkansatz gehe davon aus, dass die Grundlage unserer Erkenntnis das Denken und nicht die sinnliche Wahrnehmung sei, während der materialistische Ansatz davon ausginge, dass unsere Wahrnehmung der Welt die Grundlage der Erkenntnis sei. Nach Nishijima gab es diese beiden Strömungen allerdings bereits im alten Indien, die der historische Buddha dann schließlich überwand. Als zentralen Punkt seiner Erleuchtung beschreibt der Autor, dass der Buddha genau in diesem Moment des Erwachsens bemerkte, *»dass er weder in einer Welt der Gedanken noch in einer Welt der sinnlichen Wahrnehmung lebte, sondern in der Wirklichkeit des lebendigen Augenblicks … Das Erwachen ist also eine existenzielle und menschliche Erfahrung, in der wir diese Wirklichkeit uneingeschränkt wahrnehmen und in ihr leben, und nicht am Denken oder an der äußeren Wahrnehmung haften bleiben.«* (Nishijima 2001, S. 19/20)

Aber auch hier werden verschiedene Formen der Erleuchtung unterschieden: So wird im Zen-Buddhismus das Praktizieren der Zazen-Meditation selbst als Ausdruck der Buddha-Natur[3] oder der Erleuch-

2 Die genaue Formulierung von Freud lautet an dieser Stelle: »… dass viel damit gewonnen ist, Ihr hysterisches Elend in gemeines Unglück zu verwandeln. Gegen das letztere werden Sie sich mit einem wiedergenesenden Seelenleben besser zur Wehr setzen können.« (Freud 1895, S. 311 ff.)

3 Die Buddha-Natur, die Shakyamuni bei allen fühlenden Wesen als inhärent entdeckte, ist keine innewohnende, spirituelle Essenz, sondern VERGÄNGLICHKEIT selbst (Magid 2003, S. 263).

tung betrachtet – eine Form von »erstem Erwachen« gegenüber einer Form von »zweitem Erwachen«, das als plötzlicher Durchbruch zur Erkenntnis der Wirklichkeit in ihrer non-dualen Natur, wie es in vielen Zen-Beschreibungen niedergelegt ist, beschrieben werden kann (Nishijima 2001, S. 21). Der Sinologe F. Jullien kommt in seinem Buch »Der Weise hängt an keiner Idee«, in der er die Entwicklung der abendländischen Philosophie als einen Prozess des Verlustes der Weisheit beschreibt, ohne den Begriff der Erleuchtung aus: Wer keine festgelegte Idee hat, ohne festgelegte Position ist, wer realisiert, was ist, und für den »Weg« offen ist durch die Regulierung der Gegensätze und der Mitte, der ist weise in dem vom Buddhismus gemeinten Sinne der Erleuchtung, ohne dass allerdings eine begriffliche Fixierung versucht wird (Jullien 2001).

Als eine religiöse, quasi-religiöse oder spirituelle Praxis im Gegensatz zur therapeutischen Praxis der Psychoanalyse wird als Motiv für die Suche nach Erleuchtung oft eine primäre Sinnkrise angenommen, die sich auf die existenziellen Fragen des Lebens bezieht: Wo komme ich her? Wer bin ich? Wie existiere ich in der Welt? Wohin gehe ich? Was ist der Sinn meiner Existenz? Es ist interessant, dass die explizite Frage nach dem Sinn des Lebens sowohl von der Psychoanalyse als auch von manchen Weisheitstraditionen in vergleichbarer, kritischer Weise beantwortet wird. Freud schreibt in einem der berühmten Briefe an M. Bonaparte im Zusammenhang mit einer Diskussion der »begrenzten Unsterblichkeit«, die man in der Erinnerung der Überlebenden höchstens erreichen kann:

»*… Im Moment, da man nach Sinn und Wert des Lebens fragt, ist man krank, denn beides gibt es ja in objektiver Weise nicht; man hat nur eingestanden, dass man einen Verlust an unbefriedigter Libido hat, und irgendetwas anderes muss damit vorgefallen sein, eine Art Gärung, die zur Trauer und Depression führt. Großartig sind meine Aufklärungen gewiss nicht. Vielleicht weil ich zu pessimistisch bin. Mir geht ein ›advertisement‹ im Kopf herum, das ich für das kühnste und gelungenste Stück amerikanischer Reklame halte: ›Why live, if you can be buried for ten dollars.‹ …*« (Freud 1968, S. 452)

Das Gefühl der Sinnlosigkeit wird also als ein neurotisches Symptom verstanden, das mit dem durch die Psychoanalyse zu erreichenden Ziel der Liebes- und Arbeitsfähigkeit überwunden werden kann. Es ist sehr interessant, dass in den östlichen Weisheitstraditionen ganz ähnliche Formulierungen zu finden sind: In sehr vielen Zen-Geschichten und Kōans fragen die Schüler den Meister nach Sinn und Bedeutung des Lebens oder der buddhistischen Lehre, und der Meister antwortet mit einem Verweis auf die unmittelbare Wirklichkeit: Warum kam Bodhidharma aus dem Westen, ist z. B. eine solche berühmte Frage. Eine Antwort darauf lautet: Die Zypresse im Hof. Eine andere: Im Sonnenschein sieht man den Berg (U. Arp 1994, S. 3). In anderer Weise drückt dies F. Jullien in seinem schon erwähnten Buch aus:

»*Von China aus betrachtet, vermag uns die Frage nach dem ›Sinn des Lebens‹, die sich uns aufzudrängen schien, nichts mehr zu sagen – sie spricht uns nicht mehr an. In den Augen der Weisheit verliert die Frage nach dem Sinn des Lebens ihren Sinn. Deshalb wird sich der Weise auf sie genauso wenig fixieren wie auf die Wahrheit (das ist das Ziel der Philosophie, R. Z.). Derjenige ist weise …, der sich die Fragen nach dem Sinn nicht mehr stellt (dem die Alternative ›Mysterium oder Absurdität‹ nichts mehr sagt; dem sie genauso wenig sagt wie die Alternative ›wahr oder falsch‹). Weise ist der, für den Welt und Leben selbstverständlich sind. Der sich damit begnügt zu sprechen (und der daher gar nicht mehr zu reden braucht): Die Dinge sind so. Nicht, ›so sei es‹, wie die Religion in ihrem Wunsch nach Einverständnis sagt; auch nicht, ›warum ist das so‹, wie die Philosophie in einem plötzlichen Erstaunen fragt. Weder Akzeptieren noch Infragestellen, sondern ›so ist es‹. Weise ist, wer zu realisieren vermag, dass (es) so ist.*« (Jullien 2001, S. 110).

Aus dieser Sicht würde eher die Frage auftauchen, warum überhaupt jemand nach dem »Sinn des Lebens« zu fragen beginnt: Freuds Antwort ist kurz und apodiktisch, nämlich, weil der Mensch krank ist. Die Antwort des Buddhismus oder der Weisheitslehren ist, dass der Geist verdunkelt oder getäuscht ist, an einer Idee fixiert oder zu einem »festgewordenen Geist« geworden ist (Jullien 2001, S. 115). Es fällt uns allerdings schwer, dieses »Gefühl« zuzulassen. Immer wieder überlagern wir es mit Aktivitäten jeder Art. Dies ist eine Verdunkelung des Geistes, auf den ein Schatten fällt. Diesen Schatten könnten wir als grundlegende Täuschung bezeichnen, die die Wirklichkeit verschleiert. Die Auflösung dieser Täuschung kann dazu führen, die Welt so zu sehen, wie sie wirklich ist. Dies ist das zentrale Anliegen der buddhistisch-yogischen Praxis.

Zur Praxis von Zen und Psychoanalyse

Diese wenigen Vorbemerkungen machen deutlich, dass eine Fokussierung der im Titel erwähnten Thematik zwingend ist. Daher möchten wir im Folgenden einige Anmerkungen zur buddhistischen und psychoanalytischen Praxis machen und dabei vor allem auf einige Gemeinsamkeiten (und natürlich auch Unterschiede) aufmerksam machen, die bei einer Betrachtung von außen kaum auffallen würden. Bei der Schilderung der buddhistischen Praxis werden wir uns auf den Zen-Buddhismus konzentrieren. Unsere zentrale Überlegung ist, dass ein Dialog zwischen Zen und Psychoanalyse, der auf echter Gegenseitigkeit beruht, für beide Betrachtungsweisen und ihre Praxis ausgesprochen fruchtbar sein kann, und zwar im Sinne einer Integration und Vervollständigung durch Aspekte, die sowohl im Zen als auch in der Psychoanalyse manchmal vernachlässigt werden: in der Psychoanalyse der Weisheitsaspekt, im Zen der Aspekt der individuellen, konflikthaften Identitätsentwicklung. Auch wollen wir den Versuch machen, die beiden unterschiedlichen Methoden aus der jeweils anderen Perspektive zu betrachten, eine Art interkontextuelle Untersuchung, wobei auch notwendigerweise jeweils kritische Gesichtspunkte zur Sprache kommen werden. Wir stimmen mit J. Rubin überein, der Folgendes geschrieben hat: »*My thesis is twofold. First, both psychoanalysis and spiritual quest have been impoverished by the lack of contact between them, and second, both could be enriched by a dialogue of reciprocity in which there is mutual respect and a willingness to learn from each other.*« (J. Rubin 2006, S. 134–135)

Zur Praxis des Zen

Bekanntlich ist der Zen-Buddhismus[4] eine wesentliche Entwicklungslinie innerhalb der buddhistischen Religion[5], die auf den historischen

4 Zen ist eine spezifische Entwicklung innerhalb der großen asiatischen non-dualen Systeme wie Taoismus, Buddhismus und Advaita-Vedanta. D. Loy beschreibt in seinem Buch »Nondualität« diese asiatischen Systeme sehr detailliert (Loy 1988).

5 Zur Frage der Religion werden wir später noch einige Ausführungen machen. Wir erwähnen hier lediglich Kakars Unterscheidung von »religiös« und »spirituell«, die er keineswegs als synonym versteht. Religion ist für ihn mit dem Glauben an einen Gott

Buddha zurückgeht und sich durch eine eng verknüpfte Lehre und Praxis auszeichnet. Grundlegender Ausgangspunkt dabei ist die Unwissenheit des Menschen, die darin besteht, dass er die basalen Tatsachen seiner Existenz nicht erkennt und nicht verwirklicht: die Vergänglichkeit, Veränderlichkeit und Unbeständigkeit allen Seins, die Leerheit aller Dinge und das daraus entstehende Leiden; mit Leerheit ist gemeint, dass fühlende und nicht fühlende Wesen und Dinge keine in sich abgeschlossene, feste, eigenständige substanzielle Identität haben, *»dass alle Dinge, alle Gegenstände nur in Beziehung zu anderen Gegenständen existieren«* und daher vergänglich sind (Baker 2004, S. 37). Aufgrund dieser basalen Unwissenheit entsteht Täuschung. Was ist damit gemeint? Eine der grundlegenden Erfahrungen im Leben ist die, dass Leben Leiden ist. Dieses Leiden ist dadurch geprägt, dass wir die Welt in einem Prozess, der später ausführlicher beschrieben wird, zu »unserer Welt« machen. Unsere Wahrnehmungsstrukturen sind insofern illusionär, als eine Wahrnehmung der Welt, so wie sie wirklich ist, fast nicht möglich ist: So erscheint die Welt als fest und mit einem unveränderlichen Kern. In einem nächsten Schritt nun beginnen wir, an dieser Welt anzuhaften. Wir halten sie fest, da wir ihre andauernde Vergänglichkeit nicht realisieren. Auf dieser Basis entstehen konflikthafte Emotionen wie Zuneigung, Ablehnung, Gier und Hass. Hier spielt der Begriff der Leerheit sowohl in der buddhistischen Philosophie als auch in der direkten Meditationserfahrung eine zentrale Rolle. Wichtig sind hier die Begriffe Sunyatā (kein eigenes Selbst) und Pratītyasamutpāda (in Abhängigkeit geboren), auf die wir in einem separaten Kapitel genauer eingehen. Der Buddhismus weist durch seine konkrete Praxis einen Weg zur Überwindung dieser konflikthaften Emotionen, einen Weg, der zur Erleuchtung oder zum Erwachen führt, verstanden als einen Prozess der inneren Befreiung, der in der Überwindung dieser zentralen Illusionen besteht. Batchelor spricht vom Buddhismus als einer »Kultur des Erwachens« (Batchelor 1998). Diese konkrete Praxis führt potenziell zu einer fundamentalen Transformation des Menschen,

---

verbunden, während gerade in einigen der wesentlichen asiatischen, spirituellen Disziplinen, die man als meditativ-kontemplative Praktiken verstehen kann, der religiöse Glaube nicht erforderlich ist. Spirituelle Disziplinen werden sogar als »wissenschaftlich« angesehen, weil sie verschiedene Stadien und Prozesse einer Transformation des Bewusstseins durch vorgeschriebene Praktiken des Schülers beschreiben (Kakar 2001).

die sich in der Lebenspraxis mit den Elementen der Achtsamkeit, des Mitgefühls und der Weisheit manifestieren kann[6].

Der Zen-Buddhismus ist als eine Weiterentwicklung dieser buddhistischen Tradition zu sehen, als eine kritische Antwort auf dogmatische Tendenzen innerhalb der buddhistischen Orthodoxie, die sich durch eine Fixierung auf die Schriften und Rituale entwickelt hatte.

Die buddhistische Ausgangsbasis ist also die, dass sich der Mensch »als ein Selbst in einem Geist in einem Körper in einer Welt erlebt« (Batchelor 1998), also mit anderen Worten eine auf Trennung und Differenzierung beruhende dualistische Welt- und Selbstsicht konstruiert, und sich dadurch isoliert, eingeschlossen, abgetrennt, blockiert und entfremdet fühlt. Diese Spaltung führt durch sinnliche und gedanklich-begriffliche Aktivitäten zu einem essenzialistischen Alltagsbewusstsein, in dem die Wahrnehmungen und das Denken mit der »lebendigen Wirklichkeit« fälschlicherweise gleichgesetzt werden. Diese Verkennung stellt die zentrale Unwissenheit dar und führt zu den bereits erwähnten konflikthaften Emotionen von Anhaften und Abneigung und ist damit die eine Quelle des menschlichen Leidens. Vor allem das Anhaften an ein »Ich« oder »Selbst«, ein unbewusster, habitueller und impulsiver Prozess, fördert die bestehende Spaltung der Persönlichkeit in Innen – Außen, Geist – Körper und Subjekt – Objekt. Batchelor formuliert prägnant: Das Festhalten an der eigenen Persönlichkeit, an dem Wunsch, ein Jemand zu sein, blockiert die Freiheit, ein Niemand (englisch: no-one) zu werden. Diese Kluft ist die eigentliche, existenzielle Quelle des Leidens, weil der Mensch nicht wirklich, unmittelbar, direkt im Leben, im jeweiligen, einzigartigen Lebensmoment steht, eins mit der lebendigen Wirklichkeit ist. Vielmehr existiert er durch seine gedanklichen Abstraktionen außerhalb dieser lebendigen Wirklichkeit und bleibt dadurch immer unbefriedigt, geängstigt, auf der Suche, angetrieben und letztlich verzweifelt.

Der amerikanische Zen-Meister Richard Baker zitiert den Ausspruch des alten chinesischen Zen-Meisters Dongshan, der über eine alte Frau, die in den Spiegel schaut, Folgendes sagt:

---

6 Die Literatur zum Buddhismus allgemein ist kaum noch zu übersehen. Als eine kluge und moderne Einführung ist »Buddhismus für Ungläubige« von S. Batchelor (1998) anzusehen.

»Klar sieht sie ihr Gesicht, es gibt keine andere Wirklichkeit. Aber es ist unvermeidlich, dass sie die Reflexion im Spiegel mit ihrem Kopf verwechselt.«

Diese im Zen-Buddhismus so häufig verwendete Spiegel-Metapher (siehe z. B. auch die berühmte Geschichte des 6. Zen-Patriarchen Hui-Neng, in Kapitel III, 3.3) mag als Erläuterung des eben Gesagten dienen: Der Spiegel ist als eine Metapher für den wahrnehmenden Geist anzusehen, der die Wirklichkeit reflektiert oder hervorbringt. Man objektiviert die Reflexionen und substanzialisiert damit das Selbst und die Objekte, wodurch man einen fundamentalen Innen-Außen-Gegensatz schafft. Den Erkennenden aber – in der Spiegelmetapher das Silber – kann man nicht sehen, weil das Silber mit den Reflexionen identisch ist. Dies entspricht dem berühmten Satz aus dem Herz-Sutra: Form ist Leerheit und Leerheit ist Form (d. h. Silber ist Reflexion und Reflexion ist Silber). Der Sehende ist damit niemals objektivierbar. Betrachtet man sich selbst vor dem Spiegel, identifiziert man in der Regel das eigene Selbst mit den Reflexionen des Spiegels, schafft also ein objektiviertes Bild von sich selbst; man ist in einer zentrifugalen Bewegung mit den Formen identifiziert. Bei einer zentripetalen Betrachtung »erkennt« man nur die Offenheit, Weite, Unbegrenztheit der Bewusstheit und damit die Nicht-Zweiheit von Erkanntem und Erkennendem, von Reflexion und Silber, von Subjekt und Objekt. Der Zen-Weg besteht im Grunde darin, diese Einheit, diese Ungetrenntheit und Ungeteiltheit, diese Nicht-Zweiheit zu realisieren. Nicht: ICH erkenne MICH in MEINEM Spiegelbild, sondern SEHEN wäre Ausdruck dieser lebendigen Wirklichkeit, weil die Kluft zwischen innen/außen, Subjekt/Objekt, Erkennendem/Erkanntem überwunden ist. Im Prinzip handelt es sich also um eine non-duale Erfahrung der Wirklichkeit, wie sie sich in Wahrnehmung, Denken und Handeln manifestiert (Loy 1998)[7]. Für

---

7 Loy beschäftigt sich in seiner schon erwähnten Arbeit vor allem mit diesen drei Erfahrungsmodalitäten. Insbesondere beschreibt er drei Formen von Nicht-Dualität, die Negation des dualistischen Denkens, die Nicht-Dualität der Welt und die Ununterschiedenheit von Subjekt und Objekt. Für die non-duale Wahrnehmung ist entscheidend, ob es so etwas wie eine »reine« Wahrnehmung geben kann. Für das non-duale Handeln ist die Negation von Handelnden und Handlung entscheidend; zentral ist hier der Begriff der Absichtslosigkeit, der eine Negation des Selbst oder Ich voraussetzt (Loy 1988).

eine ausführliche Darstellung verweisen wir vor allem auf T. Izutsu (1991).

Welchen Weg schlägt nun Zen vor, um diese leidvolle Kluft zu überwinden, um zu einer non-dualen, befreienden Erfahrung der lebendigen Wirklichkeit zu gelangen? Der Weg besteht in der Realisierung eines unkorrigierten Geistes- oder Bewusstseinszustandes, der **vor** allem begrifflichen und konzeptuellen Denken existiert[8]. Man könnte auch sagen, dass dieses Bewusstsein nicht dualistisch ist und alles in sich einschließt. Ein berühmtes chinesisches Gedicht beginnt mit der Zeile: Der höchste Weg zum Erwachen ist nicht schwierig, nur ohne Wahl. (Gemeint ist damit, dass jegliche Unterscheidung zu vermeiden ist!) Eine andere Beschreibung von Dōgen, dem berühmten japanischen Zen-Meister der Sōtō-Richtung, lautet folgendermaßen:

»Den Buddhaweg zu studieren bedeutet sich selbst zu studieren. Sich selbst zu studieren bedeutet, das Selbst zu vergessen. Das Selbst zu vergessen bedeutet durch die Myriaden Dinge verwirklicht zu werden. Verwirklicht durch die Myriaden Dinge, fallen unser Körper und unser Geist sowie die Körper und Geiste der anderen ab. Es verbleibt keine Spur von Verwirklichung, und diese Nicht-Spur setzt sich unendlich fort.« (Dōgen 1985, S. 69 – 70; Übersetzung G. W.)

Die zentrale Praxis im Zen, um diesen unkorrigierten Bewusstseinszustand zu realisieren, besteht in der Meditation, die Zazen genannt wird: Es handelt sich dabei um eine Praxis des Stillsitzens, bei der es um das reine Gewahrsein dessen geht, was von Moment zu Moment geschieht, um ein Gewahrsein also, das alles, was ist, mit einschließt. Weiterhin gehört in manchen Richtungen des Zen die Kōan-Praxis zum Übungsweg, bei dem der Praktizierende in eine grundlegende paradoxe Situation geführt wird, die er unvermeidlich mit dem begrifflich-konzeptuellen Denken zu lösen versucht, bis er nach vielen gescheiterten Versuchen dieses aufgeben kann und plötzlich die »Lösung« in nicht diskursiver Weise begreift oder ausdrücken kann. Es scheint uns wichtig zu betonen, dass es sich beim Zazen nicht um einen mystischen Versenkungszustand handelt, sondern um die Entwicklung einer rezeptiven, nicht reaktiven, absichtslosen Haltung des Gewahr-

8 Izutsu beschreibt diesen Zustand als »nicht-Geist« oder wu-shin (a. a. O., S. 21).

seins, die vor allem Wachheit und Offenheit ausdrückt: in der »lebendigen Wirklichkeit« ungetrennt zu sein und nicht nur oder vor allem über sie nachzudenken. Izutsu spricht von einer Art Über-Bewusstsein (Izutsu 1991). Zazen sammelt den Geist in der eigenen Präsenz und erlaubt es, die eigenen seelisch-geistigen Prozesse zu beobachten. Dazu ist eine körperliche Haltung erforderlich, in der die Aufmerksamkeit auf den eigenen Atem eine zentrale Rolle spielt. Allerdings erweist es sich als ausgesprochen schwierig, den eigenen Atem kontinuierlich zu beobachten. Warum ist dies so schwierig?

»Der tiefere Grund ist, dass wir, um funktionieren zu können, von Moment zu Moment eine Kontinuität der Welt und des Selbst aufbauen müssen. Und diese Kontinuität von Selbst und Welt wird in erster Linie durch das Denken aufgebaut.« (Baker 2004, S. 39)

Die große Veränderung, die durch die Zazen-Praxis bewirkt wird, ist eine Verlagerung von der Kontinuität im Denken zu einer Kontinuität in Körper und Atem.

»Wenn die Aufmerksamkeit auf unseren Atem nicht mehr ins Denken zurückkippt, haben wir zwei Dinge vollbracht. Wir haben unser Gefühl für Kontinuität im Atem, im Körper und in den Phänomenen aufgebaut – und in der unmittelbaren Gegenwart.« (Baker 2004, S. 39)

Ganz besonders zu betonen ist auch, dass im Zen kein Unterschied zwischen konkreter meditativer Praxis und alltäglichem Leben gemacht wird: Die Entwicklung oder das Zulassen dieses achtsamen und beobachtenden Gewahrseins gilt für jeden, unmittelbaren Lebensmoment, für das Halten eines Vortrags ebenso wie für das Zähneputzen am Morgen.

Wir möchten noch einmal die oben erwähnte Praxis ansprechen, die in manchen Richtungen des Zen eine besondere Rolle spielt, nämlich die Arbeit mit den sogenannten Kōans. Hier ein Beispiel für ein Kōan, das für den praktizierenden Psychoanalytiker besonders eindrücklich ist. Es handelt sich um einen kurzen Dialog, der vielleicht in ähnlicher Form vor mehr als 1000 Jahren in China geführt, im Zen tradiert und als Aufgabe für viele Praktizierende verwendet wird:

Der junge Wandermönch Fayan ist mit zwei anderen Mönchen auf der Wanderschaft durch China, von Kloster zu Kloster auf der Suche nach einem erleuchteten Meister. Eines Nachts erreichen sie das Kloster des bekannten Zen-Abtes Dizang, der zufällig am Tor des Klosters steht. Zwischen Dizang und Fayan entwickelt sich folgender, kurzer Dialog:

»Dizang fragte Fayan: Wohin gehst du?
Fayan sagte: Auf Pilgerfahrt.
Dizang sagte: Was ist der Zweck der Pilgerfahrt?
Fayan sagte: Ich weiß es nicht.
Dizang sagte: Nicht zu wissen ist am nächsten.«
(BOS 1990, S. 86, Übersetzung: G. W.)

Diesem Dialog kann man sich natürlich auch mit dem verstandesmäßigen Denken nähern und das Gespräch verstehen als Fragen nach dem Lebensweg, dem Zweck des Daseins, Fragen nach der Identität und der Antwort, dass diese Fragen mit dem abstrakten Denken nicht wirklich erfassbar sind. Aber um wirklich zu verstehen, zu begreifen, dass »Nicht-Wissen« am nächsten ist, muss gleichsam jede konkrete Lebenssituation, jeder unmittelbare Moment der lebendigen Wirklichkeit genau zu diesem Kōan werden. Um hier noch einmal auf die Spiegel-Metapher zurückzukommen, würde »Nicht-Wissen« bedeuten: Das wahre Selbst, den »Seher« oder den Erkennenden (das Silber in der Spiegelmetapher) kann man in einem diskursiven Sinne nicht erkennen, kann man nicht »wissen«, nicht objektivieren, weil er mit den Reflexionen identisch ist; jedes Nachdenken über diesen Sachverhalt entfernt einen unvermeidlich von der unmittelbaren Erfahrung. Wir können diese Erfahrung nur direkt leben oder direkt sein: es ist eine direkte oder unmittelbare Seinserfahrung.

Eine besonders eindrückliche Darstellung des modernen Zen-Buddhismus hat der japanische Zen-Meister Shunryu Suzuki, der »kleine Suzuki«, wie er sich manchmal selber scherzhaft nannte, gegeben. Er hat die letzten Jahre seines Lebens in den 60er-Jahren in San Francisco verbracht und einen großen Einfluss auf die Entwicklung des Zen-Buddhismus in Amerika gehabt. Er war ein moderner, lebender Buddha, der durch seine Authentizität die Schüler, die ihn erleben konnten, aber auch spätere Generationen, tief berührt hat. Er nannte die Erfahrung, die wir bisher zu schildern versuchten, die Entwicklung des »Anfänger-Geistes«; hier ein Zitat aus dem berühmten Text: Zen-Geist/Anfänger-Geist:

»In Japan haben wir den Ausdruck shoshin, was Anfängers Geisteshaltung bedeutet. Ziel der Praxis (gemeint ist die Zen-Praxis) ist immer, uns den Anfänger-Geist zu erhalten … Für Schüler des Zen ist es die wichtigste Aufgabe, dass sie nicht dualistisch sind (damit ist das begriffliche Denken gemeint, das immer dualistisch ist). Unser »ursprünglicher Geist« enthält alles in sich. Er ist immer reich und sich selbst genügend … Des Anfängers-Geist hat viele Möglichkeiten, der des Experten hat nur wenige … im Bewusstsein des Anfängers gibt es keine Gedanken »Ich habe etwas erreicht«. Alle egozentrischen Gedanken begrenzen unser umfassendes Bewusstsein. Haben wir keinen Gedanken an Erfolg und Ansehen, denken wir nicht an uns selbst, so sind wir richtige Anfänger. Dann können wir tatsächlich etwas lernen. Die Geisteshaltung des Anfängers ist die des Mitgefühls … So ist also das Schwierigste für Euch, immer Anfänger-Geist zu wahren … Dies ist auch das eigentliche Geheimnis der Künste: immer ein Anfänger zu sein.« (Suzuki 1975, S. 21/22)

Bei dem Begriff »Anfänger-Geist« handelt es sich nicht um einen philosophischen, wissenschaftlichen oder soziologischen Begriff, den man gleichsam exakt definieren könnte, sondern er ist als ein Mittel zur Unterweisung für den Übenden zu verstehen, ein Hilfsmittel auf dem Weg der Praxis zur Realisierung des »ursprünglichen« Bewusstseinszustands des Gewahrseins. Üblicherweise haben wir Schwierigkeiten, diese Sätze von Suzuki zu verstehen, weil wir unser gewöhnliches Bewusstsein als strukturiert erleben, also aus Gedanken, Bildern, Vorstellungen und Gefühlen bestehend, und nicht als unstrukturiert; Richard Baker spricht in diesem Zusammenhang von geteiltem und ungeteiltem Bewusstsein oder Geisteszustand. In der Spiegelmetapher gesprochen, sind wir mit den Reflexionen, also den strukturierten Formen, im Spiegel identifiziert und nicht mit dem Silber, das selbst »leer« und formlos ist, aber alles in sich aufnimmt, was im Spiegel erscheint. Die Übung des »Anfänger-Geistes« zielt darauf, diese reaktiven Identifizierungen mit den auftauchenden Inhalten im Bewusstsein zu lockern, in dem man sich mehr mit dem Gewahr-Sein identifiziert. Im »Anfänger-Geist« erlebt man sich weniger als Spiegel mit seinen Reflexionen, sondern mehr als offenes, leeres Fenster, in dem die Phänomene der Welt von Moment zu Moment erscheinen, aber auch wieder verschwinden. Wenn ich ein Bewusstsein, ein Gefühl für dieses offene Fenster entwickele, öffne ich mich dem unmittelbaren Strom der lebendigen Wirklichkeit, die in ihrer Erlebnisqualität flüssiger, in Bewegung, jeweils neu und unwiederholbar, als nicht greifbar, aber als mit allem verbunden erlebt wird. Die Übung des Zazen ist nichts weiter als der Ausdruck dieses unmittelbaren Gewahrseins, dieses reine Beobachten der auftauchenden Inhalte im Bewusstsein ohne Bewertung, Konzeptualisierung und Generalisierung.

Zur Praxis der Psychoanalyse

Wie lassen sich nun im Vergleich dazu das psychoanalytische Denken und die psychoanalytische Praxis skizzieren? Hier ein Zitat aus der aktuellen neurobiologischen Diskussion:

»*Was wir erleben, ist eine zeitlich versetzte Kopie der Aktivitäten des Erlebenskonstruktors Gehirn. Was wir erleben, sind nicht die Daten, die die Sinnesorgane, etwa das Auge dem Gehirn, liefern. Vielmehr werden diese Daten zuvor im Zentralnervensystem verrechnet. In diese Berechnungen gehen ganz wesentliche Annahmen ein, die nicht aus den Sinnesdaten gewonnen werden, sondern aus der – phylogenetischen und ontogenetischen – Vorgeschichte des Individuums zu erklären sind*…« (Cruse 2004, S. 31)

Dieses Erlebenskonstrukt wird manchmal auch als »inneres Weltmodell« bezeichnet, das sich aus Präsentation und Repräsentation zusammensetzt und für das charakteristisch sei, dass ihr Inhalt mit der Realität verwechselt wird. Man könnte nun sagen, dass die Psychoanalyse gezielt diese Vorgeschichte des Individuums untersucht, die Vorgeschichte, die das subjektive Erleben des Menschen prägt, wobei sie vor allem auf die unbewussten Komponenten des »inneren Weltmodells« fokussiert. Freud wies auf die Unterscheidung von psychischer und materieller Realität hin: Unbewusste Annahmen, Wünsche, Fantasien, Erwartungen und Befürchtungen stellen einen wesentlichen Filter und Fokus für Wahrnehmungen und Konstruktionen der Realität dar und die darauf gegründeten Entscheidungen und Handlungen. Im Zentrum des psychoanalytischen Denkens steht also die unbewusste Wirklichkeit des Menschen, wie sie sich in seiner individuellen Lebensgeschichte entwickelt hat (Müller-Pozzi 1991) und wie diese das subjektive Erleben entscheidend prägt.

Nach über 100 Jahren psychoanalytischer Geschichte scheint es kaum mehr möglich, von »der« Psychoanalyse zu sprechen. Aber vielleicht gelingt es doch, einige Grundannahmen in der Entwicklung des psychoanalytischen »inneren Weltmodells« als Strukturierung des subjektiven Erlebens aufzuzeigen. Man unterscheidet heute manchmal das klassische psychoanalytische vom postklassischen Modell, das nach unserer Auffassung vor allem als eine Unterscheidung von monopolarem und bipolarem Modell zu verstehen ist: Betont das erste Modell die Prozesse innerhalb des Individuums, so betont das zweite Modell eher die Beziehungen zwischen Individuen. Im klassischen Modell wird das Erleben und Verhalten unter metapsychologischen Gesichtspunkten zu fassen versucht: Im topografischen Gesichtspunkt wird die Beziehung zwischen Bewusstem, Vorbewusstem und Unbewusstem betrachtet; im dynamischen Gesichtspunkt der konflikthafte Aspekt zwischen Begehren, Angst- und Schuldgefühl und ihrer kompromisshaften Bewältigung; im ökonomischen Gesichtspunkt die quantitativen Aspekte dieser inneren Kräfte; im genetischen Gesichtspunkt die lebensgeschichtliche und vor allem kindliche Entwicklung und schließlich im strukturellen Gesichtspunkt das Wechselspiel der Strukturen des Seelischen. Müller-Pozzi hat kürzlich die metapsychologischen Gesichtspunkte um einen 6. Gesichtspunkt, nämlich den intersubjektiven, ergänzt (Müller-Pozzi 2008). Dies schlägt eine Brücke zum postklassischen Modell, das eher bipolar konzipiert und stärker auf die Beziehungserfahrungen des Menschen fokussiert. Hier wird die Entwicklung des »inneren Weltmodells« als unbewusste Wirklichkeit des Subjektes aufgrund der frühen Interaktionserfahrungen des Kindes zu fassen versucht: beispielsweise als Individuations- und Loslösungsprozess mit der Etablierung von subjektiver Identität (mit Subjekt- und Objektkonstanz), als ein Prozess der Entwicklung von inneren Objekten, die in der frühen Zeit durch komplexe Projektionen und Introjektionen gespalten und in einem weiteren Entwicklungsschritt integriert werden müssen, damit das Erleben einheitlicher empfunden werden kann; als ein Prozess der affektiven Entwicklung, in der die heftigen, frühen Emotionen durch eine haltende Beziehung des »Containments« erträglich und transformiert werden können; als ein Prozess der Entwicklung von Bindung und Autonomie, in dem sowohl Abhängigkeit als auch Selbstständigkeit angstfrei erlebbar werden können; als ein Prozess der Entwicklung von Intersubjektivität, in dem der Andere als ein Mensch mit eigener Subjektivität und Intentionalität erfahren und die Beziehung als ein gegenseitiger Austausch von subjektivem Erleben verstanden werden kann[9].

Der psychoanalytische Ansatz beschreibt also aus verschiedenen Perspektiven die Entwicklung zur subjektiven und sexuellen Identität[10] des Menschen und hat aufgrund der klinischen Erfahrungen Modelle der Störungen dieser Entwicklung entworfen, die es heute gestatten, wesentliche Störungsbilder voneinander abzugrenzen. Die wichtigste Unterscheidung ist die zwischen den strukturellen Störungen (oft auch Frühstörungen genannt) und den Konfliktneurosen: Bei den strukturellen Störungen wird das subjektive Erleben und Handeln durch ein »inneres Weltmodell« bestimmt, das durch Mangel, Abwesenheit, Verlust, Trauma, Übergriff, durch Denkstörungen und Repräsentationsmangel geprägt ist, bei den Konfliktneurosen wird das subjektive Erleben durch ein »inneres Weltmodell« bestimmt, das durch verinnerlichte, unbewusste Beziehungskonflikte geprägt ist. Vereinfacht könnte man auch sagen, dass bei den strukturellen Störungen die Kohärenz des Selbstgefühls gravierend bedroht ist und die wesentliche Anstrengung der Person vor allem darin besteht, diese Kohärenz herzustellen und aufrechtzuerhalten – oft nur durch die reale Präsenz von anderen erreichbar –, bei den konfliktneurotischen Störungen dagegen eher die

---

9 Es sei hier nur festgehalten, dass die Metapsychologie in der modernen Psychoanalyse nicht unumstritten ist. Thomä und Kächele halten die Kritik an der Metapsychologie für überzeugend und plädieren »für eine Theorie der Psychoanalyse, die sich primär auf psychologische und tiefenpsychologische Hilfsvorstellungen stützt.« (Thomä und Kächele 1985)

10 Im Folgenden werden wir in unterschiedlichen Kontexten von Identität, Selbst, Subjekt und Ich sprechen. Eine präzise Definition der einzelnen Begriffe erscheint uns kaum möglich, vielmehr werden wir immer wieder ihre Bedeutungen umkreisen und zu verdeutlichen versuchen. Als ein Beispiel verweisen wir hier schon auf die Definitionen des »Selbst« von Falkenström, der zwischen Selbst als Erfahrung, Selbst als Repräsentanz und Selbst als Identität unterscheidet. Als ein weiterer Hinweis könnte eine Bemerkung von Müller-Pozzi hilfreich sein: »Leicht zu sagen, was es nicht ist, das Subjekt der strukturalen Psychoanalyse. Es ist nicht das Individuum, nicht die Person, nicht das bewusste Subjekt der angloamerikanischen Philosophie, nicht das cartesianische Subjekt der Selbstgewissheit und es ist nicht das Selbst und nicht das Ich … Das Subjekt ist nicht, es wird, es taucht auf und entzieht sich.« (Müller-Pozzi 2008, S. 11) Wenn wir im späteren Verlauf von dem »unbewussten Selbst« sprechen, meinen wir eine Umschreibung der sich zeigenden und immer wieder entziehenden Subjektivität des Menschen.

Realisierung des Begehrens gefährdet ist und die wesentliche Aktivität der Person darin besteht, einen kompromisshaften Weg für das Begehren und die daraus resultierende Bewältigung von Angst- und Schuldgefühl zu finden. In jedem Fall ist jedoch die Störung der Entwicklung zur subjektiven und sexuellen Identität mit Defiziten und Fixierungen kausal verknüpft. Von daher könnte man aus psychoanalytischer Sicht einen grundlegenden Konflikt formulieren, der darin besteht, dass die Person einen zentralen Wunsch oder Impuls hat, die eigene Identität zu integrieren und zu vervollständigen – etwa im Sinne des »Werde, der du bist« (vor allem, wenn zentrale Defizite und Fixierungen bestehen), aber gleichzeitig die schon einmal erreichte Identität zu sichern, zu schützen und aufrechtzuerhalten; dieser Konflikt manifestiert sich vor allem in dem Wunsch nach Veränderung und der gleichzeitigen Angst davor.

Dies ist der grundlegende Konflikt, wie er sich in dem Wunsch nach Veränderung im Sinne einer Vervollständigung der subjektiven und sexuellen Identität und der gleichzeitigen Angst davor manifestiert. Dies ist der eigentliche Motor und der Gestalter der analytischen Behandlung, in der durch den spezifischen Rahmen und das Setting (die Methode der freien Assoziation des Patienten und der gleichschwebenden Aufmerksamkeit des Analytikers) ein intersubjektiver Raum entstehen kann, in dem die psychische Realität des Analysanden, sein »inneres Weltmodell« und dessen Wirkung in seinem realen Leben lebendig, emotional verstanden und teilweise verändert werden kann. Anhand von Übertragung und Widerstand können wesentliche Wünsche, Ängste und Annahmen des Analysanden besser erkannt, aber vor allem die so zentrale Unterscheidung von innerer und äußerer Realität verbessert werden: Die oben erwähnte Verwechslung der Inhalte des »inneren Weltmodells« mit der Realität gilt zwar für alle Menschen in einer grundlegenden Weise, ohne dass dies jedoch die Kohäsion ihres Selbstgefühls und die Realisierung ihres Begehrens zentral und dauerhaft beeinträchtigt. Dies ist jedoch bei Menschen mit Störungen der subjektiven und sexuellen Identität der Fall, die sich vor allem in Störungen der Beziehungen zu anderen Menschen manifestieren: Viele zwischenmenschliche Konflikte resultieren daraus, dass jeder dem Anderen sein »inneres Weltmodell« aufzuzwingen versucht bzw. dass der Andere nur aus der Perspektive der eigenen psychischen Realität betrachtet wird. Dies zu erkennen ist daher ein fundamentaler Schritt in eine intersubjektive Richtung, eine Richtung, die man auch als bifokales Denken (in Analogie zu einer bifokalen Gleitsichtbrille, mit der Nah- und Fernsicht gleichzeitig möglich sind) beschreiben könnte. Hier betrachtet und bedenkt man seine Erfahrung sowohl aus der Nahsicht (das wäre das eigene, subjektive Erleben) als auch aus der Fernsicht (das wäre das subjektive Erleben des Anderen).Wesentliche Voraussetzung dafür ist die Entwicklung von selbstreflexiver und selbstanalytischer Fähigkeit, wie sie im analytischen Prozess entwickelt und gefördert wird.

Zen und die Praxis der Psychoanalyse: Ein erster Vergleich

Es folgt ein erster Versuch, einige Gemeinsamkeiten und Unterschiede zwischen Zen als einer Weisheitstradition und der Psychoanalyse als einer modernen »Behandlungsmethode« herauszuarbeiten.

- Beim Zen kann man von einer »Wissenschaft des Geistes« sprechen, bei der Psychoanalyse handelt es sich um eine Wissenschaft von der unbewussten Wirklichkeit (siehe aber auch die Anmerkung von T. Suzuki, der Zen als ante- oder antiwissenschaftlich bezeichnete, in: Fromm, Suzuki, de Martino 1972; oder auch die Bemerkungen von Arp: *»der Buddhismus versteht sich also primär nicht als Philosophie, sondern als Heilslehre«*, in: Arp 1994, S. 43); dies verweist auch auf das Problem der Religion. Ist Zen eine Religion und ist die Psychoanalyse »weder religiös noch nicht religiös« (in einem Brief von Freud an Pfister) oder eine »Religion, in der man nicht an Gott glauben darf« (nach einem Zitat von A. Phillips)? Oder ist die Psychoanalyse ein Teil der Medizin, wie es manchmal das moderne Gesundheitswesen nahelegt? Mit Sicherheit kann man sagen, dass sowohl Zen als auch Psychoanalyse einen praktischen Weg zur persönlichen Transformation anbieten, der sich von den Natur- und Geisteswissenschaften unterscheidet.
- Im Zen wird die Identität nicht durch die persönliche Geschichte und durch Worte gefunden, dagegen spielt dies in der Psychoanalyse eine zentrale Rolle; für die Psychoanalyse ist die Entwicklung der subjektiven und sexuellen Identität zentral. Die moderne, ausgefeilte psychoanalytisch orientierte Psychopathologie kann man als Be-

schreibungen der Wechselfälle und Störungen dieses zentralen Identitätsbildungsprozesses auffassen; im Zen werden die existenziellen, universalen oder auch transpersonalen Quellen des Leidens untersucht, in der Psychoanalyse die individuellen, biografischen Ursprünge des Leidens.

- Im Zen wird Krankheit oder Störung als notwendiger Teil des Lebens angesehen, Zen hat aber über psychische und körperliche Krankheiten, die keineswegs negiert werden, nicht viel zu sagen (Baker 1991, persönliche Mitteilung). Die psychischen und psychosomatischen Störungen dagegen sind die Domäne der Psychoanalyse. Das »Ziel« des Zen ist die Erleuchtung als innere Befreiung von der Unwissenheit. Diese wird als »Krankheit« des Bewusstseins verstanden, weil wir nicht wissen, wie wir wirklich existieren; das Ziel der Psychoanalyse ist die Heilung von der Neurose als Ausdruck einer gehemmten und gestörten Entwicklung der subjektiven und sexuellen Identität.
- Dies berührt die interessante Frage nach der Beziehung von Erleuchtung und Neurose. Es ist hier hoffentlich deutlich geworden, dass die Begriffe Erleuchtung und Neurose zwar ganz unterschiedlichen Denksystemen und einer unterschiedlichen Praxis entspringen, aber auf eine fundamentale Dimension der menschlichen Existenz zielen, in der durch Unwissenheit oder Nicht-Verstehen eine verzerrte Erfahrung der Realität und der eigenen Wirklichkeit entsteht, die zu Leiden und Verzweiflung führt. Die meditative Praxis des Zen und die Methode der freien Assoziation der Psychoanalyse betonen unterschiedliche Aspekte dieser Unwissenheit und des Nicht-Verstehens, nämlich die universelle, existenzielle und die individuelle, spezifische Dimension. Wahrscheinlich kann man auch sagen, dass Erleuchtungserfahrungen auf dem buddhistischen Weg keineswegs die Neurose ausschließen (etwa wenn der Meister eine neurotische Problematik entwickelt) und umgekehrt der Analysand in der analytischen Situation durchaus Erleuchtungserlebnisse haben kann. Dem entspricht die Auffassung, dass die Neurose in der Regel nicht durch Erleuchtung »geheilt« werden kann; Welwood hat diesen Versuch von spirituellen Adepten als »spirituell bypassing« bezeichnet (Welwood 1998). Danach fühlen sich Menschen mit Identitätsstörungen, wie sie gerade für die moderne westliche Welt charakteris-

tisch sind, vom Buddhismus angezogen, weil dieser ja das Selbst oder Ich für illusionär hält. Demgegenüber könnte man mit der Psychoanalyse postulieren – falls diese überhaupt reife religiöse oder spirituelle Erfahrungen anerkennt –, dass die Entwicklung des Menschen zu seiner subjektiven und sexuellen Identität eine wesentliche Bedingung für eine spirituelle Praxis bzw. Erfahrung ist. Aus eigener Erfahrung lässt sich bestätigen, dass eigene ungelöste emotionale Probleme oft zu erheblichen Widerständen in der meditativen Praxis führen und eine Realisierung des Weges gleichsam permanent zu blockieren drohen.

- Allerdings ist hier an ein wichtiges Missverständnis zwischen Buddhismus und Psychoanalyse zu erinnern, das K. Wilber als die »prä-trans-Verwechslung« beschrieben hat (Wilber 1999). Damit versucht Wilber auszudrücken, dass alle Erleuchtungserfahrungen von der Psychoanalyse als regressive Phänomene gedeutet werden, während im Buddhismus umgekehrt manche psychopathologischen Erscheinungen als transpersonale, reife spirituelle Entwicklungen begriffen werden. Kakar und Clement haben am Beispiel des indischen Weisen Ramakrishna die Bedeutung des kulturellen Kontextes für die Einordnung von Verrücktheit oder Erleuchtung eindrücklich dargestellt (Kakar und Clement 1993). Dies berührt auch die berühmte Debatte um das »ozeanische Gefühl« zwischen Freud und Rolland, auf das sich bis heute die meisten Psychoanalytiker beziehen, wenn sie über religiöse oder spirituelle Erfahrungen nachdenken. Demgegenüber lässt sich bei genauer Untersuchung dieses Briefwechsels doch zeigen, dass Rolland gleichsam ein reifes »ozeanisches Gefühl« als Ausdruck einer tiefen Verbundenheit mit dem ganzen Sein postulierte, das zur Voraussetzung gerade die volle Entwicklung der individuellen Persönlichkeit hat, während Freud womöglich aufgrund eigener, ungelöster früher Konflikte dieses »ozeanische Gefühl« vorwiegend als regressives Phänomen verstehen konnte (Parsons 1999, Zwiebel 1999).
- Der Rahmen und das Setting des methodischen Vorgehens sind in beiden Disziplinen klar beschrieben: klare Grenzen, kontinuierliche und langfristige Erfahrungen und Übungen, die Beobachtung der eigenen mentalen Vorgänge – Gewahrsein im Zen und die assoziative Selbstbeobachtung in der Psychoanalyse –, Selbstverantwor-

tung, die Bereitschaft, mit Widerständen und negativen Emotionen zu arbeiten, und die Fähigkeit, Versagungen zu erdulden. Der wesentliche Unterschied besteht darin, dass man in der Meditation die entstehenden mentalen Inhalte beobachtet, ohne sich mit ihnen zu identifizieren, und dass man in der Psychoanalyse den kontinuierlichen Versuch macht, die aufkommenden Gedanken, Fantasien, Gefühle, Vorstellungen in Worte zu fassen und mitzuteilen. Daher spielt auch der Andere, der Analytiker im Falle der Psychoanalyse, eine andere Rolle als der Meister im Zen: Die sich entwickelnde Beziehung zwischen Patient und Analytiker rückt im Laufe der Analyse mehr und mehr ins Zentrum, weil sich in ihr die wesentlichen, bislang unbewussten Muster des »inneren Weltmodells« erkennen lassen, während im Zen der Meister oder Lehrer eine andere Bedeutung gewinnt, die wir in späteren Kapiteln ansprechen werden.

Damit ist noch einmal die Beziehung von psychoanalytischer Praxis und der Zen-Praxis berührt. Man könnte diese auf den Gegensatz von Dialog bzw. Diskurs und Meditation festlegen (T. Suzuki sprach pointiert davon, dass der Osten schweigt und der Westen spricht, Fromm, Suzuki und de Martino 1972), würde dies nicht die Berührungspunkte wieder allzu sehr verdunkeln. In der Meditation kommen erfahrungsgemäß sehr viele individuelle, lebensgeschichtlich relevante Gefühle und Erinnerungen ins Bewusstsein, die durchaus auch das Potenzial zu emotionaler Einsicht in sich bergen. Auch macht der Meditierende nicht selten beunruhigende oder gar erschreckende Erfahrungen über seine basalen Ängste, Vorstellungen und Einschränkungen: Wenn er etwa bemerkt, wie stark die Okkupation durch gedankliche Aktivitäten ist oder welche enormen Schwierigkeiten er hat, sich kontinuierlich auf ein Objekt wie den eigenen Atem zu konzentrieren; allerdings ist die Möglichkeit, dies in einer haltenden intersubjektiven Beziehung »durchzuarbeiten«, in der Regel sehr begrenzt. Die Aufforderung zur freien Assoziation in der analytischen Situation dagegen ermutigt den Analysanden, seine eigenen Einengungen und gedanklichen Fokussierungen wahrzunehmen, um sich einem größeren Feld des Erlebens und Wahrnehmens zu öffnen. So gesehen fördert die Meditation auch die individuelle, biografisch bedingte Selbsterkenntnis und die analytische Situation einen als meditativ zu bezeichnenden Prozess in Richtung größerer Bewusstheit und Gewahrsein, unabhängig von der sprachlichen Interaktion zwischen den Partnern der analytischen Beziehung; einschränkend ist hier zu erwähnen, dass dieser Aspekt manchmal vom Analytiker zu wenig beachtet wird[11].

- Die Affekte spielen im Zen und in der Psychoanalyse eine zentrale Rolle. Dies bezieht sich vor allem auf die negativen Affekte: Im Zazen wird man mit sehr konkreten körperlichen und seelischen Schmerzen konfrontiert, während man in der psychoanalytischen Situation auf die konflikthaften Emotionen stößt, die in Erinnerung an die Kindheit, durch die aktuelle Gegenwart oder die analytische Beziehung geweckt werden. In der Psychoanalyse handelt es sich im Kern um die Analyse von Liebe und Hass, während im Zen Liebe und Hass als konflikthafte Emotionen verstanden werden, die aufgrund von grundlegenden Fehlwahrnehmungen und dem Anhaften an diese bedingt sind. In beiden Disziplinen ist es allerdings das Ziel, die Quelle des Leidens und der Schmerzen zu beobachten und zu untersuchen: Im Zen bedeutet dies, die Konstruktion der Wahrnehmungen selbst zu verstehen; in der Psychoanalyse geht es um ein emotionales Verstehen, wie die aktuellen Erfahrungen durch alte und sich wiederholende Muster des »inneren Weltmodells« geformt werden. Allerdings möchten wir hier noch einmal eine zentrale Gemeinsamkeit erwähnen: Die seelische Arbeit mit dem Schmerz, sei er nun körperlich oder seelisch, und das Transformieren dieses Schmerzes durch Verstehen, Einsicht, Durchleben und Annehmen – und nicht das Beseitigen des Schmerzes – sind ein Schlüssel für beide Ansätze.

---

11 Kakar hat sich in seiner Arbeit »Psychoanalysis and Healing in the Eastern Traditions« besonders mit der Rolle der Empathie beschäftigt (Kakar 2002). Er beschreibt die große Bedeutung der Empathie aufseiten des spirituellen Meisters, die einen unmittelbaren, heilenden Effekt auf den Suchenden ausübt – wie er dies etwa am Beispiel des berühmten Sathya Sai Baba beschreibt. Kakar glaubt, dass Kohuts Selbst-Psychologie am besten geeignet ist, die östlichen, spirituellen Heilungspraktiken zu erklären. Danach ist nicht die Einsicht das zentrale therapeutische Agens, sondern die Empathie des Analytikers. Kakar beschreibt auch, dass der Begriff der Empathie in der Psychoanalyse auf ambivalente Einstellungen gestoßen ist, weil er teilweise als mystisch und bedrohlich aufgefasst wird, u. a. auch wegen der partiellen Auflösung der Ich-Grenzen.

- Die Rolle des Selbst, des Selbstgefühls und des Selbst als Struktur ist in beiden Ansätzen sehr wichtig. Die Entwicklung von Selbst-Bildern, Selbst-Repräsentanzen und einer Selbst-Identität ist ein normaler, nicht-bewusster, habitueller Entwicklungsprozess, der für das seelische Wachstum und das Funktionieren in der Alltagswelt unabdingbar ist. Diese Strukturen entwickeln sich in den Interaktionen mit den primären Bezugspersonen der Kindheit. Die blockierte oder fixierte Entwicklung zu einem subjektiven und einem sexuellen Selbst steht im Zentrum der psychoanalytischen Arbeit. Die »Leerheit« dieses Selbst zu realisieren – zu erkennen, dass diese Selbst-Bilder konstruiert sind und kein inhärentes Eigen-Dasein darstellen – ist das Ziel der Zen-Praxis. Es geht mit anderen Worten darum, die absolute Grund- oder Bodenlosigkeit des Selbst zu erkennen. Dies wird aber oft missverstanden: Es geht nicht darum, das konventionelle Selbst aufzulösen oder mit dem gesamten Sein zu verschmelzen, sondern sich nicht an den Selbst-Bildern und Selbst-Repräsentanzen festzuhalten oder anzuklammern. Es geht darum – um es noch einmal anders auszudrücken –, den selbst zentrierten Modus des Wahrnehmens und Handelns zu transzendieren.
- In beiden Wegen gibt es das sogenannte »Transfer-Problem«: Wie kann die Einsicht, die in der psychoanalytischen Arbeit oder in der Zen-Praxis gewonnen wird, in die Alltagspraxis überführt werden? Ist eine wirkliche Transformation der Persönlichkeit durch Psychoanalyse oder Zen möglich? Genpo Merzel schreibt beispielsweise: *»Spirituelle Übung verändert nicht unbedingt alles. Wir kommen damit nicht notwendigerweise an unsere tieferen psychischen Probleme heran. Tatsächlich können wir zwanzig, dreißig, vierzig Jahre lang in Meditation sitzen und doch nur ›auf unserem Zeug herumsitzen‹ – eine der negativen Seiten des ›nur Sitzens‹.«* (Genpo Merzel 2008, S. 36) Auch die Veränderungen in Psychoanalysen sind manchmal sehr begrenzt. Auf das Dilemma von Veränderungen haben wir schon hingewiesen: Viele Menschen haben den Wunsch, ein anderes Leben zu führen, eine andere, freiere Identität zu entwickeln, haben aber gleichzeitig große Angst, dies zu realisieren. In der Psychoanalyse handelt es sich manchmal nur um scheinbar kleine Veränderungen, die aber doch insgesamt eine große Wirkung haben können. Im Zen geht es um eine viel radikalere Transformation, wie sie etwa

von Batchelor formuliert wird, indem er wie schon einmal erwähnt den großen indischen Gründer des »Mittleren Weges« Nāgārjuna zitiert: »To cling on means to insist on being someone – not clinging is the freedom to be no-one.«

- Ein wesentlicher Gesichtspunkt muss hier noch erwähnt werden. Dieser bezieht sich auf die für die Praxis des Analytikers entscheidende Haltung der gleichschwebenden Aufmerksamkeit als einer besonderen Form des Zuhörens und Beobachtens. Freud hatte bereits in der »Traumdeutung« eine Form von Selbstbeobachtung beschrieben, die der Formulierung der gleichschwebenden Aufmerksamkeit sehr nahe kommt: Er unterscheidet dabei die Funktionen des Reflektierens und die des Beobachtens und betont für die analytische Selbstbeobachtung die erhöhte Aufmerksamkeit für die eigenen psychischen Vorgänge und das gleichzeitige Vermeiden von kritischen Bewertungen als wesentliche Charakteristika dieser Haltung (Freud 1900). Rubin erwähnt unserer Ansicht nach zu Recht, dass weder Freud noch viele seiner Nachfolger beschrieben haben, wie diese Haltung kultiviert werden könnte (Rubin 1996). Bions Ausspruch »no memory, no desire, no understanding« wird zwar oft zitiert, aber ob er wirklich verstanden wird, kann man bezweifeln. Einige Sätze aus seiner Arbeit zeigen die überraschende Nähe zu unseren bisherigen Ausführungen:

  »*Wünsche (des Analytikers) stören den Prozess der Urteilsbildung, indem sie zu Geistesabwesenheit führen, wenn Beobachtung unbedingt erforderlich wäre ... der psychoanalytischen Beobachtung geht es weder um das, was geschehen ist, noch um das, was geschehen wird, sondern um das, was tatsächlich geschieht ... was über den Patient ›bekannt‹ ist, hat weiter keine Bedeutung: es ist entweder falsch oder unwichtig. Wenn Patient und Analytiker es ›kennen‹, ist es obsolet ... Der Psychoanalytiker sollte bestrebt sein, einen Bewusstseinszustand zu erreichen, in dem er in jeder Sitzung das Gefühl hat, den Patient noch nie zuvor gesehen zu haben. Wenn er glaubt, er hätte ihn schon einmal gesehen, behandelt er den falschen Patient ...*« (Bion 1967, S. 272 ff.)

Diese Sätze klingen fast wie die Aussagen eines Kōans, etwa des erwähnten Kōans über das »Nicht-Wissen ist am Nächsten«. Allerdings erwähnt auch Bion nicht, wie es dem Analytiker möglich sein kann, diesen Bewusstseinszustand des »Nicht-Wissens« zu entwickeln und aufrechtzuerhalten. Er ermutigt die Analytiker allerdings, selbst eine eigenständige Antwort auf diese Herausforderung zu finden[12]. Unsere Antwort besteht in der Entwicklung des schon erwähnten bifokalen Denkens, das für die Haltung des Analytikers zentral ist: Hier ist eine Ebene der Nah- und Fernsicht gleichsam der Entwicklung der Zazen-Haltung als Nahsicht, die sich als Offenheit und Präsenz manifestiert, und die Entwicklung der Beobachtung und Selbstreflexion der mentalen Inhalte als Fernsicht vergleichbar, die allerdings wie bei einer Gleitsichtbrille oszillierend betrachtet werden können. Wellwood, ein amerikanischer Psychotherapeut, der sich um eine moderne Integration von Psychotherapie und Spiritualität bemüht, stellt in ähnlicher Weise Reflexion und Präsenz gegenüber. Er postuliert eine Entwicklungsabfolge von unbewusster, präreflektierender Identifizierung (wie sie etwa für das kleine Kind typisch ist), der Beobachtung dieser Identifizierungen und schließlich der non-dualen Präsenz als einer Form von wachem, nicht reaktivem Gewahrsein ohne Selbstreflexion), die im Grunde einer Erleuchtungserfahrung entspricht (Wellwood 1998). Im Gegensatz zu Wellwood glauben wir jedoch, dass diese Bipolarität von Präsenz und Reflexion für den Analytiker im Sinne eines Paradoxes nicht auflösbar, sondern höchstens transformierbar ist, indem er das Dilemma, das in dieser Bipolarität steckt, als seinen Weg begreift. Auf diesen Punkt werden wir im Schlusskapitel noch einmal zu sprechen kommen.

12 Siehe hierzu auch noch einmal die Ausführungen von Nishijima zum Zeitproblem bei Dōgen: »… (es) wird klar, dass wir niemals in der Vergangenheit oder in der Zukunft leben können … die einzige Zeit, in der wir wirklich leben und handeln können, ist die Gegenwart des jetzigen Augenblickes. Und diese Gegenwart schließt sowohl die Möglichkeit der Zukunft als auch die der Vergangenheit in sich ein … Vergangenheit und Zukunft sind nur Begriffe der gedachten Zeit. Aber auch die Gegenwart ist meist nur die gedachte Zeit und nicht das Tun und Handeln im Hier und Jetzt. Die wirkliche Zeit ist allein der gegenwärtige Augenblick – jetzt, jetzt, jetzt.« (A. a. 0. S. 22)

III. Zen und die Praxis der Psychoanalyse – Vertiefungen

1. Eine kurze Einführung

Nachdem wir in dem ersten Abschnitt einen Überblick in die Gesamtthematik von Zen und Psychoanalyse gegeben haben, wollen wir nun einzelne Aspekte dieser Thematik vertiefen. Auch in diesen Kapiteln gehen wir ganz von der konkreten Praxis in Zen und Psychoanalyse aus. Bezugspunkt ist für Zen die konkrete meditative und alltägliche Praxis, für die Psychoanalyse die psychoanalytische Situation. Im Hintergrund aller Überlegungen bleibt immer die Entwicklung eines »Anfänger-Geistes«, ein Begriff, den wir in verschiedenen Anläufen immer weiter einzukreisen versuchen. Wir werden des Öfteren vom buddhistischen oder psychoanalytischen Standpunkt sprechen; wir sind uns dabei bewusst, dass es sich um eine Verallgemeinerung handelt, die aber aus Gründen der Darstellung und Argumentation unvermeidlich erscheint.

Um die Beziehungen zwischen Zen und Psychoanalyse näher zu fassen, wählen wir ein methodisches Vorgehen, das mit dem folgenden Bild beschrieben werden könnte: Wir stellen eine bestimmte Thematik oder Problematik in die Mitte zwischen zwei sich gegenüberliegenden Spiegeln: dabei ist der eine Spiegel der Kontext des Zen, der andere Spiegel der Kontext der Psychoanalyse. In einem ersten, buddhistischen Abschnitt beschreiben wir dann diese entsprechende Thematik (z. B. die konkrete Praxis, die Thematik des Bewusstseins, des Selbst, der Leerheit und des Leidens), wie sie sich im »Spiegel des Zen« darstellt; im Anschluss daran werfen wir einen Blick in den »Spiegel der Psychoanalyse«, wie dieser die dargestellte Thematik und die aufgeworfenen Fragen reflektiert. In einem zweiten, psychoanalytischen Abschnitt beschreiben wir zentrale psychoanalytische Themen (z. B. die Frage der psychischen Arbeit des analytischen Paares, die emotionale Regulierung in der therapeutischen Situation, einen Aspekt der zentralen Haltung des Analytikers und die Frage nach Gelingen und Scheitern des analytischen Prozesses), wie sie sich im »Spiegel der Psychoanalyse« darstellt; auch hier wollen wir dann im Anschluss wiederum einen Blick in den »Spiegel des Zen« werfen. Wir versuchen auf diese Weise, eine Art bifokale Betrachtungsweise zu realisieren, in der wir unsere jeweilige »Nahsicht« (als Zen-Lehrer die Zen-Perspektive, als Psychoanalytiker die psychoanalytische Perspektive) durch die entsprechende »Fernsicht« zu vertiefen versuchen. Wie sich herausstellen wird, zeigen sich in diesem Ansatz natürlich vor allem auch unsere spezifischen Interessen und Erfahrungen, die der Leser hoffentlich durch seine eigenen ergänzen und vertiefen wird.

Der **»Spiegel des Zen«,** den wir in den folgenden Kapiteln ausführlicher diskutieren wollen, kreist um den zentralen Begriff des »Nicht-Selbst«, der auch einen wesentlichen Unterschied zwischen dem östlichen und dem westlichen Denken darstellt. Masao Abe hat den Begriff des »Nicht-Selbst« präzise zu fassen versucht und in folgenden fünf Punkten verdeutlicht: 1. Die Doktrin des »Nicht-Selbst« ist das natürliche Ergebnis der Analyse der Fünf Skandhas (Aggregate, aus denen das menschliche Wesen zusammengesetzt ist)[1]; 2. Der Begriff des »Nicht-Selbst« – dies als Begriff für eine fehlende Selbst-Identität aus sich selbst heraus – wird auf alle Dinge und Wesen ausgedehnt, also auch auf Begriffe wie »samsāra« und »nirvāna« (bzw. die alltägliche Welt und die absolute, letzte Wirklichkeit). Auch diese werden nicht als selbstexistent und unabhängig verstanden; 3. Damit wird auch die Existenz eines aus sich selbst existierendes Gottes abgelehnt und die Doktrin des »abhängigen Entstehens« entwickelt: alles hängt von allem anderen ab; 4. Daher ist im Buddhismus die letzte Wirklichkeit weder bedingt noch unbedingt, weder absolut noch relativ, weder zeitlich noch ewig. Die letzte Wirklichkeit wird »Leerheit« genannt, und damit ist die Auffassung eines »Mittleren Weges« verbunden, die weder »eternalistic« noch »annihilistic« ist; 5. Der Begriff des »Nicht-Selbst« stellt eine Position jenseits dieser beiden Polaritäten dar: Das Schweigen des Buddha auf die Frage nach der Natur des Selbst bedeutet keine agnostische Position, sondern die schlagende Präsenz der »wahren Natur« des Selbst, das jenseits von Anerkennung und Negation ist. Da man das

1 Diese Begriffe werden wir in dem Kapitel »Über das Selbst« detailliert beschreiben.

Selbst weder als Selbst noch Nicht-Selbst bezeichnen kann, wird es als »Nicht-Selbst« bezeichnet, das jenseits aller Konzeptionalisierung die wahre Natur des Selbst beschreibt. Dies drückt sich in einer berühmten Formulierung des japanischen Zen-Meisters Rinzai aus: »Der wahre Mensch ohne Rang« ist ein Bild für dieses »Nicht-Selbst«, das Ausdruck des »wahren Selbst« ist, das nicht durch Konzepte erfasst werden, sondern nur durch die lebendige Wirklichkeit des gegenwärtigen Momentes ausgedrückt werden kann. Wir meinen, dass Suzukis »Anfänger-Geist« ebenfalls ein Hinweis auf dieses »Nicht-Selbst« darstellt (Abe 1985). Die Kapitel über die Praxis des Zen werden diese sehr dichten Formulierungen detailliert zu erläutern versuchen.

Der **»Spiegel der Psychoanalyse«** besteht in der Metapsychologie, die allerdings, wie wir im Eingangskapitel schon angedeutet haben, in der modernen Psychoanalyse nicht unumstritten ist. Dieser Begriff wurde von Freud eingeführt und bezeichnet eine theoretische Dimension, die mit der *»Erarbeitung einer Gesamtheit mehr oder weniger von der Erfahrung entfernter begrifflicher Modelle, wie der Fiktion eines in Instanzen geteilten psychischen Apparates, der Triebtheorie, des Verdrängungsvorganges etc.« verknüpft ist* (Laplanche und Pontalis 1972, S. 307). Es handelt sich bei der Psychoanalyse um eine Psychologie, die »hinter das Bewusstsein« führt. Oder wie es Müller-Pozzi in einer neueren Arbeit ausführt: *»Metapsychologie ist ein Satz allgemeiner Interpretationen, die es erlauben, über konkrete psychische Sachverhalte, die sich per definitionem der Sprache wie dem Experiment entziehen, theoretisch zu sprechen. Sie ist eine Theorie der Organisationsprinzipien des psychischen Geschehens, vor allem der Rolle, welche die Sexualität, genauer: die unbewusste infantile Sexualität, im psychischen Leben und in den Konflikten spielt.«* (Müller-Pozzi 2008, S. 16) Man unterscheidet heute in der Regel folgende metapsychologischen Gesichtspunkte:

- Der *topische Gesichtspunkt* unterscheidet die bewussten, vorbewussten und unbewussten psychischen Vorgänge;
- Zum *ökonomischen Gesichtspunkt* gehören vor allem die Affekte und ihre Besetzung, also ihre Intensität, aber auch der Primär- und Sekundärprozess und das Lust- und Unlustprinzip;
- Im *dynamischen Gesichtspunkt* geht es vor allem um die Kräfte, ins-

besondere Libido und Aggression, die an den psychischen Phänomenen beteiligt sind;

- Der *strukturelle Gesichtspunkt* befasst sich mit der Struktur des Psychischen, wie es in der Formulierung von Ich, Es und Über-Ich allgemein bekannt ist, aber heute auch im Sinne der verinnerlichten Objektbeziehungen, d.h. der mentalen Repräsentanzenwelt, verstanden wird.
- Der *genetische Gesichtspunkt* beschreibt die Entwicklung, die Geschichte des Psychischen.
- Müller-Pozzi erwähnt noch einen 6. Gesichtspunkt, den er den »intersubjektiven« nennt: »*In der Tat kann die Triebtheorie in unserer Zeit nur Bestand haben, wenn die Psychoanalyse den ›klassischen Gesichtspunkten‹ ihrer Metapsychologie … etwas hinzufügt, was ich den intersubjektiven Gesichtspunkt nennen möchte.*« (Müller-Pozzi 2008, S. 43)

Diese Metapsychologie bezieht sich auf das psychoanalytische Denken, wie es sich im Zusammenhang mit den Erfahrungen der psychoanalytischen Situation entwickelt hat. Es ist ein »aspektives« (Müller-Pozzi) oder auch ein interkontextuelles Denken, das seinen Gegenstand aus verschiedenen Blickwinkeln betrachtet. »*Die Metapsychologie versucht, Struktureinheiten, Funktions-, Regulations- und Steuerungsprinzipien des psychischen Geschehens zu abstrahieren.*« (Müller-Pozzi 2008, S. 16) Die Metapsychologie ist eine Form des Denkens, das implizit die Wahrnehmungen des Analytikers beeinflusst und außerhalb der analytischen Situation zu Konzeptualisierungen und Theoretisierungen führt. In den folgenden Kapiteln wird das Prinzip metapsychologischen Denkens sicherlich noch etwas anschaulicher werden.

2. Literaturübersicht

In diesem Kapitel wollen wir einen Überblick über die Literatur zur Beziehung von Psychoanalyse und Buddhismus geben. Dabei beschränken wir uns auf einige wichtige Arbeiten, die dem interessierten Leser ein vertiefendes Studium und weiterführende Hinweise geben können. Vor allem wird die erstaunliche Tatsache deutlich werden, dass es bereits eine lange Tradition eines Dialogs oder vielleicht auch eher eines Dialog-Versuchs zwischen Psychoanalyse und Buddhismus gibt, dies vor allem im englischsprachigen Raum. Die hier von uns vorgelegte Arbeit steht unserem Selbstverständnis nach ebenfalls in dieser Tradition.

Die Übersichtsarbeit von W. Parsons

Der Religionswissenschaftler Bill Parsons hat eine übersichtliche Studie mit dem Titel »Psychoanalysis meets Buddhism: The Development of a Dialogue« vorgelegt, die wir hier nur kurz referieren können (Parsons 2008). Zu Recht weist er gleich zu Beginn seiner Arbeit darauf hin, dass »Psychoanalyse« und »Buddhismus« natürlich keineswegs einheitliche Theorien und Methoden darstellen, sondern in ganz unterschiedliche Richtungen differenziert sind. Alle diskutierten Studien seien allerdings von drei grundlegenden Thematiken durchdrungen: Dass es sich bei der Psychoanalyse und beim Buddhismus um einen **Heilungsweg** handele, dass diese Heilungswege auch ein Produkt ganz **unterschiedlicher Kulturen** seien und dass man eine klare, **progressive Entwicklung** des Dialogs zwischen diesen beiden Ansätzen beobachten kann, die vor allem auch darin gipfeln, dass »spirituelle Erfahrungen« bzw. »spirituelle Zustände« zunehmend als legitim angesehen werden (Parsons 2008, S. 2). Parsons beschreibt drei Perioden von 1880–1944, von 1944–1970 und von 1970–2007. In der ersten Periode nimmt die Diskussion um das »ozeanische Gefühl«, das eine wesentliche Rolle in dem Briefwechsel zwischen Freud und R. Rolland spielte, eine zentrale Stelle ein. Dieser Dialog, in dem Freud auch mit dem östlichen Denken näher in Kontakt kam, war von Missverständnissen geprägt, die einen wichtigen Einfluss auf spätere Generationen von Analytikern hatten. Auch hier verweisen wir auf die sehr ausführliche Arbeit von W. Parsons (W. Parsons 1999, siehe auch R. Zwiebel 1999). Insgesamt kommt Parsons für diese erste Periode zu der Schlussfolgerung, dass diese Studien (beispielsweise die relativ bekannte Arbeit von F. Alexander) begrenzt waren durch die damaligen Kenntnisse des Buddhismus – auch bedingt durch begrenzte und auch fehlerhafte Übersetzungen der klassischen Texte. Vor allem wurden auch nicht die verschiedenen Schulen des Buddhismus und die verschiedenen Formen der meditativen Praxis berücksichtigt. Es gab auch praktisch keinen Kontakt zwischen buddhistischen Praktikern, Meistern oder Lamas, und keiner der Psychoanalytiker verfügte über eigene meditative Praktiken. Schließlich waren die Studien in der Triebpsychologie begründet und noch mit den Vorurteilen des »Orientalismus« und des »Eurozentrismus« behaftet. Die zweite Periode nach dem 2. Weltkrieg gestaltete sich nach den Untersuchungen von Parsons deutlich kooperativer: Die psychoanalytische Theorie entwickelte sich weiter, es gab entscheidende politische und gesellschaftliche Veränderungen, und das Interesse an einem Austausch zwischen der westlichen Welt und den asiatischen Ländern wuchs stetig. K. Horney spielte ebenso wie E. Fromm eine wichtige Rolle in diesem wachsenden Dialog. Besonders das Buch von Fromm, Suzuki und de Martino ist auch in Deutschland viel gelesen worden und hat zur Rezeption des Zen-Buddhismus einen wichtigen Beitrag geliefert (Fromm, Suzuki und de Martino 1972). Die dritte Periode, die sich von den 70er-Jahren bis zur heutigen Zeit erstreckt, ist vor allem durch erheblich wachsende Kenntnisse der östlichen Traditionen, dem wachsenden Kontakt zwischen östlichen Lehrern und westlichen Forschern und Praktizierenden und auch eine Weiterentwicklung der modernen Psychoanalyse durch die Objektbeziehungstheorie, Selbstpsychologie, Intersubjektivitätstheorien etc. geprägt. Vor allem aber vermutet Parsons, dass der Dialog zwischen Psychoanalyse und Buddhismus durch eine sozialpsychologische Komponente verstärkt wurde, die auf einem »spirituellen Hunger« basierte, der sich in der Gründung von Meditationszentren, dem wachsenden Kontakt zwischen östlichen Lehrern und westlichen Suchern und der Ausbreitung entsprechender Schriften manifestierte. Dies reflektierte auch eine Abwendung von kirchlichen Orientierungen hin zu einer nicht kirchlichen, mystischen »religion of no religion«, die sich auf die persönliche Erfahrung zentrierte. Im Grunde entwickelte sich eine Form von privater »Spiritualität«, die sich in folgender Formel zusammenfassen lässt: »Ich bin spirituell, aber nicht religiös.« In dieser Phase gab es dementsprechend auch eine wachsende Zahl von Psychoanalytikern, die psychoanalytische Therapie als eine »psychospirituelle Reise« ansahen und ansehen und davon ausgehen, dass meditative Praktiken und psychoanalytische Therapie nicht als getrennt betrachtet werden können, sondern als eine gemeinsame Anstrengung mit dem Ziel des persönlichen Wachstums. Mehrere dieser Autoren haben selbst Erfahrungen in Meditation, arbeiten mit fernöstlichen Meistern zusammen und können so als »kulturelle Insider« betrachtet werden. Die verschiedenen Ansätze beschreibt Parsons unter drei Gesichtspunkten: 1. einem kulturellen Kontext (der unbedingt berücksichtigt werden muss); 2. der Diskussion theoretischer Innovationen (Autoren wie J. Engler, J. Rubin und J. Blackstone werden hier erwähnt); und schließlich 3. der klinischen Anwendungen (hier werden auch vor allem die Arbeiten von M. Epstein erwähnt).

Kurze Anmerkungen zu einigen aktuellen Arbeiten

Die bisherige Zusammenfassung hat sicherlich deutlich gemacht, dass es seit Beginn der Entdeckung der Psychoanalyse ein wachsendes Interesse an der Beziehung zum Buddhismus gegeben hat, das vor allem in den angelsächsischen Ländern in den letzten Jahrzehnten und Jahren immer intensiver geworden ist. Wir möchten hier noch auf einige weitere Arbeiten hinweisen, die für den Leser von Interesse sein könnten.

Hervorzuheben ist der von A. Molino herausgegebene Sammelband »The Couch and the Tree: Dialogues in Psychoanalysis and Buddhism« (1998), der eine Fülle wichtiger Arbeiten enthält, die sowohl den Beginn als auch den gegenwärtigen Stand der Diskussionen zwischen Psychoanalyse und Buddhismus nachzeichnen. Parsons bezieht sich in seiner Übersichtsarbeit auf sehr viele in diesem Band veröffentlichte Arbeiten. Zum anderen sei ein anderer Sammelband erwähnt, der von D. Black herausgegeben wurde: »Psychoanalysis and Religion in the 21st Century«. Dieser Band enthält zwar sehr viele Arbeiten, die sich mit der Beziehung von Religion und Psychoanalyse befassen, aber auch einige spezifische Arbeiten zur Beziehung von Psychoanalyse und östlichen Religionen wie die Arbeiten von Epstein und Rubin. Insbesondere eine Arbeit von Epstein erscheint uns doch besonders erwähnenswert, in der er einen Bezug zwischen buddhistischer Meditation und den Arbeiten von Winnicott herstellt. Sein Ausgangspunkt dabei ist die Winnicott'sche Beschreibung eines Zustandes von »unintegration«, den er der Integration entgegensetzt: Es handelt sich um das Verlieren in einen Selbstzustand, eine Form von »Sein-Lassen«: *»In both Winnicotts psychology and that of the Buddha we find the discovery that the less sure* *we are about the self the greater our mental health. Both meditation and Winnicottian psychoanalysis open up uncertainty, not to provoke anxiety but to evoke tolerance, humility and compassion.«* (M. Epstein, in D. Black, S. 228). Für Winnicott bedeutete »unintegration«, wenn die Bedürfnisse nach Kontrolle suspendiert werden können und man sich selbst verlieren kann, ohne sich verloren zu fühlen. Damit sich solche Phasen ereignen können, beschreibt Epstein die Fähigkeit der Eltern, das Kind allein zu lassen, ohne es zu verlassen, d. h. also eine Form von nicht intrusiver Präsenz (siehe auch das Kapitel III, 4.3: Allein-Sein in der Gegenwart des Anderen, S. 210 ff.). In Bezug auf diesen gesunden Zustand von »unintegration« – in anderer Terminologie vielleicht auch ein regressiver Zustand im Dienste des Ichs – könnte man von einer gewissen Nähe zwischen der meditativen Praxis und der analytischen Situation sprechen. Wir verweisen an dieser Stelle auch auf eine Arbeit von S. Erlich, in der ein Modus des Tuns von einem Modus des Seins unterschieden wird. Im letzten Kapitel kommen wir auf diese Arbeit noch einmal zurück (S. Erlich 2003).

Etwas ausführlicher möchten wir hier noch auf vier weitere Arbeiten zu sprechen kommen, die sich ausdrücklich auf die Beziehung von Psychoanalyse und Buddhismus bzw. Psychoanalyse und Zen beziehen: Es handelt sich um das Buch von D. Loy (2000), die Arbeit von F. Falkenström (2003), das Buch von B. Magid (2002) und die Arbeit von E. Pelled (2007).

In dem Buch von **Loy** geht es vor allem um die Todesangst und ihre Verdrängung, die er nicht nur bei den einzelnen Menschen, sondern auch in einer Theorie wie der Psychoanalyse entdeckt. Der Mensch sei das Tier, das seinen Tod realisiert und daher Kompensationsmechanismen entwickelt, die in der Lage sind, diese Angst zu verdrängen oder abzuspalten. In der Auseinandersetzung mit Autoren wie N. O. Brown oder E. Becker geht Loy von der basalen Tatsache der Angst und der Schuld der Menschen aus, die sich aber weniger aus den kindlichen Wünschen den Eltern gegenüber speist, sondern ihre Quelle in dem Bewusstwerden der eigenen, fragilen Körperlichkeit haben und vor allem in der Erkenntnis, dass es keinen tragenden Grund der Selbst-Existenz gibt. Die eigene Hilflosigkeit wird als Mangel und als Schuld erlebt, und Ruhm, Geld, Sexualität, ideale Liebe sind Kompensationsmöglichkeiten, dieses eigene Mangelgefühl zu überwinden oder zu ertragen. Das Mangelgefühl wird nicht biografisch, sondern existenziell gedeutet. Die Todesangst wird zurückgeführt auf die Tatsache, dass man nicht ein aus sich selbst heraus existierendes Wesen ist – also ohne einen festen »Grund«, ohne eine inhärente Identität –, woraus Loy den tiefsten Wunsch des Menschen ableitet, nämlich »real« zu werden, zu einem »genuinen Selbst« zu werden. Diese Grundsituation analysiert Loy mit den Annahmen des Buddhismus und kommt zu folgender Unterscheidung zwischen Unwissenheit und Erleuchtung: Die Unwissenheit gründet in der Intuition der eigenen Grundlosigkeit; diese führt zu einer Angst vor dem Nicht-Sein, die als Mangel und als Todesangst gespürt wird; daraus entwickeln sich »Projekte« der Anhaftung, um das nicht existente Selbst zu realisieren, was zur Subjekt-Objekt-Dichotomie und zu Versuchen der Objektivierung führt. Die Erleuchtung dagegen gründet in dem »Großen Tod«, der ein Loslassen des Selbst-Gefühls darstellt, das der eigenen Grundlosigkeit entspricht; daraus entsteht die Freiheit von dem Zwang, sein Selbst zu realisieren; die Folge ist eine angemessene Reaktion auf die sich von Moment zu Moment ergebenden Situationen im Sinne eines »nunc fluens«. Diese vom Buddhismus beschriebene Dynamik wird nach Loy auch von der Psychoanalyse aufgegriffen: Er zitiert z. B. O. Rank, der die Lebensangst (die Angst, ein Individuum zu werden, Getrenntheit zu erleben) und die Todesangst (die Angst, das Selbst zu verlieren, die Angst vor der Verschmelzung) als eine Art dilemmatische Situation beschreibt, und Yalom, der sich mit der Verleugnung der Todesangst durch Fusion (Verschwinden in der Gruppe, Versorgt-Werden, Gerettet-Werden) und durch Individuation (etwas Besonderes werden, Größenfantasien) befasst. Als ein zentraler Unterschied zwischen Psychoanalyse und Buddhismus wird Folgendes postuliert: In der Psychoanalyse gehe man davon aus, dass es möglich sei, die Todesangst zu transformieren, während man im Buddhismus der Auffassung sei, dass diese endgültig überwunden werden könne. Für unsere Arbeit ist von Bedeutung, dass Loy in seinem Text diesen buddhistischen Weg auch in dem von uns hier dargestellten Sinne erörtert, nämlich als eine De-Konstruktion des Selbst als Weg der Befreiung. Diese De-Konstruktion des Selbst beschreibt auch er anhand der fünf Skandas und des »abhängigen Entstehens«. Und schließlich erörtert Loy die Revolution des Buddhismus durch Nāgārjuna und den von ihm formulierten »Mittleren Weg« (siehe auch das Kapitel über die Leerheit). Die zentralen buddhistischen Begriffe von »Samsāra« (die alltägliche Welt) und »Nirvāna« (die befreite Welt) klingen in ihren Formulierungen wie die Beschreibungen des Bewusstseins und des Unbewussten in der Psychoanalyse: »Samsāra« ist kausal, zeitlich, leidvoll, geboren und vergehend; »Nirvāna« ist akausal, jenseits von Abhängigkeit, ungeboren, erleuchtet (siehe die späteren Ausführungen zum Begriff des Unbewussten in der Psychoanalyse). Wir möchten die Schlussfolgerungen von Loy hier wiedergeben: »*Entsprechend meiner Interpretation des Buddhismus stammt unsere Unzufriedenheit mit dem Leben von einer Verdrängung, die noch unmittelbarer als die Todesfurcht ist: der Verdacht, dass ›Ich‹ nicht wirklich bin. Das Selbst-Gefühl ist nicht selbst-existent, sondern eine mentale Konstruktion, die ihre Grundlosigkeit als Mangel erfährt. Wir haben gesehen, dass dieses Mangel-Gefühl mit dem übereinstimmt, was die Psychotherapie über ontologische Schuld und basale Angst herausgefunden hat. Wir bewältigen diesen Mangel durch seine Objektivierung in verschiedenen Weisen und versuchen es durch Projekte zu überwinden, die nicht erfolgreich sein können, da sie das fundamentale Problem nicht berühren. … So ist unser problematischer Dualismus nicht das Leben, das den Tod fürchtet, sondern ein fragiles Selbst-Gefühl, das nach den Auffassungen des Buddhismus seine eigene Grundlosigkeit fürchtet. Mit der Anerkennung dieser und der Hingabe an diese Grundlosigkeit kann ich entdecken, dass ich schon immer in ›Indras Netz‹*[2] *aufgehoben bin, nicht als ein selbsteingeschlossenes Wesen, aber als Manifestation eines Gewebes von Beziehungen, die alles einschließen. Dieses löst das Problem des Begehrens durch Transformation. Solange wir durch den Mangel angetrieben werden, wird jedes Begehren zu einem klebrigen Anhaften, das die bodenlose Grube zu füllen versucht. Ohne Mangel ermöglicht die Heiterkeit unserer ›no-thing-ness‹, die Abwesenheit jeglicher fixierter Natur, die Freiheit, alles zu werden.*« (Loy 2000, S. 101)

Von Bedeutung in diesem Zusammenhang erscheint uns eine Arbeit von F. Falkenström, in der es um einen typischen Widerspruch zwischen Buddhismus und Psychoanalyse in Bezug auf das Selbst und die »Selbstlosigkeit« geht. Der Autor versucht eine klare Definition von »Selbst« auf dem Boden verschiedener Ebenen des Bewusstseins und

2 Siehe G. Weischede 2006, S. 151 ff.

der Abstraktion zu geben. Er unterscheidet dabei zwischen Selbst als Erfahrung, Selbst als Repräsentation und Selbst als System. (F. Falkenström 2003)

1. Selbst als Erfahrung: Hier handelt es sich um ein erfahrungsnahes Selbstgefühl, wie es sich in Beziehungen von Moment zu Moment zeigt und das multipel und diskontinuierlich ist. Gleichzeitig gibt es aber auch eine kontinuierliche Komponente, da man sich trotz unterschiedlicher Selbst-Gefühle doch auch konstant und identisch fühlt. In dem ersten Fall scheint es mehr um die Inhalte zu gehen, in dem zweiten Fall mehr um den Teil des Selbst, der diese Erfahrungen macht. Vielleicht könnte man auch sagen: das erlebte Selbstgefühl und das beobachtete Selbstgefühl. Falkenström bezieht sich hier auch auf die Arbeiten von Fonagy, in denen es um die Fähigkeit geht, bei sich und bei anderen mentale Zustände zu beobachten und zu reflektieren. Auch Fonagy unterscheidet die unmittelbare Erfahrung, die sekundäre Symbolisierung (die Repräsentation der Erfahrung) und die Mentalisierung.
2. Selbst als Repräsentation: Hier handelt es sich um eine intrapsychische Repräsentation der Person. Andere Autoren sprechen vom Selbst als von der ganzen oder realen Person. Hier geht es aber um ein psychologisches Konstrukt. Unterschieden werden in der Regel Selbst-Bilder, die relativ flüchtig im Bewusstsein auftauchen, und Selbstrepräsentanzen, die als Summe und relativ konstante Struktur von vielen Selbstbildern anzusehen sind. Nach Falkenström ist die Selbst-Repräsentanz eine unbewusste, organisierende Struktur der Interaktion, die außerhalb des Bewusstseins funktioniert. Sie ist Teil des prozeduralen Unbewussten, also eine unbewusste Abstraktion, die zu einer bestimmten Erfahrung im gegebenen Moment führt. Diese Struktur könne teilweise bewusst gemacht werden, auch wenn sie selbst unbewusst bleibt.
3. Selbst als System: Es handelt sich dabei um die Summe aller Selbst-Repräsentanzen; der Abstraktionsgrad ist hier noch größer und weiter von der unmittelbaren Erfahrung entfernt. Dieser Aspekt ist vor allem wichtig für Fragen der Identität, der Integration oder Des-Integration, d. h. also inwieweit verschiedene Selbst-Repräsentanzen zusammenpassen oder nicht.

Falkenström diskutiert im Weiteren die Beziehung zum psychoanalytischen Konzept des Narzissmus: Diesen kann man einerseits als affektiv-positive Besetzung der Selbst-Repräsentanz bezeichnen, was mit dem Gefühl von Selbstwert und Selbstliebe korreliert. In dem Ansatz von M. Klein wird Narzissmus andererseits als Abwehr verstanden, als eine pathologische Struktur und als Festhalten an einer omnipotenten Struktur (etwa in den Arbeiten von Rosenfeld über den destruktiven Narzissmus). Die Gründe für die narzisstische Abwehr werden unterschiedlich formuliert: die Abwehr von Abhängigkeit, von Neid, von Eingriffen von außen. Nach einer kurzen Beschreibung des »Selbst« im Buddhismus – es findet sich eine interessante Deutung des »abhängigen Entstehens«[3] in Bezug auf die Entstehung des Selbstgefühls – versucht Falkenström nun, Psychoanalyse und Buddhismus in gewisser Weise zu integrieren. Was ist die Erfahrung in der Meditation auf der Ebene des »Selbst als Erfahrung«? Das »abhängige Entstehen« wird als ein vorbewusster Zustand aufgefasst, den man sich ein Stück weit bewusst machen kann: d. h. wie das Selbstgefühl von Moment zu Moment entsteht. Entscheidend ist der Moment, wenn das Begehren und das Anhaften beginnt; dies könnte mit dem Lustprinzip der Psychoanalyse verbunden werden: Lust zu suchen und Unlust zu vermeiden ist entscheidend für das Auftauchen des »Selbst als Erfahrung«. Der Übergang vom Anhaften zum Begehren ist oft so subtil, dass er meist nicht wahrgenommen wird. Dieser Übergang hat mit dem »Identifizieren« zu tun, wodurch die beobachtende Haltung verloren geht. Dies setzt Falkenström mit dem Äquivalenzmodus der »Theorie des Geistes« gleich, in dem mentale Zustände mit der äußeren Realität gleichgesetzt werden. Dieser Zustand könnte auch wieder mit dem Narzissmus-Konzept in Verbindung gebracht werden; im Buddhismus spricht man von dem Wunsch nach Existenz oder auch Nicht-Existenz. Letzteres wäre relativ nahe am Begriff des schon erwähnten destruktiven oder negativen Narzissmus. Bei einer starken narzisstischen Vulnerabilität setzen defensive Operationen ein, um das Selbstgefühl wieder zu stabilisieren. Als narzisstische Störung bezeichnet Falkenström einen Zustand, in dem es zu einem Anhaften an besonders verzerrte Selbstbilder kommt, etwa einer Größenfantasie. Diese pathologischen Entwicklun-

3 Siehe auch das Kapitel »Zum Begriff der Leerheit«.

gen könnte man auch als Ausdruck eines »falschen Selbst« bezeichnen. Echte Selbstliebe und Selbstakzeptanz ginge davon aus, das »Selbst als Erfahrung«, wie es von Moment zu Moment in Erscheinung tritt, mit Akzeptanz und Sanftheit zu erleben. Der Unterschied liege nicht im Inhalt, sondern in der Qualität der »Aufnahme«. Das könnte bedeuten, dass auch Größenfantasien, Selbstwertzweifel, Gefühle der Omnipotenz mit einer sanften, liebenden Haltung angenommen werden. *Wahrheit liegt im buddhistischen Sinne in den rohen Sinnesdaten des gegenwärtigen Momentes. Konzepte sind illusorisch, vor allem, wenn sie nicht als Konzepte wahrgenommen werden.* »Truth is found when the inner and outer world are met without resistance or elaboration.« (Falkenström 2003, S. 1560) Das Aufgeben des Anhaftens ist ein Trauerprozess, in dem es darum geht, ein illusorisches Selbst aufzugeben. Es findet sich hier übrigens ein Bezug zu einer kleinen Arbeit von Freud über die Vergänglichkeit, deren Akzeptanz er auch mit dem Trauern in Verbindung bringt (S. Freud, GW X, S. 358–361, siehe auch Kapitel III, 3.4).

Falkenström beschließt seine wichtige Arbeit mit einem Absatz über Meditation und »primären Narzissmus«, in dem er ebenfalls nochmals auf das »ozeanische Gefühl« zu sprechen kommt. Falkenström nennt diese Erfahrungen »oneness experiences« und geht davon aus, dass diese heute potenziell als sowohl gesund und progressiv als aber auch als regressiv und pathologisch betrachtet werden. Interessant erscheint uns auch seine Unterscheidung zwischen der Suche nach »oneness« und der Erfahrung von »oneness«. In dem ersten Fall handelt es sich um die Suche nach romantisierten Fantasie-Objekten, während es sich im zweiten Fall um eine Verschiebung im Bewusstsein handelt, das mit einem Gefühl von voller Präsenz im Moment der Erfahrung, einem Gefühl von Verschmelzung mit dem Objekt oder der Umwelt verbunden ist. Heute wird angenommen, dass die Erfahrung von Verschmelzung und Getrenntheit für die gesunde Entwicklung wichtig ist. In der Konzentrationsphase der Meditation kann es zu einer Absorption mit dem Meditationsobjekt kommen, das auch zu einer Art »ozeanischem Gefühl« führt. Diese Phase sei aber nur die Vorbereitungsphase zur Einsichtsmeditation. Immer ist aber auch die Gefahr gegeben, dass der Übende in der ersten Phase fixiert bleibe: Das entscheidende Ziel ist das Loslassen der Suche nach Lust und der Vermeidung der Unlust. »Oneness«-Erfahrungen können immer in der Meditation auftauchen, aber ohne dass sie speziell gesucht und ohne dass sie festgehalten werden. Hier kommt noch einmal ein wesentlicher Punkt zur Sprache: Nach buddhistischer Auffassung ist keine Erfahrung an sich problematisch, lediglich das Begehren danach und das Anhaften.

Über die Entwicklung des Selbst als Selbst-Repräsentanz und als System hat der Buddhismus nicht viel zu sagen. Die buddhistische Sicht des Selbst sei mehr mikroskopisch, die psychoanalytische Sicht mehr stereoskopisch. Dies kommt einer Auffassung von Bifokalität sehr nahe, die wir im Teil über die Praxis der Psychoanalyse detaillierter beschreiben. Schließlich seien noch einige Bemerkungen zur Beziehung von meditativer Praxis und analytischer Situation erwähnt: Epstein habe vor allem auf die Ähnlichkeit zwischen freier Assoziation und Achtsamkeitspraxis aufmerksam gemacht. Immer wieder geht es auch um die Lockerung der Identifikation mit Inhalten: »The individual can go to pieces without falling apart.« (Epstein, zit. nach Falkenström 2003, S. 1564)

Es folgt ein kurzer Hinweis auf die Arbeit von **Magid** über die Beziehung von Zen und Psychoanalyse (B. Magid 2002). Magid ist Psychoanalytiker mit einer selbst-psychologischen Orientierung und Zen-Lehrer aus der Gruppe um Joko Beck. Nach seiner Auffassung hat Kohuts Selbstpsychologie eine Annäherung zwischen Buddhismus und Psychoanalyse dadurch erleichtert,

1. dass hier der objektive analytische Beobachter durch einen empathischen ersetzt wird, der die Welt des Beobachteten betritt;
2. durch die Anerkennung der Unmöglichkeit einer reinen Objektivität und die Re-Konzeptualisierung der Psyche durch ein »Selbst«, das durch Bedürfnisse wie Aufmerksamkeit, Wertschätzung, Bedeutung, Absichten, Selbstwert und emotionalem Gebundensein und weniger durch biologisch prädeterminierte Triebe, Fantasien und intrapsychischen Konflikten bestimmt ist;
3. und die Anerkennung, dass das »Selbst« nicht als separate Einheit existiert, sondern in einer Matrix von Selbst-Objekt-Beziehungen.

Magid unterscheidet zwischen der »Top-down«-Praxis der Kōan-Praxis und der »Bottom-up«-Praxis von Zazen. Im Zazen betont er vor allem die Rolle der Widerstände, deren Kennzeichen vor allem Angst und Wut seien: Es geht dabei vor allem um die Widerstände gegen das »Gegenwärtig-im-Moment-Sein«. In der Auseinandersetzung mit dem Begriff des »Einheitsgefühls«, das eng mit dem Begriff des »Ozeanischen« verbunden ist, schreibt Magid, dass die Praxis des Zen darauf zielt, ein »nonseparate functioning in everyday life« zu realisieren, womit die häufig diskutierte Frage der Regression hinfällig werde. Das Kennzeichen dieser »Non-separateness« sei Nicht-Widerstand, nämlich die Bereitschaft, einfach das zu tun, was als Nächstes ansteht! Dies hat auch eine Entsprechung in seinen Überlegungen zur »Leerheit«, auf die schon mehrfach verwiesen wurde: Es gibt nur diese Erfahrung von Moment zu Moment. So ist aus buddhistischer Sicht das Gewahrsein von »Leerheit« einfach ein Nicht-Widerstand gegenüber dem Fließen und der Vergänglichkeit unseres Lebens. In der Praxis beobachten wir unsere Widerstände gegenüber diesem Fließen, und im Buddhismus werden diese Knoten des Widerstands als »Anhaftung« bezeichnet. Daher ist nach Magid Zen auf fundamentale Weise nicht dualistisch, anti-essenzialistisch und anti-transzendent: »*Wenn wir erst in der Lage dazu sind, zu erkennen, dass es nur den Wandel gibt und dass wir selbst Teil dieses Wandels sind, gibt es auch nichts mehr, das wir besitzen können, kein ›Selbst‹ und auch kein Ding wie Besitz.*« (Magid 2002, S. 73) Es geht also um die Realisierung von Einheit (als Non-Dualität) und von Leerheit (als Nicht-Essenzialismus), was das fundamentale Eingebettet-Sein in das Leben von Moment zu Moment ermöglicht. Dies korrespondiert auch mit der Intersubjektivitäts-Theorie von Stolorow und Atwood, die von einer Entfremdung des isolierten Selbst ausgehen – die Entfremdung von der Natur, vom sozialen Leben und von der eigenen Subjektivität. Auch sie stellen das dualistische Denken infrage, wie es auch von der Zen-Praxis radikal infrage gestellt wird. Daher wird auch die Selbst-Zentriertheit oder Selbstbezogenheit als Ausdruck eines entfremdeten Selbst oder einer entfremdeten Psyche angesehen. Dementsprechend radikal ist auch die Deutung der Erleuchtung durch Magid: »*Erleuchtung ist präzise das gründliche Aufgeben jeden Begriffes von Erleuchtung.*« (Magid 2002, S. 86) Für das heute vielfach diskutierte Glück in Psychoanalyse und Buddhismus ist die Auffassung interessant, dass nach Magid das Gemeinsame von Zen und Psychoanalyse gerade darin zu sehen ist, dass jegliches Streben nach

Glück beendet wird: Glück ist danach nicht etwas, das man erreichen kann, sondern ein natürliches Neben-Produkt, wenn wir »wir selbst sind«. Auch die Diskussion des Unbewussten ist für die ganze Frage der Beziehung von Zen und Psychoanalyse wichtig und wird auch von Magid ausführlich besprochen. Er geht dabei davon aus, dass Zen einen Unterschied macht zwischen der Ebene unbewusster Wahrnehmung, Verstehen und Responsivität und der Ebene der selbst-zentrierten Interessen eines »Ichs«. Er zitiert dabei den berühmten Zen-Meister Bankei, der in dem ersten Fall des »funktionalen Unbewussten« vom »Ungeborenen« spricht. Dieses entspricht wohl auch dem, was Stolorow und Atwood als das präreflexive Unbewusste im Gegensatz zum verdrängten Unbewussten bezeichnen. Was also als konstant angenommen wird, ist dieses präreflexive Unbewusste, das spontan, offen und großzügig funktioniert, aber immer wieder vom selbst-zentrierten Denken eingedämmt wird. Des Weiteren geht Magid davon aus, dass durch die Zen-Praxis, aber auch durch die Praxis der Psychoanalyse ein größerer »Container« für die Gefühle entwickelt, also die Affekt-Regulation stimuliert wird, wie wir es später auch noch einmal detaillierter besprechen werden. Magid nennt dies den strukturbildenden Aspekt der Meditation: »*Wie die Psychoanalyse ist die Zen-Praxis ein strukturierter, relationaler Kontext für das Hervorbringen, das Tolerieren und das Durcharbeiten der affektiven Muster, einschließlich der Affekte, die zuvor unterdrückt oder dissoziiert wurden.*« (Magid 2002, S. 109) Der Beziehung zwischen Schüler und Lehrer und innerhalb der Gruppe der Praktizierenden weist Magid dabei einen intersubjektiven Selbst-Objekt-Charakter zu. Auch ein anderer Aspekt ist zentral für ein Verständnis der psychoanalytischen und der Zen-Praxis: die Dialektik von Anstrengung und Absichtslosigkeit, da Zazen zu nichts führt, sondern als Ausdruck unserer wahren Natur verstanden wird. Es geht also mehr um die »Sache« selbst, den Selbstausdruck, und nicht um die »Sache« als Mittel zum Zweck, um nämlich etwas zu erreichen. Auch hier taucht der von S. Erlich beschriebene Modus des Tuns und des Seins erneut auf.

Die Beschreibung der Entwicklung eines »Containers« für die Emotionalität durch die Praxis der Meditation ist auch in den Überlegungen von E. Pelled entscheidend. Sie vergleicht in ihrer Arbeit die Theorie von Bion mit der buddhistischen Meditation und geht davon aus, dass es in beiden Ansätzen um seelisches Wachstum geht. In dem ersten Teil der Arbeit beschreibt sie einige zentrale Grundannahmen von Bion, die sie folgendermaßen zusammenfasst: 1. Im Kontakt mit der Realität geht es immer auch um emotionale Erfahrungen, die gleichzeitig mit den sensorischen Eindrücken entstehen. Dabei geht es vor allem um die »Verarbeitung« (oder metaphorisch um das Verdauen) von vor allem negativen Emotionen. Dabei wird postuliert, dass »Wahrheit« das seelische Wachstum des Individuums fördert. 2. Das Lernen durch Erfahrung erfordert einen mentalen Mechanismus, der von Bion als Alpha-Funktion beschrieben wird: Diese wird als eine mentale, verdauende Funktion aufgefasst, mit deren Hilfe rohe sensorische und emotionale Erfahrungen in Bilder, Vorstellungen und Denken transformiert werden. Dies könnte man auch dem »Wisstrieb« zuschreiben, der neben den Faktoren der Liebe und des Hasses – die nach dem Lust-Unlust-Prinzip reguliert werden – eine dritte zentrale Komponente darstellt. 3. Um aus Erfahrung in diesem Sinne lernen zu können, bedarf es der Entwicklung von Frustrationstoleranz: Diese entscheidet darüber, ob Unlustaffekte eliminiert oder durch Denken transformiert werden. Letzteres wird als eine wesentliche Voraussetzung für seelisches Wachstum angesehen. Das Konzept der »Reverie« und des »Containers« besagt in aller Kürze, dass die Transformation der Emotionen des Kindes ursprünglich durch die träumerische Fähigkeit der Mutter entwickelt wird, die der Säugling verinnerlicht und so einen eigenen, inneren »Container« (im Sinne der Verarbeitung oder des Verdauens unlustbetonter Affekte) zu entwickeln beginnt.

Dieser Ansatz von Bion wird nun mit der buddhistischen Meditationspraxis verglichen, wobei sich Pelled vor allem auf die Vipassanā-Meditation der Theravāda-Tradition bezieht. Sie beschreibt, dass es zentral um die Entwicklung von Achtsamkeit und von Gleichmut geht. Achtsamkeit wird auch von ihr auf die Fünf Skandhas bezogen, die wir im Kapitel »Über das Selbst« ausführlich diskutieren werden. Bei der Entwicklung von Gleichmut handelt es sich um eine »bare attention« oder auch eine Beobachtung dessen, was von Moment zu Moment vor sich geht, ohne gedanklich und wertend zu intervenieren: eine nicht wertende, nicht reaktive, offene Beobachtung. Oder wie die Autorin an anderer Stelle schreibt: *»Equanimity means absolute openness.«* (E. Pelled 2007, S. 1517)

In ihrer vergleichenden Abschlussdiskussion betont Pelled, dass es sich bei der Psychoanalyse und beim Buddhismus natürlich um zwei ganz unterschiedliche Wege handelt und daher die Gefahr der Missverständnisse gegeben ist. Sie betont auch die Unterschiede: den Beziehungsaspekt der Psychoanalyse und die Betonung der Sprache, die im Buddhismus eher als Hindernis gesehen wird, aber auch das Gemeinsame, nämlich den Versuch, das Wachstum der Person zu fördern. In Bezug auf die Arbeiten von Bion gibt es allerdings noch eine größere Nähe zwischen analytischem und meditativem Weg, die sich vor allem auf die Haltung bei der Beobachtung bezieht: In beiden Ansätzen geht es um ein Beobachten, das die emotionale Beteiligung (positive und negative Bewertung und Beurteilung) überwindet, um zu einer täuschungsfreien Wahrnehmung der Wirklichkeit zu kommen. In der Psychoanalyse soll der Psychoanalytiker eine solche Haltung entwickeln (eine Beobachtung jenseits von Liebe und Hass), um zu einer wachstumsfördernden Einsicht beizutragen. In der Meditation entwickelt der Praktizierende einen inneren »Container«, der die Transformation der Emotionen einschließt. *»Buddhistische Meditation schließt ›Reine Aufmerksamkeit‹ ein. Dabei geht es um die Trennung der Aufmerksamkeit von der Selektion – die jeweilige Wahl wird hervorgerufen durch Abneigung (H) und Anhaftung (L) – was durch Gleichmut erlangt wird, der sowohl Mittel als auch Ziel ist. Als ein Mittel spiegelt Gleichmut Nicht-Selektion, die wiederum Nichteingreifen ermöglicht: eine absolute Empfänglichkeit (Rezeptivität).« Meditation würde in Bions Begriffen beschrieben werden: als Erweiterung der Fähigkeit zur ›reverie‹ oder als Verbesserung des ›inneren Containers‹ auf eine solche Weise, das dieser jeden Inhalt bewahren kann ohne das Bedürfnis, diesen zurückzuweisen oder durch eine Handlung loszuwerden.«* (Pelled 2007, S. 1520, Übersetzung R. Z.) Der Psychoanalytiker wird in dieser Beschreibung die Ähnlichkeit zur Haltung der gleichschwebenden Aufmerksamkeit unmittelbar erkennen. So geht es also in beiden Wegen um die »Kraft der Beobachtung«, die vor allem für die heilsame Entwicklung der Selbsterkenntnis und Selbstreflexion zentral ist. In unseren abschließenden Überlegungen werden wir auf die Faktoren der Präsenz und der Reflexion noch einmal zu sprechen kommen.

Wir haben diese letzten Arbeiten, die sehr umfassend sind, nur in einigen Stichworten wiedergegeben. Sie machen aber unserer Ansicht nach bereits deutlich, dass ein Dialog zwischen den beiden Wegen durchaus fruchtbar für beide Disziplinen sein kann. In den folgenden Kapiteln werden diese zentralen Themen von uns wieder aufgegriffen und in detaillierter Weise ausgeführt und diskutiert.

3. Praxis des Zen

3.1 Grundlagen der Praxis

Zazen

Aus der Sicht des Zen sollte eine Praxis folgende Kriterien erfüllen: Sie soll einfach sein; sie soll wiederholbar sein; sie soll sowohl auf dem Sitzkissen als auch im Alltag praktizierbar sein, d. h., sie kann 24 Stunden am Tag ausgeübt werden. Eine Praxis ist also etwas, das wir regelmäßig tun und das im Laufe der Zeit so etwas wie einen Hintergrund bildet. Es ist wie ein Grundfokus des Geistes, während wir unseren Alltagsgeschäften nachgehen. Wir können zum Beispiel den Atem für eine Zeit lang zum Zentrum unserer Praxis machen, dabei nehmen wir ihn so oft wie möglich wahr in all unseren Aktivitäten: ist er jetzt schnell oder langsam, tief oder flach? Diese Praxis führt im Laufe der Zeit dazu, dass wir unseren Atem in alle unsere Aktivitäten einflechten. Dies hat zur Folge, dass eine körperliche Aktivität, der Atem, mit dem Geist oder besser der Geistesaktivität, hier der Achtsamkeit, verflochten wird. So kann die oft gespürte und schmerzlich wahrgenommene Trennung zwischen Geist und Körper nach und nach aufgehoben werden.

Regelmäßigkeit aber braucht eine Absicht oder eine Zielrichtung. Was bedeutet dies für Zen?

Die Grundlage der Zen-buddhistischen Praxis sind Zazen und Achtsamkeit, zwei gleichwertige und zwei gleich wichtige Praktiken: Sie sind die Basis des Zen schlechthin.

Das stille Sitzen auf dem Meditationskissen, dem Sitz-Bänkchen oder auch dem Stuhl ist der Gegenpol zu unserem durchgängig bewegten, wenn nicht gar hektischen Leben. Wir setzen uns für eine bestimmte Zeitspanne still hin und steigen aus dem tagtäglichen Getriebe der Welt aus. Wir sitzen mit verschränkten Beinen im halben oder ganzen Lotussitz und richten unseren Rücken auf. In dieser Aufrichtung kann der Kopf entspannt auf der Wirbelsäule sitzen, die Hände sind zu einem Mudra, einer speziellen Handhaltung, die wir weiter unten genauer beschreiben, zusammengelegt, und die Augen – halb geschlossen – blicken entspannt auf einen Punkt an der Wand, vor der wir sitzen. Alle Körperteile, die wir nicht direkt für diese Haltung benötigen, lassen wir los: die Schultern, den Bauch, den Unterkiefer.

Und dann sitzen wir einfach still da. Der Körper beginnt, wenn auch unter Mühen, bewegungslos zu werden, nur ganz leicht bewegt, durch den natürlichen Atem. Wir haben die Absicht, in dieser Haltung so bewegungslos wie möglich zu werden. Dabei sind wir aufgerichtet und gleichzeitig entspannt. Der Körper ist beruhigt.

Aus der Sicht des Zen ist dies nicht die Vorbereitung, sondern das Angekommensein: In dieser Haltung sind wir angekommen im jetzigen Augenblick. Hier müssen wir nirgendwo mehr hin, und es gibt nichts zu tun: Dieses Angekommensein in der unbewegten Sitzhaltung ist im wahrsten Sinne des Wortes ein Sitzen ohne Absicht. Wir können es auch beschreiben als Sitzen und Nicht-Tun. Dabei sind wir in hellwacher Aufmerksamkeit, identifizieren uns mit nichts und greifen in keinerlei Prozess ein. In idealtypischer Beschreibung können wir sagen: Der Geist ist auf kein Objekt gerichtet und haftet an keinem Inhalt an. Im Japanischen wird dies Mokusho-Zen genannt: Zen der schweigenden Erleuchtung. Es ist eine Praxis ohne »Hilfsmittel«. Dogen Zenji, der Begründer der Soto-Linie, gab dieser Praxis den Namen Shikantaza: ›nichts als treffend sitzen‹, die höchste oder reinste Form des Zazen. Dieses Sitzen ohne Absicht ist allerdings für die wenigsten der ernsthaft Praktizierenden direkt und ohne regelmäßige Praxis zu verwirklichen. Für die meisten von uns ist das Sitzen auf dem Kissen daher erst einmal ein langer Prozess des Gewöhnens des Körpers an das unbewegte Stillsitzen.

Nachdem wir nun unseren Körper beruhigt haben, werden wir gewahr, dass unser Geist sehr aktiv ist. Wir sitzen auf unserem Kissen und erleben ihn als scheinbar kontinuierlich aktiv, andauernd involviert in Gedanken, Bildern, Emotionen, Assoziationen. Ein unaufhörlicher Strom von geistigen Aktivitäten tritt mit dem stillen Sitzen plötzlich in den Vordergrund. Wie nun kann man es möglich machen, diese geistigen Aktivitäten zu reduzieren, den Geist zu beruhigen? Dies geschieht im Zen dadurch, dass wir dem Geist eine Aufgabe geben, eine simple Aufgabe: Wir beginnen im Stillen unseren Atem zu zählen, und zwar speziell den Ausatem von eins bis zehn. Wenn wir bei zehn angelangt, oder wir nur bis eins oder zwei gekommen sind, beginnen wir wieder von vorne. Dies ist eine alte buddhistische Praxis, der Neigung des Geistes zum Herumwandern und sich abzulenken entgegenzuwirken und zu überwinden. Wenn wir diese Praxis für eine längere Zeit geübt haben, und sie ist keinesfalls nur für Anfänger, sondern wird auch von Fortgeschrittenen immer zur Beruhigung des Geistes angewendet, beginnen wir, in einem ersten Schritt unserem Atem zu folgen. Wir nehmen ihn als Bewegung wahr und richten unsere Aufmerksamkeit z. B. auf das Heben und Senken des Brustkorbes oder auf das Eintreten der kühlen Luft in die Nase. Im Laufe dieser Praxis beruhigt sich der Atem immer mehr, er wird so subtil, dass er fast nicht mehr wahrnehmbar ist; dies wird Shamata genannt: »Ruhiges Verweilen«. Diese Atemberuhigung hat als direkte Konsequenz auch eine Beruhigung des Geistes zur Folge.

Wenn beide, Atem und Geist, sehr ruhig geworden sind, wird dies das »Anhalten« oder der »Stillstand« genannt, erreichbar nur durch das gewissenhafte Einüben der beiden ersten Methoden. Oft wird diese tiefe Stille gerade von Anfängern als etwas sehr Außergewöhnliches erlebt, sie fühlen sich angekommen, zu Hause, am Ziel der Meditationspraxis. Aber Zen wäre nicht Zen, wenn der WEG nicht ein unendlicher wäre. Anzukommen würde ja ein Ziel annehmen, aber Zen ist nicht nur absichtslos, sondern auch ohne Ziel. Zumindest liegt das Ziel nicht im Bereich des Verstandes oder des Bewusstseins.

Die vierte dieser insgesamt sechs subtilen Methoden ist die Kontemplation oder die Versenkung, bekannt auch als Vipassanā-Meditation. Aus der Stille des Geistes heraus, der eine große Klarheit erzeugt, betrachten wir den Körper. Wir studieren alle Körperteile und machen die direkte Erfahrung, dass unser Körper etwas Zusammengesetztes und dass er kontinuierlich in Veränderung ist. Mehr noch: unser Körper ist dem Zerfall unterworfen. Wir erleben am und im eigenen Körper, dass Veränderung **die** grundlegende Tatsache unserer Existenz ist. Natürlich betrifft dies nicht nur uns, unseren Körper, sondern alles um uns herum: Alles ist immer in Veränderung. In einem nächsten Schritt, »Rückkehr« genannt, wenden wir unsere Aufmerksamkeit nicht mehr einem Objekt in der sogenannten äußeren Welt zu. Das Objekt der Versenkung ist nun der Geist selber. Hier tauchen Fragen nach dem Bewusstsein auf, aber auch die Frage nach dem Unterschied zwischen dem

Geist und seinen Inhalten[4]. Die sechste subtile Methode ist die der »Reinheit«: Es wird möglich, »unmittelbare Spontaneität« zu erreichen[5].

Zum Schluss dieses Abschnittes wollen wir noch einen kleinen, mehr praktisch orientierten Ausflug in den Atem wagen, steht er ja im Mittelpunkt vieler yogischer Traditionen, aber auch im Mittelpunkt eines jeden Lebens. Jedes menschliche Leben, so unterschiedlich es individuell auch ausgeprägt sein mag, beginnt mit dem ersten Atemzug direkt nach der Geburt: wir atmen ein. Und jedes menschliche Leben endet mit dem letzten Atemzug: wir atmen ein letztes Mal aus. Wenn wir nun unseren Atem beobachten, werden wir feststellen, dass sich der Atemprozess in vier Teile gliedern lässt: Das Einatmen, das Ausatmen und die beiden Atempausen. Schwerpunktmäßig beschäftigt sich Zen mit der Ausatmung. Anfängern, aber auch Fortgeschrittenen, wird empfohlen, wie oben schon beschrieben, still den Ausatem zu zählen, von ein bis zehn, um dann wieder bei eins zu beginnen. Mit jedem Ausatmen lassen wir los, wir lassen die eingeatmete Luft los, aber wir lassen auch unsere Gedanken los, der Geist wird nach und nach leerer und ruhiger. Am Ende der Ausatmung kommt dann eine Pause. Die Lunge ist leer, und für einen Augenblick wird der Atem still. In dieser Pause gibt es im wahrsten Sinne des Wortes nichts zu tun. Wir könnten auch sagen: Wir warten entspannt. Auf was warten wir? Auf den Einatem-Impuls. Ein biologischer Impuls, der, solange wir leben, immer wiederkommt und für den wir nichts »tun« müssen. Im Englischen wird dieser Impuls »inspire« genannt, einatmen, im Deutschen ist es die Inspiration.

Auf diesen Impuls der Inspiration, auf diesen immer wieder neuen Lebensimpuls, bereiten wir uns mit der Ausatmung vor: Der Atem ist still, der Geist leer, wir sind offen für den nächsten Einatemimpuls. Es ist wie ein Neubeginn, mit jedem Einatmen können wir neu inspiriert werden, mit jedem Einatmen haben wir die Chance eines völligen Neubeginns.

So wird aus einer Übung, an die wir uns immer wieder erinnern müssen, fast eine Lebensentscheidung: Bin ich bereit, mich wirklich

---

4 Im Kapitel III, 3.3 »Über Geist und Bewusstsein« haben wir hierzu Ausführlicheres geschrieben.

5 Zu den »Sechs Subtilen Methoden« siehe auch »Book of Serenity«, Einleitung S. 10.

ganz in diesen Ausatem hineinzugeben? Bin ich bereit, mich aufzugeben, und sei es nur für einen Augenblick, mich aufzugeben als klar definierte Person? Kann ich mich wirklich hingeben und mich ganz in diesem Ausatem »auflösen«? Es ist wie eine Entscheidung loszulassen, sich fallen zu lassen ohne Netz und doppelten Boden. Ich gebe mich auf und kann ankommen in diesem Augenblick, in diesem Hier und Jetzt. All dies ist nur einen Atemzug entfernt. Dies ist Zen-Geist. Dies ist Anfänger-Geist. Ein Zustand vor dem Beginn der Zeit, vor dem Beginn von allem.

Achtsamkeit und Praxis

Der zweite wichtige Aspekt, neben der Praxis des Zazen, ist die Achtsamkeitspraxis.

Achtsamkeit, Satipattāna[6], bedeutet zwei Dinge: Es bedeutet zum einen, etwas im Geist zu halten, etwas geistig im Vordergrund zu halten. Damit, und das ist die zweite Bedeutung, ist es uns »nahe«. Das, was uns wichtig ist, halten wir in unserer Nähe. Während die Praxis des Zazens, des Sitzens in Versunkenheit, zeitlich begrenzt ist, ist Achtsamkeit die Praxis für den »Rest« des Tages. Da es der »größere« Rest ist, brauchen wir eine Methode, die einfach ist und 24 Stunden am Tag angewendet werden kann. Zazen findet auf dem Meditationskissen statt, in einem beschützten Raum, zusammen mit anderen Meditierenden oder auch allein. Aber was passiert, wenn wir diesen Raum verlassen, wenn wir in den Alltag zurückkehren? Hier beginnt die Praxis der Achtsamkeit.

Bevor wir näher auf die *Praxis der Achtsamkeit* eingehen, sollten wir einige Begriffe näher beleuchten. Grundsätzlich sind wir als bewusste Wesen »wach«, oder allgemeiner gesprochen: wir sind aufmerksam. Wohin wir unsere Aufmerksamkeit lenken, hängt von der jeweiligen Situation ab, hängt ab von unseren eingefahrenen Mustern, auf Reize zu reagieren, hängt ab von unseren Vorlieben und Abneigungen. Je weniger wir unseren Geist kennen, desto mehr folgen wir eingefahrenen Verhaltensmustern. In diesem Prozess entsteht in der Regel eine Geis-

---

6 Ein Begriff aus dem Pali, der wörtlich »Vier Erweckungen der Achtsamkeit« bedeutet. Siehe hierzu auch Kapitel III 3.3 Fußnote Nummer 4.

tesstruktur, die immer den gleichen oder ähnlichen Abläufen folgt, die vorhersehbar ist und im Laufe der Zeit starr und fest wird, und wir fühlen uns gefangen in alten Denkmustern und Reaktionen. Die Praxis der Achtsamkeit ist der Versuch, den Geist wieder offener, durchlässiger und formbarer zu machen. Es ist eine Art Geistestraining.

Die Grundlage für dieses Training ist unsere Fähigkeit, uns konzentrieren zu können. ›Concentre‹ im Französischen meint, etwas in den Mittelpunkt zu stellen. Wir konzentrieren uns mit all unserer Kraft auf eine Sache. Dabei entsteht eine Art Tunnelblick oder Tunnelverhalten: Unsere Umwelt ist komplett ausgeschaltet, wir bekommen von ihr so gut wie gar nichts mit, das Blut geht ganz in den Kopf, unsere Hände und Füße werden ganz kalt. Wir sind konzentriert. Einspitzigkeit ist dagegen Konzentration, die die Umwelt mit einschließt. Es ist eine Fähigkeit, die wir im Laufe unserer Achtsamkeitspraxis entwickeln und die es uns ermöglicht, unsere direkte Umwelt, z. B. den umgebenden Raum, ebenfalls in unsere Handlungen mit einzubeziehen. Dies ist ein erster Schritt, unsere Aufmerksamkeit zu erweitern.

Achtsamkeit nun ist eine besondere Form der Aufmerksamkeitslenkung. Dabei wird den aktuellen Erlebnisinhalten unsere Aufmerksamkeit »geschenkt«. Augenblick meint den aktuellen Moment, es meint, in Kontakt zu sein mit der gegenwärtigen Situation und eben nicht in der Vergangenheit, sprich Erinnerungen, oder in Zukunftsplanungen oder Zukunftsgrübeleien gefangen zu sein. Unsere alltägliche Erfahrung ist die, dass in einer bestimmten Handlung unser Bewusstsein oft mit völlig anderen Inhalten beschäftigt ist als mit dem gegenwärtigen Augenblick. John Kabat-Zinn nennt dies den ›Autopilotenmodus‹. *»Solches Nicht-Bewusstsein-Sein (des gegenwärtigen Augenblicks, G. W.) kann unserem Geist zur Gewohnheit werden, was unser ganzes Leben und alles, was wir tun, beeinträchtigt, angefangen damit, dass wir auf Situationen automatisch, wie ein Autopilot, re-agieren, anstatt bewusst zu agieren.«* (Kabat-Zinn 2003, S. 37; siehe auch: Heidenreich, T.; Michalak, J. 2005)

Während wir arbeiten, denken wir über Dinge aus der Vergangenheit oder über Dinge in der Zukunft nach. Wir sind unreflektiert und verfangen in automatisierten Verhaltens- und Erlebnismustern. Dieser Autopilotenmodus wird nun durch die Achtsamkeitspraxis durchbrochen, deren Ziel es ist, das Bewusstsein wieder in den gegenwärtigen Augenblick zu holen.

Achtsam zu sein bedeutet, dass wir uns bewusst sind hinsichtlich dessen, was wir tun. Es ist eine »Haltung«, die wir einnehmen. Diese Haltung hat das absichtsvolle Ziel, die Achtsamkeit möglichst in **allen** Lebenssituationen aufrechtzuerhalten, seien diese Situationen nun angenehm oder unangenehm. Dies erfordert viel Geduld und ein ständig Sich-wieder-Besinnen. Wir alle wissen um unsere Neigung zur Selbstvergessenheit; nur für kurze Zeit können wir wirklich bei ›einer Sache‹ bleiben, und schon schweifen wir mit unseren Gedanken ab. Dieser Tendenz wirkt die Achtsamkeitspraxis entgegen.

Ein weiterer Aspekt dieser »Haltung« ist der des Nicht-Wertens. In der Regel werden alle Informationen sofort bewertet: Sind sie angenehm oder unangenehm. Gefällt mir das, was ich höre oder sehe, oder nicht, mag ich diese Person oder nicht? Achtsam zu sein bedeutet, die auftretenden Bewusstseinsinhalte nicht zu kategorisieren, sie einfach nur wahrzunehmen.

Eine achtsame Haltung ist dadurch gekennzeichnet, dass wir möglichst offen gegenüber allen Erfahrungen des gegenwärtigen Augenblicks sind. Wir sind offen gegenüber unseren Gedanken, unseren Gefühlen, unseren Körperempfindungen, seien sie nun angenehm oder unangenehm. Wir schieben nichts weg, fügen nichts hinzu. Wir lassen die Dinge (erst einmal) so, wie sie sind. Praktisch gesprochen bedeutet dies, dass wir achtsam hinsichtlich des ersten, ursprünglichen Kontaktes mit etwas sind. Es bedeutet, und dies ist wichtig, hier betont zu werden, dass der erste, ursprüngliche Kontakt nicht auf dem Denken basiert. **Wir bleiben beim ersten Kontakt im vorsprachlichen Bereich**, oder besser im noch nicht sprachlichen Bereich. Dies ist eine Fähigkeit, die durch Training oder Schulung erlernbar ist. Der normalerweise ablaufende Prozess vom ersten Kontakt mit einem Objekt bis hin zum Bewusstsein von diesem Objekt wird im Buddhismus als die »Fünf Skandhas« bezeichnet. Dazu mehr im Abschnitt III, 3.2: Über das Selbst.

Eine einfache Achtsamkeitsübung könnte sein, dass wir unsere Körperpositionen wahrnehmen: Wie fühlt es sich an zu liegen, zu stehen, zu gehen und zu sitzen? Wie fühlt sich Ihr Sitzen oder Liegen, während Sie dieses Buch lesen, jetzt im Augenblick an? Spüren Sie Ihre Sitzhöcker, spüren Sie die Aufrichtung Ihrer Wirbelsäule? Wie fühlt sich die Haltung Ihres Kopfes an? Geben Sie Ihrem Atem genügend Raum? Wir wollen z. B. von unserem Stuhl aufstehen: dabei beugen wir den

Rumpf nach vorn, spannen unsere Bein- und Rückenmuskeln an und kommen zum Stehen. Wenn wir die stehende Aufrichtung ganz erreicht haben, ist der Akt des Aufstehens beendet und abgeschlossen. Achtsam halten wir einen Augenblick inne, bevor wir den ersten Schritt tun. Wir gehen zu unserem anvisierten Ziel. Angekommen, halten wir wieder einen Augenblick inne und schließen diesen Vorgang ab. Angekommen.

Wenn wir im Rahmen der Achtsamkeitspraxis genau hinschauen, werden wir feststellen, dass wir beginnen, unsere Handlungen in kleine Episoden aufzuteilen; denn genau studieren können wir nur kleine Einheiten. Achtsamkeit macht die Details des Lebens sichtbar. Dabei stellen wir fest, dass jedes Detail selber einen Prozess durchläuft, der als die »Four Marks« oder die »Vier Zeichen« bekannt ist: Etwas erscheint in unserem Bewusstsein, es wird sozusagen geboren, es entfaltet sich zu seiner ganzen Größe, dann beginnt ein ›Sterbensprozess‹, in dem das Objekt sich langsam auflöst und zum Schluss vollständig verschwindet. Damit ist diese Episode in sich abgeschlossen und kann somit Platz machen für ein neues Objekt der Achtsamkeit. Dieser vierteilige Prozess trifft auf alles zu, sowohl Geistiges als auch Materielles. Alles ist diesem Ablauf des Entstehens und Vergehens unterworfen, das eine in sehr kurzen Zeitabläufen, anderes in sehr langen. So reiht sich eine jeweils in sich abgeschlossene Episode an die andere. Verbunden sind diese kleinen Einheiten nur dadurch miteinander, dass sie zeitlich aufeinanderfolgen und dass eine Einheit die Voraussetzung oder Grundlage der nächsten ist. Eine Lebensgeschichte ist dies nicht. Den »roten Faden« oder die Lebensgeschichte stellen wir erst später her, indem wir dem Ganzen im Nachhinein einen Sinn und einen Zusammenhang geben. Aus der Sicht der Achtsamkeit bewegen wir uns von einer in sich abgeschlossenen Episode zur nächsten, vom »Hier und Jetzt« zum »Hier und Jetzt«. Wir folgen »einfach« der jeweiligen Veränderung[7].

---

7 Im Rahmen der Achtsamkeitspraxis können wir vier große Bereiche unseres Daseins genauer studieren. Dabei lernen wir den Geist kennen, wir studieren ihn, aber wir beginnen hier auch, ihn zu formen, ihn zu lehren, zu verändern. Allerdings geschieht diese Veränderung des Geistes eher indirekt als direkt.

Die vier großen Bereiche der Achtsamkeit sind:

1. Achtsamkeit auf den Körper
2. Achtsamkeit auf die Empfindungen
3. Achtsamkeit auf den Geist
4. Achtsamkeit auf die Geistesobjekte.

Körperliche Haltung und Praxis

In der Praxis des Zen spielt die sitzende Haltung eine zentrale Rolle. In dieser Haltung ist die Wirbelsäule zentral, wir halten sie so gerade und aufrecht wie möglich, der Kopf sitzt locker und beweglich obenauf. Nun können die Schultern, der Unterkiefer und der Bauch völlig entspannt sein. Wir sind aufgerichtet und gleichzeitig entspannt, fast schmelzend. Dieses Stillwerden steht sehr im Gegensatz zu unseren alltäglichen Aktivitäten, zu unserem alltäglichen immer in Bewegung sein. Mit dieser Haltung nehmen wir den Gegenpol zu diesen Aktivitäten ein und werden dabei körperlich so still wie möglich. In einer fortgeschritteneren Praxis werden dann auch die allerkleinsten Bewegungen nicht mehr zugelassen. Denn: In der Regel bewegen wir uns, auch wenn wir glauben, ganz still zu sitzen, immer ein wenig: wir korrigieren unsere Aufrichtung, wir schaukeln leicht hin und her oder bewegen unsere Augen. All diese Bewegungen reduzieren wir auf Null. Alles, was bleibt, ist die Bewegung des Atems.

Beim stillen Sitzen im Zen halten wir die Augen immer ein wenig geöffnet. Dies wirkt der Tendenz einzuschlafen oder zu dösen sehr entgegen. Wenn wir dazu den Blick entspannt auf einen Punkt richten, die Augen also bewegungslos auf diesem Punkt halten, dann können wir davon ausgehen, dass dies auch eine direkte Auswirkung auf unseren Geist hat. In der Regel sind geistige Aktivitäten verbunden mit mehr oder weniger starken Augenbewegungen. Dies können wir sogar im Schlaf feststellen, wo bei starken Traumaktivitäten die Augen hin und her rollen (REM: rapid eye movement). Halten wir die Augen dagegen bewegungslos auf eine Stelle gerichtet, so beruhigt dies den Geist ganz direkt, es ist wie ein helfender Fixpunkt im Außen.

Während des Zazen formen wir unsere Hände zu einem Mudrā. Das Wort kommt aus dem Sanskrit und bedeutet »Siegel« oder »Zeichen«. Dabei liegt die linke Hand in der rechten, und beide zusammen formen mithilfe der Daumen eine Art Oval, das wir während der ganzen Sitzperiode halten. Es ist eine entspannte Haltung mit einer kleinen Restspannung. Dieses Mudra bringt die Arme und Hände in einer kreisförmigen Art und Weise zusammen, ist aber auch ein Ort der Konzentration.

Ist uns dies gelungen, hat diese Art der Sitzhaltung einige nicht zu übersehende Vorteile: Es ist ein stabile Haltung, um über einen längeren Zeitraum hinweg sicher zu sitzen, wie z. B. bei einem Sesshin, bei dem sieben Tage lang sehr intensiv Zazen gesessen wird.

Die aufrechte Haltung ermöglicht dem Atem, frei zu fließen. Das Sitzen auf einem Kissen oder Bänkchen am Boden oder auch auf einer Plattform ist ein sicherer Ort. Weiter können wir nicht »fallen«, wir sind schon »unten« und stabil angekommen.

Angesichts dessen, dass wir im Westen in der Regel größte Mühen haben, eine bewegungslos sitzende Haltung einzunehmen, hier einige Anmerkungen. Was passiert, wenn wir still sitzen? Wir stellen fest, dass es uns sehr schwerfällt, überhaupt still zu sitzen. Besonders schwer ist es, dies mit verschränkten Beinen auf einem Sitzkissen zu tun. Eine solche Haltung sind wir nicht gewohnt, sie stammt aus Kulturen, in denen sich vieles mehr in Bodennähe abspielt. Wir hier im Westen dagegen leben in einer Stuhlkultur.

Es bedarf der wiederholten Übung des Dehnens und Streckens der Sehnen und Muskeln, bis es uns gelingt, den Körper in einer solchen Haltung zu beruhigen. Aus dem Blickwinkel der Achtsamkeit betrachtet, hat Baker Roshi dieses stille Sitzen einmal mit einer chemischen Versuchsanordnung verglichen: Auf dem Kissen zu sitzen ist wie in einem Reagenzglas zu sitzen, unter dem wir die Hitze hochfahren. Wir betreiben direkte Wissenschaft mit uns selbst, wobei wir Versuchsleiter und Versuchsperson in einem sind. Wir studieren uns und lernen uns sehr gründlich kennen. (Persönliche Mitteilung von Richard Baker Roshi)

Diese Aufmerksamkeit und Achtsamkeit, die wir unserer sitzenden Haltung geben, werden wir im Laufe der Zeit natürlich auch unseren anderen Haltungen schenken. Diese vier Haltungen werden auch die »Vier Edlen Haltungen« genannt und sind neben dem Sitzen das Liegen, Stehen und Gehen. In welcher Haltung wir uns auch befinden, wir sind uns dessen immer bewusst. Besondere Aufmerksamkeit legen wir dabei auf die Übergänge und den Wechsel von einer zur anderen Haltung.

Geistige Haltung und Praxis

Welche Rolle nun spielt die geistige Haltung? Baker Roshi sagt dazu: Jede geistige Tätigkeit hat immer auch einen körperlichen Aspekt, und jede körperliche Tätigkeit hat immer auch einen geistigen Aspekt, unser Geist ist immer beteiligt. Nun, mit welcher geistigen Haltung gehen wir durch den Tag? Welche Rolle spielt der Geist in unserem Schlaf? Was machen wir eigentlich mit unserem Geist, der fast 24 Stunden am Tag mehr oder weniger aktiv ist?

Der Geist ist eines der zentralen Studienobjekte im Zen. Um dies effektiv und sinnvoll tun zu wollen, brauchen wir ein grundsätzliches Interesse an Fragen wie:

- In welcher geistigen Haltung befinden wir uns normalerweise?
- Können wir überhaupt etwas zu unserem Geist sagen?
- Können wir die Frage »Was ist Geist« beantworten?
- Können wir mehr über ihn sagen, als dass er ein »denkendes Organ« ist?

Dies könnten wir beschreiben als die geistige Einstellung eines interessierten Beobachters oder besser einer Art »Wissenschaftler«, der den Geist zum Objekt seines Studiums machen will. Es wird und es ist ein schwieriges Unterfangen, ohne Zweifel: Wie wollen wir den Geist mit dem Geist studieren? Es ist so, als ob das Auge, ohne Hilfsmittel wie z. B. einen Spiegel, sich selber sehen wollte. Wir sind so sehr denkende und (selbst)bewusste Wesen, dass wir den Geist in der Regel gar nicht weiter beachten. Er ist einfach da und wir »benutzen« ihn. (Wer genau benutzt ihn?) Oft entwickelt unser Geist eine Art Eigendynamik, die uns den Eindruck vermittelt, als ob er uns beherrsche, wir fühlen uns getrieben und kommen nicht mehr zur (geistigen) Ruhe[8].

An dieser Stelle soll die Frage näher beleuchtet werden, warum im Zen die geistige Haltung und die geistigen Aktivitäten so sehr in den Vordergrund gestellt werden.

Wie schon angesprochen, ist unser Geist in all unseren Aktivitäten immer zugegen. Ziel unserer Achtsamkeitspraxis in diesem Rahmen ist

8 In Kapitel III, 3.3 haben wir zum Thema »Geist und Bewusstsein« Ausführlicheres geschrieben.

es zunächst, unseren Geist näher kennenzulernen und ihn zu studieren. Wir werden feststellen, dass unser Geist in bestimmten Mustern funktioniert, dass er seine eigene Dynamik entwickelt und eine Art Eigenleben führt, in einer ihm eigenen Welt, die er immer wieder herstellt, weiterentwickelt und pflegt.

Diese Geistesaktivitäten sind so komplex und so schnell, dass, wenn wir sie studieren wollen, wir den Geist erst einmal beruhigen müssen. Es gilt, die Aktivitäten so zu reduzieren, dass wir sie in kleine, überschaubare und studierbare Einheiten aufteilen können. Diese Beruhigung findet im Rahmen der Zen-Praxis auf dem Sitzkissen statt. Wir geben unserem Geist, wie weiter oben schon beschrieben, etwas Einfaches zu tun, wie z. B. das Atem zählen. Dies beruhigt den Geist und lässt nach einiger Zeit auch Pausen entstehen, Pausen im Denken, die im Laufe der Zeit auch länger werden. Dies ist sozusagen die Grundlage dafür, dass wir beginnen können, den Geist zu studieren. Aber wo genau wollen wir hin, gibt es ein Ziel in dieser Praxis, soll unser Geist denn ein anderer werden?

Idealerweise sollte der Geist die Welt so sehen, wie sie wirklich ist, und nicht so, wie er sie herstellt. Mit einem Wort: »Ziel« ist spontanes, direktes Gewahrwerden der Realität. Dies ist aber nur indirekt möglich. Denn alles, was wir tun können, ist, die Bedingungen für ein solches spontanes Erleben zu verbessern. Oder anders: Es ist das Herstellen eines Umfeldes, in dem eine solche Entwicklung möglich ist. Diese Praxis ist ein Durchlöchern der normalen geistigen Strukturen, ein Öffnen für die dann »dahinter« erscheinende Welt. Wirklichkeit ist, so könnten wir sagen, wie ein geflochtener Korb, dessen Geflecht im Laufe der Praxis immer durchlässiger und durchscheinender wird. Dass dieser Hintergrund nicht einer ist, der immer schon existent war, sondern ebenfalls immer wieder »hergestellt« werden muss, machen wir im Laufe des Buches immer wieder deutlich. Denn im Zen gehen wir nicht davon aus, dass es eine Art Urgrund oder Ursprung geben könnte, etwas, auf dem alles basiert, ganz im Gegensatz zu den monotheistischen Weltbildern.

Die Grundlage für ein solches Wirklichkeitsverständnis ist das Gesetz des abhängigen Entstehens: Alles entsteht in Abhängigkeit von anderem. Nichts kann für sich allein entstehen oder existieren. Wir können somit nicht davon ausgehen, dass unserer Wahrnehmung von

Wirklichkeit etwas zugrunde liegt, das wir als Unabhängiges, Unverändertes oder Ewiges beschreiben könnten, denn alles entsteht immer in Abhängigkeit und Beziehung zueinander. Wir könnten fast sagen: Die yogische Wahrnehmung oder der Zen-Geist sind von gar keinem Wirklichkeitsbegriff abhängig. Hier geht es um direkte Erfahrung ohne jeglichen Wirklichkeitsbegriff. Es sind Erfahrungen, die in überhaupt kein Konzept (mehr) gesteckt werden können[9].

In der Tradition des Zen werden dem Geist verschiedene Aufgaben gegeben. Neben dem Atem zählen wird mit Kōans gearbeitet oder mit Wendeworten (Huado-Praxis).

Kōans sind Aussagen, Fälle und Fragen, die mit dem Intellekt nicht zu lösen oder zu beantworten sind. Entsprechende »Antworten« liegen dann jenseits oder vor der Sprache, sind direkt, vom Bewusstsein nicht behelligt. Das Wesen des Kōan ist das Paradoxe. Eine »Antwort« auf ein Kōan liegt jenseits des Denkens, aber auch jenseits des Vorstellbaren. Ein Kōan deutet auf die »Letzte Wahrheit« hin.

In der Wendewortpraxis wird ein kurzer Satz oder ein Wort wie ein Mantra benutzt: Jede unsere Tätigkeiten belegen wir zum Beispiel mit dem Wort »Angekommen«. Wir legen dieses Wort sozusagen in den Hintergrund all unserer Aktivitäten. Es wird ein Gegenpol zu unseren andauernden geistigen und körperlichen Aktivitäten, der uns deutlich macht, dass der jetzige Augenblick der ist, in dem wir leben. Die Vergangenheit ist vorbei, die Zukunft ist noch nicht. Jetzt.

All diese Praktiken haben das Ziel, den Geist aus seinen normalen Aktivitäten herauszubringen, seine Aktivitäten zu konzentrieren und ihn so vorzubereiten, dass plötzliche Einsicht in die Wirklichkeit möglich wird. Dies als Vorbereitung zu beschreiben ist allerdings nicht korrekt. Denn Spontaneität ist potenziell immer möglich. Die Frage ist, was hindert uns daran, spontan zu sein, was hindert uns daran, die Welt so zu sehen, wie sie wirklich ist, oder besser, wie sie sich aus ihrer eigenen Sicht darstellt?

»To carry yourself forward and experience myriad things is delusion. That myriad things come forth and experience themselves is awakening.«

»Sich in den Vordergrund stellen und die Myriaden von Dingen zu erfahren, ist Täuschung. Dass die Myriaden Dinge hervortreten und sich

9 Ausführlicheres hierzu haben wir in Kapitel II, 5 »Über die Leerheit« geschrieben.

selbst erfahren, ist Erwachen.« (Genjō Kōan, Dogen 1985, S. 69, Übersetzung G. W.)

Das (plötzliche) Erwachen in die Wirklichkeit ist also nichts Zusätzliches oder Neues, das hinzukommt, sondern es ist das Beiseiteschieben der Hindernisse, die diesen Zugang immer wieder blockieren und immer schon blockiert haben.

Durch Beruhigung des Denkens, durch Konzentration und Einspitzigkeit werden diese geistigen Hindernisse aufgelöst. Dabei werden die eingefahrenen Wahrnehmungsstrukturen aufgeweicht und durchlässig gemacht. Es entsteht ein Geist, geprägt von Mitgefühl und Weisheit, ein Geist, der die Dinge so wahrnehmen kann, wie sie sind.

Sangha und Praxis

Die bisher beschriebene Praxis ist sozusagen eine Einzelpraxis: Der am Buddhismus Interessierte meditiert allein auf seinem Kissen und übt Achtsamkeit oder praktiziert mit Kōans im Alltag. Im Buddhismus gibt es die sogenannten »Drei Juwelen«: Buddha, Dharma und Sangha. Buddha steht für den Begründer dieser Tradition als einem menschlichen Wesen, Dharma steht für die Lehre und das Lehrgebäude, und Sangha steht für die Gemeinschaft der Praktizierenden. Diese Juwelen haben untereinander den gleichen Stellenwert, d. h., die Gruppe der Praktizierenden ist ebenso wichtig wie die Lehre.

Traditionellerweise ist das Kloster mit seinen Mönchen oder Nonnen die Sangha.

Was nun ist die Aufgabe oder das Ziel eines Klosters mit seinem Tagesablauf, der sich so stark von unserem »normalen« Ablauf unterscheidet? Grundsätzlich können wir sagen, dass es darum geht, alte, lieb gewonnene Verhaltensweisen aufzubrechen: Im klösterlichen Alltag gibt es sehr wenig Privatheit; ein Einzelzimmer ist zumindest in buddhistischen Einrichtungen eher eine Seltenheit. Auch der Tagesablauf ist so strukturiert, dass es wenig private Zeit gibt. Der Zeitplan ist so angelegt, dass der Nachtschlaf zugunsten der Meditation verkürzt ist. Die Mahlzeiten sind kein soziales Zusammenkommen, sondern sind ebenfalls Orte der Praxis, in denen die jeweilige Übung vom Einzelnen fortgesetzt werden kann. Sexuelle Kontakte sind nicht vorgesehen, es wird erwartet, dass das Mitglied zumindest für diese Zeit zölibatär lebt. Der Tagesablauf ist so strukturiert, dass er für den Einzelnen »einfach« ist, das heißt, die Mönche verrichten einfache Tätigkeiten mit relativ wenig Verantwortung. Dies trifft natürlich nicht für solche Positionen wie den Abt oder den Hauptkoch zu. Die Tätigkeiten sind einfach, um die jeweilige Praxis fortführen zu können. Oft gibt es Zeiten, in denen wenig bis gar nicht gesprochen wird. Diese Schweigezeiten sind schon ein sehr starker Eingriff in unsere normalen Gewohnheiten. Die Kontakte nach außen, zu Freunden, Bekannten und Familienmitgliedern sind bewusst eingeschränkt. Der ganze Aufenthalt ist ein wirklicher Rückzug aus dem normalen, in der Regel sehr bewegten Leben.

Die Praxis des Zazen, die Arbeit an Kōans und die Arbeit mit Wendeworten (Hua-do) nehmen im klösterlichen Alltag einen zentralen Stellenwert ein. Es gibt regelmäßige Treffen mit dem Lehrer, wo die »Fortschritte« geprüft werden. Bei diesen Treffen wird die jeweilige Praxis vorgestellt, oder besser, direkt gelebt. Antworten auf Kōans sind gelebte Antworten. Es ist direktes Leben zwischen dem Lehrer und dem Schüler. Aber auch zwischen den Schülern findet diese Art von Austausch statt. Praxis ist allgegenwärtig. Wachheit und Klarheit ist das Siegel der Mönche.

Und doch ist das Kloster eine soziale Gruppe wie jede andere Gruppe auch. Auch hier tauchen all die Konflikte auf, wie wir sie aus Familienstrukturen oder Arbeitsstrukturen so gut kennen. Sie werden genauso ausgetragen wie überall auch, und manchmal ist auch Hilfe von außen notwendig. Und dennoch gibt es Unterschiede. Die Personen, die sich in dieser intensiven Art und Weise der Praxis unterziehen, haben alle ein ähnliches Anliegen: Sie wollen sich verändern. Wissend oder besser ahnend, dass dies ein nicht so einfaches Unterfangen ist, sehen sie die Mitpraktizierenden als notwendige Unterstützung für diesen inneren Prozess. Die Mitstreiter sind Helfer und nicht Konkurrenten. So betrachtet, bekommen Konflikte einen ganz anderen Stellenwert, sie sind, so wie auch die Gefühle, ein weiterer interessanter Aspekt im Studium meines Selbst.

Sangha ist der Versuch eines anderen Lebensmodells. Wie können wir gemeinsam leben im Rahmen von Weisheit und Mitgefühl? Interessanterweise haben die Klöster als Strukturen mehr als 2500 Jahre überlebt, während sich die Gewohnheiten des »normalen« Zusammenlebens in dieser Zeit immer wieder stark gewandelt haben, abhängig vom sozialen Kontext, von den ökonomischen Bedingungen und den jeweiligen Herrschaftverhältnissen.

Die Klosterstrukturen dagegen haben sich sehr wenig bis gar nicht geändert. In allen Klöstern der verschiedenen Religionen steht der Tagesablauf im Zeichen entweder der Meditation, der Kontemplation, des Gebetes und des Rückzugs, mit einem Wort: Er steht im Dienste der jeweiligen Praxis.

Es sollte hier betont werden, dass Praxis nicht nur im Kloster möglich ist. Klöster sind strukturell betrachtet das »Rückgrat« einer jeweiligen Tradition. Natürlich ist ein Klosteraufenthalt oder zumindest der Aufenthalt an einem Ort mit klosterähnlichen Strukturen hilfreich und vielleicht sogar wichtig, die eigentliche Praxis jedoch liegt auf den Schultern der Laien. Daher müssen wir Wege finden, die Zen-Praxis auch hier im Westen in den Alltag zu integrieren. Dies ist immer das große Anliegen von Suzuki Roshi gewesen, ebenso wie das von seinem Nachfolger Baker Roshi. In Asien hat dies schon eine lange Tradition.

Die Sangha hat sich auf der Basis entwickelt, dass Menschen ihre normalen gesellschaftlichen Bezugspunkte als unbefriedigend erleben; die »normale Welt« war und ist für sie als ausschließliches Orientierungssystem unbefriedigend. In einer Sangha finden sich genau diese Menschen zusammen. Und sie ziehen eine radikale Konsequenz: Sie machen die Leerheit zum zentralen gemeinsamen Bezugspunkt. Was genau meint das?

Ein Mönch fragt seinen Lehrer: »Was ist das allem zugrunde liegende Prinzip des Universums?« Und die Antwort des Meisters: »Bewegung. Das allem zugrunde liegende Prinzip ist Bewegung.« Bewegung meint Bewegung, es meint aber auch, alles ist immer in Veränderung. Veränderung ist immer. Wenn wir einen festen Bezugspunkt suchen, werden wir ihn nicht finden. Es gibt keine irgendwo innewohnende Seele oder einen Grund oder ein innewohnendes Sein, das der Veränderung nicht unterworfen wäre. Dinge sind leer von einem eigenen Sein und einem eigenen Selbst. In einer Sangha zu leben meint das gemeinsame Betreten von Ungewissheit, das tiefe Akzeptieren von andauernder Veränderung. Leerheit ist der gemeinsame und zentrale Bezugspunkt. Als radikale Konsequenz bedeutet dies, dass wir letztendlich keine andere Wahl haben, als uns in den Strom des Lebens hineinzubegeben, mitten hinein. Wir nehmen Zuflucht ins Leben. Dies ist natürlich etwas, was wir letztendlich immer tun (müssen). Die Sangha als Lebensform aber stellt dies explizit in den Mittelpunkt.

Psychoanalytischer Kommentar

Betrachten wir nun einmal diese Ausführungen zur konkreten Praxis des Zen aus psychoanalytischer Sicht; es wäre dies – wie in dem Eingangskapitel kurz dargestellt – ein erster Blick aus der »Ferne«, der schließlich zu einem bifokalen Blick auf unsere Thematik führen könnte. Betrachten wir die Praxis des Zazen und der Achtsamkeit im Alltag und vergleichen diese mit der psychoanalytischen Situation (oder auch der psychotherapeutischen Situation im Sitzen), dann fallen natürlich sofort die Unterschiede und nicht die Gemeinsamkeiten auf: In der analytischen Situation handelt es sich um eine Gesprächssituation mit einem spezifischen Setting, in der die freie Assoziation des Patienten und die gleichschwebende Aufmerksamkeit des Analytikers eine wesentliche Rolle spielen. Es ist also primär eine Beziehungssituation, die auch in vielen Richtungen der modernen Psychoanalyse und Psychotherapie in das Zentrum des Interesses und der Bearbeitung tritt. Die Phänomene von Widerstand, Übertragung und Gegenübertragung sind auch über die psychoanalytische Methode hinaus anerkannte technische Grundbegriffe, die diese sich entwickelnde Beziehungsdynamik zu beschreiben versuchen. Die Methode der freien Assoziation oder des »freien Einfalls« als Zugang zur unbewussten Wirklichkeit des Analysanden oder Patienten stellt jedoch ähnlich wie die Praxis des Zazen eine Aufforderung dar, das eigene »Selbst« in Form der aufsteigenden Einfälle, Gedanken, Gefühle und Erinnerungen wahrzunehmen, sie in Gegenwart des Analytikers auszusprechen und auf diese Weise zu studieren. Viel stärker als früher wird allerdings heute auch die Wichtigkeit der körperlichen Befindlichkeit und Reaktionen betont: Man könnte auch sagen, dass eine wohlwollende, freundliche Einladung an den Patienten ausgesprochen ist, einen Raum mit dem Analytiker zu entwickeln, in dem möglichst ALLES zur Sprache kommen kann. Das Ziel ist, dass der Patient seine unbewusste Wirklichkeit, sein unbewusstes subjektives und sexuelles Selbst (das vor allem auch immer ein körperliches ist), das aufgrund verdrängter oder nicht entwickelter Selbst-Anteile in neurotischem Leiden verstrickt ist, erforschen und verändern kann. Die entsprechende Haltung der gleichschwebenden Aufmerksamkeit des Analytikers besteht darin, das ganze sich entwickelnde Beziehungsfeld, das nicht nur aus den Assoziationen des Patienten, sondern auch aus den nicht verbalen Phänomenen der Situation besteht, erst einmal wertfrei und ohne gedankliche Einordnung wahrzunehmen, um auf diese Weise auch den Prozess der freien Assoziation des Patienten zu fördern. Die entscheidende Haltung des Analytikers könnte man in einem Beziehungskontext als »teilnehmende Beobachtung« beschreiben, also eine oszillierende Haltung zwischen empathischer Identifizierung und distanzierender Wahrnehmung und Beobachtung. In einem späteren Kapitel werden wir detaillierter darauf eingehen. Festzuhalten bleibt hier allerdings, dass der Analytiker zwischen Fremd- und Selbstbeobachtung oszilliert und damit auch das eigene »Selbst«, während er seinem Patienten zuhört, studiert. Vergleicht man diese nur kurz skizzierten Beschreibungen mit der beschriebenen Zazen-Praxis, so könnte man für die psychoanalytische Methode der freien Assoziation und gleichschwebenden Aufmerksamkeit ein gleichsam meditatives Element konstatieren, das gerade darin besteht, sich der eigenen Subjektivität gegenüber zu öffnen und sie möglichst wertfrei wahrzunehmen. Ein wesentlicher Unterschied zwischen Zazen und freier Assoziation bzw. gleichschwebender Aufmerksamkeit besteht nun darin, dass zwar auch hier die auftauchenden mentalen Inhalte bemerkt und wieder losgelassen werden, aber sich dann doch irgendwann »niederlassen«, um als Worte und Sätze formuliert zu werden. Dies bleibt in aller Regel in der Zazen-Praxis aus; bis auf wenige Begegnungen mit dem Zen-Meister werden die Inhalte der Meditation nicht sprachlich formuliert, sondern in der Stille wahrgenommen, aber auch wieder aufgegeben, da es hier mehr um den Prozess der ständigen Veränderung als um eine inhaltliche Klärung geht. Es werden die Inhalte wahrgenommen, diese sind aber nicht der Fokus der Zen-Praxis. Dieser liegt auf einem Geisteszustand, der vor dem Auftauchen von Gedanken und Assoziationen liegt: der Fokus liegt schwerpunktmäßig auf dem Geist und eben nicht auf den Geistes-*inhalten*. Für die psychoanalytische Praxis hat R. Klüwer dagegen die Bipolarität von Assoziieren und Fokussieren als zentral herausgestellt (R. Klüwer 2006).

Betrachten wir noch einen anderen Aspekt, der in der Praxis des Zen eindrücklich betont wird: Es ist die Intention, sich der Praxis mit Geduld, Regelmäßigkeit und »ganzem Herzen« hinzugeben. Es wird immer wieder betont, dass die meditative Praxis eine lebenslange Praxis ist, die zu keinem wirklichen Endpunkt gelangt. Letzten Endes handelt es sich um einen Prozess, in dem sich eine Haltung entwickelt, die sich der ganzen lebendigen Wirklichkeit gegenüber öffnet, eine Haltung, die alles mit einschließt, also nicht nur Lust, Freude, Wohlbefinden und das eigene Selbst, sondern auch Unlust, Leiden, Unglück und den Anderen. Dies gelingt nur, wenn es einen klaren Rahmen und ein klares Setting gibt, das diese übende Haltung überhaupt erst ermöglicht. Etwas Vergleichbares lässt sich nun auch für die analytische Praxis formulieren. Üblicherweise wird dies mit der Motivation und dem Leidensdruck des Patienten beschrieben: Nur bei ausreichender Ernsthaftigkeit und dem Bemühen um Wahrheit und Wahrhaftigkeit kann die analytische Arbeit voranschreiten, selbst wenn immer wieder ernsthafte Widerstände diese Intention behindern. Man könnte hier vielleicht wirklich eine erhebliche Nähe zwischen der Zen-Praxis und der psychoanalytischen Praxis formulieren: Die Arbeit an den Widerständen, die sich gegen die ernsthafte Praxis richten, steht oft im Vordergrund der eigentlichen Arbeit, die auch als eine seelische Arbeit zu begreifen ist. Diese seelische Arbeit besteht vor allem darin, die mit der Praxis aufkommenden negativen Affekte zuzulassen, sie auszuhalten und zu transformieren und eben nicht zu vermeiden zu suchen. Die Praxis des Zen und die psychoanalytische Praxis ist vor allem auch ein schmerzhafter Prozess: Im Zazen, vor allem bei intensiverer Meditation, kommt es zu erheblichen körperlichen und seelischen Beschwerden, die aber gleichsam den Weg zur Selbsterkenntnis ebnen; man könnte vielleicht sogar so weit gehen zu sagen, dass das Studium des Schmerzes (die körperlichen Schmerzen beim Sitzen, die seelischen Spannungen wie Langeweile, Verwirrtheit, aufkommende negative Gefühle oder Erinnerungen) der eigentliche »Königsweg« ist. Dies ist in der psychoanalytischen Situation ganz ähnlich: Neben den positiven Momenten, die in der analytischen Situation verwirklicht werden (die Präsenz eines achtsamen und wohlwollenden Zuhörers), gibt es doch auch sehr viele ängstigende Momente, die mit der Versagung, Isolation und dem Verzicht in der analytischen Arbeit verbunden sind.

Auch hier ist die Umwandlung dieser schmerzlichen Erfahrungen der zentrale Weg, zu neuen Einsichten und Veränderungen zu kommen. Beide Wege erfordern damit eine erhebliche Frustrationstoleranz; ist diese nicht ausreichend entwickelt oder lässt sich im Laufe der Arbeit nicht entwickeln, dann wird es früher oder später zu Abbrüchen kommen. Dieser ganze Bereich berührt einen wesentlichen Punkt der gegenwärtigen Psychotherapie, in der es immer mehr zu einer Art »verordneten« Behandlung kommt: Der Patient wird geschickt, sei es durch den Arzt oder durch Angehörige, oft auch informiert über die Medien, die Psychotherapie mittlerweile für fast alle Lebensprobleme »verordnen«, ohne aber ein wirkliches eigenes Verständnis, worum es dabei eigentlich gehen könnte. Vielfach besteht die Psychotherapie vor allem erst einmal darin, eine Motivation beim Patienten zu wecken und ihm klarzumachen, dass es erforderlich ist, selbst Verantwortung für das Leben und Leiden zu übernehmen. Diese Gefahr ist sicherlich bei der Zen-Praxis sehr viel geringer; die Praktizierenden kommen hier sehr viel mehr aus eigenem Antrieb zur Praxis, auch wenn sie zu Beginn sicherlich oft falsche Erwartungen und Hoffnungen haben. Die Erfahrung zeigt, dass auch hier nur einige eine kontinuierliche Praxis entwickeln werden.

Worin besteht die Kontinuität der analytischen Praxis? Die meisten Analysen und Psychotherapien dauern heute mehrere Jahre, Ziel bleibt aber eine Beendigung und eine Ablösung vom Analytiker und Therapeuten. Diese wird in der Regel möglich, wenn der Analysand und der Patient den methodischen Ansatz der Psychoanalyse, nämlich die Form der freien Assoziation, verinnerlicht und in seinem konkreten Alltagsleben realisieren lernt. Ich selbst habe dies mit dem Konzept des »Inneren Analytikers« als Ausdruck einer selbstreflexiven Funktion beschrieben. (Zwiebel 2007) Eine erfolgreiche Psychoanalyse oder Psychotherapie führt dazu, dass bei aufkommendem Unbehagen, bei Konflikten im zwischenmenschlichen Bereich o. Ä., dies nicht weggeschoben und vermieden wird, sondern eine assoziative Selbstbeobachtung einsetzt, die mögliche Gründe und Quellen dieser negativen Affekte zu untersuchen versucht und es dann im positiven Fall ermöglicht, die konflikthaften Emotionen zu transformieren. Die analytische Erfahrung – eine Beziehungserfahrung, in der sich ein Raum für die ganze Subjektivität eröffnet hat – wird also, so könnte man analytisch sagen, verinnerlicht und gestattet damit ein Leben in größerer Autonomie und innerer Freiheit. So wie also der Analysand immer wieder seinen »Inneren Analytiker« in konflikthaften Situationen aktiviert, so geht der Zen-Praktizierende im Alltag immer wieder zu seiner Zazen-Praxis, die ihn innerlich auch mit seinem Lehrer verbindet, und zur Praxis der Achtsamkeit im Alltag, die dabei hilft, von selbstabsorbierenden Gedanken und Grübeleien Abstand zu nehmen.

Eine weitere Verbindung zwischen Zen und Psychoanalyse kann man in der Betonung des gegenwärtigen Momentes sehen. Es ist eine bei Laien kaum korrigierbare Vorstellung über Psychoanalyse, dass es in der analytischen Behandlung vor allem um die Vergangenheit geht. In der Tat geht es zwar auch um die Vergangenheit, da man immer die gegenwärtigen Probleme und Krisen des Patienten auch aus der Sicht der Vergangenheit, also vor allem auch der Kindheit, betrachtet. Allerdings ist auch vielen Psychoanalytikern deutlich, dass es im Grunde nur den gegenwärtigen Moment gibt, in dem allerdings die ganze Vergangenheit und auch die Entwürfe für die Zukunft als Potenzialität enthalten sind. Daher konzentriert sich der Analytiker sehr auf diesen gegenwärtigen Moment, indem er auch den Patienten ermutigt, die gegenwärtige Beziehungssituation – etwa als folgende implizite Frage: Warum erzählen Sie mir gerade heute diese Geschichte, diese Einfälle, diese Erinnerungen? – genauer zu betrachten, ohne allerdings bestimmte Fakten und Tatsachen der Vergangenheit zu ignorieren. Dieses biografische Element spielt in der Zen-Praxis naturgemäß nur eine marginale Rolle.

3.2 Über das »Selbst«

Die Fünf Skandhas sind aus buddhistischer Sicht fünf Faktoren, die unser »Selbst« konstituieren. Sie sind ein typisches Resultat Zen-buddhistischer Meditationspraxis, oder besser, tiefer meditativer Einsichten über die Entstehung und das Verständnis dessen, was wir – oft unreflektiert – das Ich oder das Selbst nennen. Da die Skandhas aus einer Praxis heraus entwickelt wurden, hat dies zwei Konsequenzen: Die hier gemachten Aussagen können durch eigene tiefe Einsichten in die Natur unseres Seins nachvollzogen und gegebenenfalls auch verändert oder korrigiert werden. Darüber hinaus sind viele der hier gemachten Aussagen zum Teil nur erst wirklich verständlich auf der Basis eigener meditativer Erfahrungen. Dies trifft natürlich nicht nur auf dieses Kapitel zu, sondern auf alle Kapitel des Buches.

Das »Selbst« spielt in der buddhistischen Praxis insofern eine wichtige Rolle, als es als nicht existent oder besser als eine Illusion betrachtet wird. Wir werden am Ende des Kapitels noch einige Bemerkungen hierzu aus psychoanalytischer Sicht machen. Aus der Sicht des Buddhismus ist das »Selbst« leer: Es ist ein Zusammengesetztes, und in keinem der Einzelteile können wir etwas finden, das einen unveränderlichen Kern hätte. Das »Selbst«, oder manchmal auch das »Ich« genannt, ist nach buddhistischer Auffassung zusammengesetzt aus den fünf Daseinsfaktoren oder den Fünf Skandhas, denen ein zentraler Stellenwert zukommt.

Über die Skandhas

Das Wort Skandha kommt aus dem Sanskrit und meint wörtlich Gruppe oder Anhäufungen. Im Buddhismus wird von den Fünf Skandhas gesprochen, die unsere Persönlichkeit ausmachen oder besser ein Persönlichkeitsprofil darstellen, das folgende Merkmale aufweist:

1. Körperlichkeit oder formhafte materielle Gestalt mit den vier Elementen Festes, Flüssiges, Hitze und Wind.
2. Gefühle, die mit dem ersten Kontakt entstehen, später dann zu Emotionen werden und durch die sechs Sinnesbereiche Sehen, Hören, Riechen, Schmecken, Berühren und Denken stark beeinflusst werden. Eine genauere Unterscheidung zwischen Gefühlen und Emotionen nehmen wir im Abschnitt über das zweite Skandha vor (siehe auch das Kapitel über die affektive Regulierung der therapeutischen Beziehung, III, 4.2).
3. Wahrnehmung entstanden aus den sechs Sinnen und den entsprechenden Sinnesfeldern.
4. Impulsen als Form- und Willenskräfte.
5. Bewusstsein als Resultat dieser Prozesse.

Diese fünf Daseinsfaktoren machen in ihrem Gesamtzusammenhang die Subjektivität des Menschen aus. Mit einem Wort: »*Der Mensch ist demnach nicht eine substanzhaft gedachte Persönlichkeit, sondern ein*

Geflecht von Daseinsfaktoren, aus denen sich die Illusion eines … Ich ergibt.« (Elberfeld 2004, S. 71) Das Gefüge der Fünf Skandhas erzeugt also die Vorstellung eines Ich, wobei das Gefüge selber drei Merkmalen menschlicher Existenz unterliegt: Es ist erstens unbeständig, zweitens von Leiden behaftet, und drittens hat es das Merkmal von Nicht-Ich im Sinne einer fehlenden inhärenten Identität. Unbeständigkeit meint in diesem Zusammenhang die kontinuierliche Neukonstellation der Daseinsfaktoren. Interessanterweise entsteht die Vorstellung eines *kontinuierlichen* Ichs genau aus dieser permanenten Neukonstellation. Grundlage eines »kontinuierlichen« Ichs ist somit eine andauernde Bewegung, nämlich die der Neukonstellation, aus der wir dann eine Art Dauerhaftigkeit bezüglich unseres Ichs oder Selbst machen. »Festigkeit« entsteht somit aus Bewegung! Diese dauerhafte Unbeständigkeit stellt **dann** ein prinzipielles Leiden her, wenn wir in ihr einen Ruhepunkt oder Festpunkt suchen, der sich der Bewegung oder der Veränderung entzieht oder ihr nicht unterworfen ist. Solange wir Bewegung, sprich Veränderung, nicht als ***die*** Grundlage unseres Lebens anerkennen, leiden wir an der Bewegung selbst. Im Gefüge der Fünf Skandhas ist somit nirgendwo eine wie immer geartete unveränderliche »Grundlage« zu finden. Daraus ergibt sich, dass wir keinen festen Ich-Kern finden können, der als etwas Unveränderliches den sich wechselnden Gegebenheiten zugrunde liegen könnte. Das Ich oder das »Selbst«, das alle unsere Tätigkeiten begleitet, ist daher nur eine Illusion bezüglich einer inhärenten Identität, *»die aus dem Zusammenspiel der Daseinsfaktoren und nicht eine von diesem Zusammenspiel abgetrennte intelligible Existenz besitzt«.*[10] (Elberfeld 2004, S. 72)

Im Folgenden werden wir die Skandhas in ihren Eigenschaften als *Prozess* näher betrachten, ein Prozess, der, wie wir weiter oben gezeigt haben, die Illusion eines kontinuierlichen Ichs erzeugt. Aber wie kommt es genau zu dieser Illusion oder besser Täuschung eines kontinuierlichen Ichs? Diesen Täuschungsprozess werden wir in seinen Einzelheiten darstellen und dabei den Fragen nachgehen, ob diese Täuschung aufhebbar ist, ob wir diesen Täuschungsprozess unterbrechen können

10 Im Gegensatz dazu steht das »Ich« in der Philosophie Europas zentral im Mittelpunkt. Es ist sozusagen das Begründungsfundament unseres Denkens. Dagegen wird im Buddhismus jede »Ich-Substanz« als Schein betrachtet. Vergänglichkeit und die damit verbundene Zeit steht somit zentral im Mittelpunkt.

oder ihn so gestalten können, dass ungetäuschte Wahrnehmung möglich ist. Es ist der Versuch, Licht in das zu bringen, was genau in diesem Prozess vom ersten Kontakt bis hin zum Bewusstsein geschieht. Diese Fragen berühren den Kern der buddhistischen Zen-Praxis, verspricht diese doch ein Leben frei von Täuschungen[11].

Die Fünf Skandhas im Einzelnen

Das **erste Skandha** ist das der Form. Auf dieser Ebene findet der allererste Kontakt statt, eine Ebene, auf der wir zum ersten Mal etwas wahrnehmen. Wir hören zum Beispiel einen Ton, es ist einfach ein Ton, den wir vielleicht aus einer Anzahl verschiedener Töne heraushören. Es ist der erste Kontakt, ohne dass wir diesen Ton z. B. als Ton benennen. Wir könnten auch sagen: Objekt trifft Objekt in dem Sinne, dass unser Trommelfell in direktem Kontakt mit den Schallwellen ist. Hier hat unser Geist »etwas« wahrgenommen, ohne dieses »etwas« näher zu bestimmen. Oder anders ausgedrückt: Ton und Empfänger sind ungetrennt und gleichzeitig: Form triff auf Form, Nur-Form trifft auf Nur-Form, reine Form trifft auf reine Form. Wichtig ist hier zu erkennen, dass wir uns »vor« der Sprache befinden. Das, was auf dieser Ebene passiert, kann somit auch erst einmal nicht »wahrgenommen« werden im Sinne von bewusster Wahrnehmung. Wir sind uns dessen, was hier passiert, eher gewahr. Baker Roshi hat das Gewahrsein einmal definiert als »Wissen, das nicht denkt«.

Das **zweite Skandha** ist die Ebene der Gefühle. In Verbindung mit dem ersten Skandha »Form« treten drei mögliche »Grundgefühle« auf: Etwas ist angenehm, etwas ist unangenehm und etwas ist weder angenehm noch unangenehm. Etwas ist geistig angenehm oder unangenehm, etwas ist körperlich angenehm oder unangenehm oder etwas ist geistig und körperlich indifferent. Diese »Grundgefühle« begleiten uns immer in jedem ersten Kontakt, allerdings decken sie das große Spektrum der Affekte bzw. Emotionen nicht ab (siehe auch das Kapitel über die affektive Regulierung der therapeutischen Beziehung). Wir befinden uns hier immer noch auf einer Ebene, auf der Sprache (noch) keine

11 Diesen Täuschungsprozess haben wir unter einem etwas anderen Aspekt auch im Kapitel III, 3.4 »Über das Leiden« beschrieben.

Rolle spielt. Was bedeutet dies für unseren Ton, den wir im ersten Skandha beschrieben haben? Der Ton, den wir hören, wird eines der drei beschriebenen Gefühle auslösen. Betonen wollen wir hier, dass dieses Gefühl sofort mit dem ersten Kontakt auftaucht, wir somit den Kontakt und das entsprechende Gefühl praktisch als eine Entität betrachten können: Ton, hören und das Gefühl von z. B. »angenehm« sind auf dieser Ebene eine nicht getrennte Einheit. Aber nicht immer können wir einem Kontakt ein eindeutiges Gefühl zuordnen. Manchmal, oder vielleicht auch öfter, erleben wir »nicht greifbare Gefühle«, Gefühle, die vage bleiben, nicht eindeutig zu bestimmen sind; Gefühle, die, weil sie nicht eindeutig sind, etwas Geheimnisvolles vermitteln. Wie klar wir immer fühlen, die Welt bewahrt sich ein Geheimnis, etwas, das »zwischen« den Zeilen liegt und nicht greifbar ist. Im ersten Kontakt mit einer Person liegt ein Geheimnis verborgen, das wir natürlich gerne entschlüsseln würden, aber es enthüllt sich nie vollständig, wir ahnen es mehr, als dass wir es wahrnehmen oder ergreifen können. *»Und jedem Anfang wohnt ein Zauber inne, der uns beschützt und der uns hilft, zu leben.«* (Hermann Hesse)

Das **dritte Skandha** ist das der Wahrnehmung. Hier setzen unsere kognitiven Prozesse ein, wir benennen den Ton, wir geben ihm den Namen »Ton« und unterscheiden ihn dadurch z. B. von anderen Tönen. In diesem Skandha beginnt die Wahrnehmung von Form, Ton, Geruch, Geschmack, Körper und Geistesobjekten, hier benennen wir unsere Wahrnehmungen und hier beginnt der Identifikationsprozess mit dem Wahrgenommenen. Wir beginnen die Wahrnehmungen zu »unseren« Wahrnehmungen zu machen, hier wird der Ton zu »unserem« Ton. Natürlich spielen schon hier die Erinnerungen eine wichtige Rolle, können wir unserem Ton doch nur seinen Namen geben, weil wir Erfahrungen mit Tönen haben und uns an ihre Namen erinnern. Auch beginnt in diesem Skandha ein Prozess des Anhaftens an diesen Ton: Ist er uns angenehm, kann er ein Begehren auslösen (etwa nach mehr), ist er uns unangenehm, eine Bewegung von Ablehnung hervorrufen.

Das **vierte Skandha** ist das der Form- und Willenskräfte, das der Impulse und Assoziationen: Mit der Wahrnehmung des Tons und seiner Benennung nun setzen Impulse ein, Impulse, die aus unserer Vergangenheit und unseren Erfahrungen herrühren. Es beginnen Assoziationen, die zu dem Ton aufsteigen: An was erinnert mich dieser Ton?

Habe ich schon einmal einen ähnlichen Ton gehört? Wo war das? Es beginnen Assoziationsketten, die, ausgelöst durch den Ton, auch schnell wegführen können von diesem einen Ton in völlig neue Geschichten, und wir beginnen zu »komponieren«, indem wir gedankliche und assoziative Verbindungen zu völlig anderen Gebieten herstellen. Wir können das vierte Skandha auch beschreiben als das der psychischen Formkräfte: Hier gestalten wir, hier entstehen Geistesformationen, hier entstehen Willensbewegung, Aufmerksamkeit, Urteilskraft, Freude, Glück, Gleichmut, Entschluss, Energie, Tatendrang, aber auch Sammlung. In dieses Skandha fallen Willensimpulse oder Tatabsichten, die einer Tat vorausgehen. Hier entstehen alle Tatabsichten und Taten, seien sie körperlich, sprachlich oder geistig mit ihren entsprechenden karmischen Konsequenzen.

Das **fünfte Skandha** ist das des Bewusstseins. Hier beginnen wir uns als selbstbewusste Wesen wahrzunehmen. Dabei ist dieses Bewusstsein sozusagen »geladen« mit Gefühlen, Wahrnehmungen und Impulsen. Mit anderen Worten: Durch den Transformationsprozess eines ursprünglichen Ereignisses in eine komplexe subjektive Erfahrung, wird der Ton zu »unserem« Ton. Wir haben ihn durch unsere Filter, Vergleiche und Assoziationen geschickt und ihn in unser »System« eingebaut und »passend« gemacht.

Bewusstsein ist, so können wir zusammenfassend sagen, die Summe aller Skandhas[12].

Das Studium der Skandhas

An dieser Stelle wollen wir nun einige grundsätzliche Aussagen zu den Skandhas machen:

Wir können den oben beschriebenen Prozess als einen »aufsteigenden« bezeichnen, von der Quelle, dem ersten Kontakt, bis hin zum Bewusstsein. Es ist ein Bewusstwerdungsprozess, in dem wir mit der Welt in Kontakt treten und uns dessen bewusst werden. Wir wollen hier betonen, dass dieser Prozess der Fünf Skandhas ein sehr schneller

---

12 Im Rahmen dieses Prozesses entwickelt sich für die verschiedenen Sinneserfahrungen ein je spezifisches Bewusstsein: So entstehen Seh-, Hör-, Riech-, Schmeck-, Körper- und Geistesbewusstsein.

ist, innerhalb kürzester Zeit haben wir uns vom ersten Kontakt bis hin zum Bewusstsein »ein Bild« von dem Objekt »gemacht«. Ist es doch diese Schnelligkeit, die uns nicht wahrnehmen lässt, dass in all diesen Prozessen auch Aspekte von Täuschung enthalten sein können.

Wie nun können wir diesen Prozess studieren? Die buddhistische Praxis bietet hierzu zwei Ansatzpunkte: Beginnend mit dem Bewusstsein arbeiten wir uns in dem oben als aufsteigenden Prozess beschriebenen herunter, wir steigen sozusagen herab, vom Bewusstsein zurück bis zum allerersten Kontakt, zurück zur Quelle. Die leitende Frage hierzu lautet: Wie läuft dieser Prozess der Bewusstwerdung genau ab? Der zweite Ansatzpunkt eines Studiums dieses Prozesses ist der der Verlangsamung. Dabei verlangsamen wir den oben beschriebenen Bewusstseinsprozess so weit, dass wir jedes einzelne Detail, jedes einzelne Skandha, genau studieren können. Hier nun kommt die Zen-Meditation ins Spiel. Dem Sitzkissen kommt hier eine zentrale Rolle zu, ist es doch der geeignete Ort, den oben beschriebenen Prozess auf das Gründlichste zu untersuchen. Von diesem stillen Anker-Ort aus können wir im Laufe der Zeit mit viel Übung und Geduld bei jedem der Skandhas anhalten und sie genau studieren, sei es nun als »aufsteigender« oder »absteigender« Prozess.

Die Resultate eines solchen Untersuchungsprozesses nun müssen Anlass zur Sorge geben: Könnte es sein, dass im Bewusstwerdungsprozess Elemente enthalten sind, die zu Täuschungen führen? Natürlich, aus philosophischer Sicht gibt es ja gar keine Möglichkeit, das »Ding an sich«, wie es Kant nannte, zu erkennen; alles ist ja menschliche Wahrnehmung. Gemeint ist hier, dass wir die »Natur« der Dinge, nämlich ihre Vergänglichkeit, Leidhaftigkeit und Leerheit, nicht erkennen und insofern immer von Täuschungen befallen sind. Die enge Verschränkung von Subjektivität und Objektivität – z.B. in Bezug auf den Ton, den wir hören – ist ja nicht aufzuheben, die subjektive Interpretation aber kann sicherlich ein Stück weit »de-konstruiert« werden.

Im Folgenden wollen wir diesen Prozess kurz aus einem etwas anderen Blickwinkel betrachten: Im ersten Skandha findet ein ursprünglicher, primärer Kontakt statt. Durch die einsetzenden Filter, die aus dem Gedächtnis des Menschen kommen, wird diese primäre Wahrnehmung zu einer persönlich gefärbten, subjektiven Wahrnehmung. Dies ist ein basaler, unvermeidlicher Prozess. Aus neurobiologischer

Sicht wird ja sogar postuliert, dass die primäre Wahrnehmung bereits eine zeitversetzte Kopie der unmittelbaren Sinneseindrücke ist: Wahrnehmung besteht nur aus Nervenimpulsen – on und off –, die zu einer »Gestalt« verarbeitet werden und einen ersten Eindruck vermitteln; dies nennt man in der Regel »Präsentation« im Sinne dieser primären, unmittelbaren Wahrnehmung. Die Präsentationen werden dann weiter verarbeitet, durch die entsprechenden Filter der Erinnerung, Assoziationen, Gefühle etc., und werden dann zu Repräsentationen, zu »Bildern«. Aus buddhistischer Sicht führt das Anklammern und Anhaften an die Repräsentationen (z. B. des Selbst) mit der Vorstellung von Dauer, Leidfreiheit und inhärenter Identität gerade zu Leiden.

Die Praxis der Skandhas

Langfristiges Ziel der Praxis ist es, beim ersten Kontakt mit dem Objekt den aufsteigenden Prozess (der Bewusstwerdung) anzuhalten. Wir haben den ersten Kontakt mit dem Objekt »Ton« und bleiben dort: Wir haben noch kein Gefühl und wir haben den Ton auch noch nicht benannt. Der Ton ist erst einmal ein »Geräusch«. Dieses Anhalten direkt beim ersten Kontakt ermöglicht ein unvoreingenommenes Wahrnehmen des Objektes. Es ist hier noch einmal wichtig festzuhalten, dass wir – durch das Unterbrechen des Bewusstseinsprozesses direkt an seinem Anfang – uns noch außerhalb des Sprachlichen bewegen. Bewusstsein ist immer an Sprachen gebunden, Bewusstwerdung ist ohne Sprache nicht möglich.

Wer nimmt hier nun wahr? Was nehmen wir wahr, wenn wir noch nicht bewusst sind? Obwohl es noch kein Bewusstsein gibt, gibt es »jemanden«, der/die sich dessen gewahr ist. Wir könnten sagen, hier trifft Objekt Objekt. Das noch nicht als »Ton« benannte Geräusch wird wahrgenommen von einer nicht definierten »Person«. Zwei »unbeschriebene« Objekte treffen sich. Was passiert? Sie können sich unvoreingenommen »erkennen«. Besonders bewegend wird dies, wenn wir eine andere Person treffen. Was passiert, wenn wir in dieser Begegnung beim ersten Skandha anhalten? Was geschieht, wenn wir unsere Gefühle nicht aufkommen lassen, wenn wir die Person nicht benennen, sie nicht vergleichen und wir keine Assoziationen zulassen? Hier wird direkter Kontakt möglich. Hier entsteht für einen kurzen Augenblick die Möglichkeit des gegenseitigen direkten Wahrnehmens. Wir sehen uns gegenseitig so, wie wir sind, ohne Ideen, Filter und Assoziationen. Wir erkennen uns. Wir erkennen uns in unserer Soheit. Wir fühlen uns wirklich »gesehen«. Wir begegnen uns. Das erinnert an Bions berühmte Formel von »no memory, no desire, no understanding«. Schon zu Beginn unserer Erziehung gibt es eine generelle Tendenz, die Schwerpunkte auf die Skandhas der Wahrnehmung, der Impulse und des Bewusstseins zu legen und weniger auf das erste Skandha, den allerersten Kontakt. Ihm, dem ersten Kontakt, aber auch den Gefühlen, wird generell wenig Beachtung geschenkt und somit ihre Wichtigkeit stark unterschätzt.

Wenn wir nun jedes einzelne Skandha untersuchen, so werden wir feststellen, dass es, wie weiter oben schon angedeutet, »leer« ist. Leer meint nicht, dass nichts vorhanden ist, leer meint, dass wir nichts »Festes« vorfinden, etwas, das bleibt oder von Dauer ist.

Dies bezieht sich natürlich nicht nur auf die Skandhas, sondern auf alles in dieser Welt: Kein Phänomen, kein Ding, kein Objekt hat eine innewohnende, unveränderte Existenz und kein auffindbares, unveränderliches Selbst. Dies ist so, weil alles immer in Veränderung ist. Das ist gemeint, wenn gesagt wird, alles ist »leer«[13].

Skandhas und »Selbst«

Nun hatten wir weiter oben die Aussage gemacht, dass die Skandhas unser »Selbst« konstituieren. Was ist damit gemeint? In diesem Prozess vom ersten Kontakt bis hin zur Bewusstwerdung entsteht ein »Gefühl« oder besser der Eindruck einer Person, die handelt, einer Person, die sich selber bewusst wird, einer Person, die fühlt und assoziiert, von einer Person, die eine Vergangenheit hat. Hier entsteht der Eindruck eines Handelnden, der etwas »ist« und der ein Selbst »hat«. Für einen kurzen Augenblick hat dieser Eindruck schon seine Berechtigung, denn nur ein Subjekt im Sinne »fester Strukturen« kann handeln. Für einen Augenblick haben wir den Eindruck von fester, strukturierter Wirklichkeit, aber schon im nächsten Augenblick befinden wir uns in einer

13 Dies ist eine zentrale Aussage des Kapitels III, 3.5 »Zum Begriff derLeerheit«.

neuen Situation mit neuen Assoziationen, Gefühlen und Impulsen, die in sich unstet und in permanenter Veränderung sind. Schon sind wir nicht mehr die gleiche Person wie kurz zuvor. Das, was wir als »festes Selbst« erleben, ist die Aneinanderreihung von Augenblicken, die kontinuierlicher Veränderung unterworfen sind. Jeder dieser Augenblicke hat dabei einen Anfang und ein Ende, immer wieder beginnen wir etwas und schließen es ab. Aber sofort entsteht der nächste Augenblick, der dann wiederum abgeschlossen wird. Und so reiht sich ein Augenblick an den nächsten. Wir könnten fast sagen, jedes Skandha ist wie eine Wolke. Zwar hat die Wolke eine Kontur, aber sie ist nicht zu »fassen«. All dies lässt den Eindruck eines handelnden »Selbst« entstehen, dessen Aufgabe es ist, uns abzugrenzen und zu trennen; aber es stellt auch Verbundenheit her und sorgt für Kontinuität durch Sprache und Denken. In der Regel sind wir uns dieses nichtgreifbaren Charakters der Skandhas nicht bewusst und nehmen sie für wahr. Und weil wir sie für »wirklich« halten, schaffen wir auch hier Leiden. Und nun tun wir etwas sehr Interessantes: Wir verbinden all diese Augenblicke mit einem »roten Faden«. Diesen roten Faden nennen wir dann unsere Lebensgeschichte oder auch unsere Identität. Zusammenfassend können wir sagen, dass das, was in dem gesamten Prozess vom ersten bis fünften Skandha entsteht und hergestellt wird, im besten Falle ein Bild von Kontakt und ein Bild vom »Selbst« ist. Wir stellen immer wieder neu her, wir konstruieren eine von uns immer wieder aufs Neue hergestellte Welt, »unsere Welt« eben. Es sei denn, wir schaffen es, durch kontinuierliche Praxis, durch Training und Achtsamkeit für kürzere oder längere Augenblicke im ersten Skandha zu verweilen, im allerersten Kontakt mit der Welt.

Wir wollen hier betonen, dass mit »Selbst« in diesem Rahmen das narrative Selbst, das erzählende Selbst, gemeint ist. Dieses Selbst entwickelt die persönliche Geschichte und geht in der Regel von der Täuschung aus, dass die Welt von Dauer ist. Ein solches Selbst aber ist nicht beständig, nicht wesenhaft, es ist leer und es ist leidvoll.

Der gültige Geist

Im folgenden Absatz wollen wir einen kleinen, aber notwendigen Bogen schlagen zu dem, was wir zu Geist und zum Bewusstsein in

Kapitel III, 3.3 herausgearbeitet haben. Wir erachten dies als notwendig, weil aus buddhistischer Sicht das Bewusstsein uns aus den oben beschriebenen Täuschungen **nicht** herausführen kann, es vielmehr im Gegenteil dazu beiträgt, sie zu festigen. Daher wollen wir hier diesen Prozess der Bewusstwerdung aus der Sicht des Geistes beleuchten.

Im Kapitel »Geist und Bewusstsein« haben wir herausgearbeitet, dass Gedanken und Bilder im Geist nicht identisch sind mit dem Geist selber, dass sie vielmehr Inhalte des Geistes sind, Inhalte, die im Geist »erscheinen«. Des Weiteren hatten wir gesagt, dass der Geist und seine Objekte, der Geist und seine Tätigkeiten, den Geist selber herstellen. Mit anderen Worten: Der Geist manifestiert sich erst durch die im Geist erscheinenden Objekte. Unser Geist ist ununterbrochen aktiv, ununterbrochen erfassend und ist dadurch sich immer selbst herstellend, Geist ist andauernde Aktivität. Diese Aktivität ist gerichtet, gerichtet auf die Objekte, die durch die fünf Sinne erscheinen, und sie ist gerichtet auf die Aktivitäten des Geistes selber, wie z. B. das Denken. Durch all diese Prozesse wird der Geist sozusagen »Objektbesitzer«, denn er erfasst Objekte unter Mithilfe der Sinnesorgane und unter Mithilfe der Geistesorgane: Es ist ein Herstellungsprozess: Die Existenz der Phänomene wird durch den Geist hergestellt, indem sie dem Geist erscheinen; sie werden dann benannt und festgestellt. Dies ist, aus der Sicht des Geistes, der Prozess der Fünf Skandhas.

Grundsätzlich können oder müssen wir davon ausgehen, dass die äußeren Phänomene wahrhaftig existieren. Sie existieren auch von uns unabhängig. Wir müssen dies voraussetzen, da die Phänomene ja, wie oben beschrieben, die Ursache für die Existenz des Geistes und für die Existenz des Bewusstseins überhaupt sind. Ohne Phänomene kein Geist, so haben wir im Kapitel über Geist und Bewusstsein gesagt. Dies als Grundlage vorausgesetzt, stellt sich nun die Frage, wie wir wahrnehmen.

Ein Objekt wird von uns, von unserem Geist wahrgenommen. Dies ist das, was im ersten Skandha geschieht, wir nehmen einen Ton wahr. Auf der Ebene des Bewusstseins können wir sagen, dieses Objekt wird als existent bezeichnet, wenn es durch das Bewusstsein festgestellt wird. Auf der Ebene des ersten Skandhas können wir von einer direkten und gültigen Wahrnehmung sprechen. Was bedeutet dies?

Voraussetzung für eine direkte, unmittelbare Wahrnehmung ist ein Geist, der aufnehmend und *nicht* diskursiv ist, ein vorstellungsfreier

Geist. Nur ein solcher Geist kann ein Objekt direkt und unmittelbar erfassen. Es ist dies ein ungetäuschter Geist, frei von Vorstellungen, der direkte Wahrnehmung ermöglicht und in dem die Objekte genau so existieren, wie sie erscheinen. Es ist kein projiziertes geistiges Bild. Es ist unmittelbare Wahrnehmung[14].

Diese unmittelbare und direkte Wahrnehmung tritt unmittelbar nach einer direkten Sinneswahrnehmung auf und unmittelbar vor einer Vorstellung (im dritten Skandha). Es ist ein äußerst kurzer Augenblick. Wir erhaschen einen flüchtigen Blick auf das Objekt, noch bevor die Vorstellung darauf reagiert. Es findet also keine konzeptuelle Reaktion auf das Objekt statt. Dies ist direkter Kontakt.

Im Folgenden werden wir diesen Geist als »Gültigen Geist« bezeichnen. Das Wort »Geist« heißt in Sanskrit »Pramāna«. Dabei heißt Pra = anfänglich oder neu und Māna = Bewusstsein oder Erkenntnis. Ein gültiger Geist ist somit ein anfänglich neuer. Betrachten wir noch einmal die Sequenzen des Erkennens im Ablauf der Fünf Skandhas, so ist aus der Sicht des Gültigen Geistes nur der erste Moment des Erkennens gültig (erstes Skandha)[15].

Alle gültigen Geisteszustände weisen nach buddhistischer Auffassung drei Eigenschaften auf: Sie sind neu, sie sind fehlerfrei und sie sind erkennend. Dabei entsteht eine gültige Wahrnehmung eines Objekts aufgrund einer unmittelbaren Erfahrung.

Im Einzelnen:

1. Neu: Wir können immer nur den anfänglich neuen kognitiven Akt einer zusammenhängenden Serie von Erkenntnissen als gültigen Geisteszustand betrachten. Es ist dieser neue, erste Moment des Erkennens. Er ist neu und ursprünglich. Auf dieser Basis, und nur auf dieser Basis, können alle weiteren hieraus entstehenden Folgeerkenntnisse ebenfalls als gültig erachtet werden. Dies ist eine entscheidende Erkenntnis, schafft sie doch die Grundlage für direkte Erfahrung, für direkten Kontakt, für das Erwachen.

---

14 Dies ist eine weitere zentrale Aussage, um die es im Kapitel über die Leerheit geht.

15 In der Sautrantika-Tradition ist dieser Moment so kurz, dass wir ihn überhaupt nicht wahrnehmen können. Demnach sind nur Abbilder der Wirklichkeit erfahrbar. Die Daseinsfaktoren sind so kurzlebig, dass sie nicht direkt und unmittelbar wahrgenommen, sondern nur *geschlussfolgert* werden können.

2. Fehlerfrei: Ein gültiger Geist erkennt sein Objekt, ohne Fehler zu machen, und kann es klar bestimmen.
3. Erkennend: Es ist nur der Geist, der erkennen kann. Das Ohr für sich z. B. kann nicht erkennen.

Weiter oben hatten wir gesagt, dass es Sinneswahrnehmungen (direkte Wahrnehmungen über die fünf Sinne) und Geisteswahrnehmungen gibt. Sinneswahrnehmungen sind vorstellungsfreie Geisteszustände, die in Abhängigkeit von einem physischen Sinnesorgan, einem äußeren Objekt und einem vorangehenden Geisteszustand auftreten. Geisteswahrnehmungen dagegen sind nicht von einem körperlichen Sinnesorgan abhängig. Die Bedingung für eine Geisteswahrnehmung ist der Geist selber (das Geistesorgan). Diese direkte Geisteswahrnehmung ist ungetäuschter, sich selbst erkennender Geist.

Bis hierhin haben wir beschrieben, wie eine gültige oder richtige Wahrnehmung entsteht. Wie nun aber entsteht eine »falsche« Wahrnehmung? Anstatt über direkte Wahrnehmung das Objekt so zu sehen und so zu erkennen, wie es wirklich ist, machen wir uns eine »Vorstellung« von dem Objekt. Denn in der Vorstellung erfassen wir ein Objekt nicht dadurch, das es uns so erscheint, wie es wirklich ist, sondern die Vorstellung erfasst das Objekt kraft subjektiver Eindrücke (dies geschieht ab dem dritten Skandha »aufwärts«). Dabei wird das Objekt sozusagen mit einem geistigen Bild vermischt. Jeder Vorstellung erscheint daher das wahrgenommene Objekt untrennbar vermischt mit einem subjektiv projizierten Bild vom Objekt. Der konzeptuelle Geist ist nicht in der Lage, zwischen einem Objekt, wie es objektiv existiert, und seinem eigenen subjektiv projizierten Bild, das ihm vermischt mit dem Objekt erscheint, zu unterscheiden. Dies ist die Vorstellung eines *getäuschten* Geisteszustandes[16].

Zusammenfassend können wir nun festhalten: Ziel einer **ungetäuschten** Praxis der Fünf Skandhas ist es,

- eine gültige, direkte Sinneswahrnehmung zu entwickeln. Dabei ist der Geist neu und fehlerfrei, d. h. frei von Vorstellungen, entstanden in Abhängigkeit eines **physischen Sinnesorgans.**
- eine gültige, direkte Geisteswahrnehmung zu entwickeln.

16 Siehe hierzu auch im Kapitel »Über das Leiden«.

Dabei ist der Geist neu und fehlerfrei, d. h. frei von Vorstellungen, entstanden in Abhängigkeit des **geistigen Organs.**

- eine gültige, direkte yogische Wahrnehmung[17] zu entwickeln. Es ist dies Weisheitsbewusstsein, entstanden in der Vereinigung von Shamatha (konzentrative geistige Ruhe, ruhiges Verweilen) und Vipassanā (analytisch erhöhte Einsicht). Dieses Weisheitsbewusstsein erkennt unmittelbar, dass das Selbst oder die Person identitätslos und vergänglich ist.

Psychoanalytischer Kommentar

Diese hier unter der Überschrift »Selbst« beschriebenen Phänomene erscheinen aus der psychoanalytischen Sicht doch ziemlich fremd: Man muss sich einfach immer wieder klarmachen, dass es sich bei den Fünf Skandhas um Beschreibungen handelt, die den Versuch darstellen, die meditativen Erfahrungen begrifflich zu fassen. Immer wieder geht es dabei um die zentrale Grundannahme, dass das »Selbst« leer ist, also keine inhärente, dauerhafte Identität hat, und dass das Erkennen und Verwirklichen dieser Grundtatsachen der Existenz – die Vergänglichkeit, die Leidhaftigkeit und die Leere – eine befreiende Wirkung hat, die im Buddhismus als Erwachen beschrieben wird.

Das Studium der Skandhas ist also der psychoanalytischen Erfahrung fremd, hat aber doch insofern eine Entsprechung (im Sinne einer Selbstbeobachtung mit dem Ziel der Selbsterkenntnis), als die Grundaktivität des Analysanden in der analytischen Situation die Praxis der freien Assoziation darstellt: Sie ist das zentrale methodische Instrument der psychoanalytischen Arbeit, in dem der Patient sich seinen unmittelbar auftauchenden, also spontanen Einfällen in Form von Gedanken, Gefühlen, Erinnerungen und Fantasien bewusst wird und diese mitzuteilen versucht: die sogenannte Grundregel für den Analysanden, die in der gleichschwebenden Aufmerksamkeit des Analytikers – eine Form des absichtslosen, abwartenden Zuhörens – seine Entsprechung hat. Es handelt sich nicht um ein Nachdenken, sondern um etwas, das man auch als assoziative Selbstbeobachtung bezeichnen könnte.

17 Zur yogischen Wahrnehmung haben wir im Kapitel »Leerheit« Ausführlicheres geschrieben.

Dieser Unterschied kommt in einer frühen Beschreibung von Freud eindrucksvoll zum Ausdruck: »*Bei den psychoanalytischen Arbeiten habe ich gemerkt, dass die psychische Verfassung des Mannes, welcher nachdenkt, eine ganz andere ist als die desjenigen, welcher seine psychischen Vorgänge beobachtet. Beim Nachdenken tritt eine psychische Aktion mehr ins Spiel als bei der aufmerksamsten Selbstbeobachtung, wie es auch die gespannte Miene und die in Falten gezogene Stirne des Nachdenklichen im Gegensatz zur mimischen Ruhe des Selbstbeobachters erweist. In beiden Fällen muss eine Sammlung der Aufmerksamkeit vorhanden sein, aber der Nachdenkende übt außerdem eine Kritik aus, infolge deren er einen Teil der ihm aufsteigenden Einfälle verwirft, nachdem er sie wahrgenommen hat, andere kurz abbricht, sodass er den Gedankenwegen nicht folgt, welche sie eröffnen würden, und gegen noch andere Gedanken weiß er sich so zu benehmen, dass sie überhaupt nicht bewusst, also vor ihrer Wahrnehmung, unterdrückt werden. Der Selbstbeobachter hat nur die Mühe, die Kritik zu unterdrücken; gelingt ihm dies, so kommt ihm eine Unzahl von Einfällen zum Bewusstsein, die sonst unfassbar geblieben wären. Mithilfe dieses für die Selbstwahrnehmung neu gewonnenen Materials lässt sich die Deutung der pathologischen Ideen sowie der Traumgebilde vollziehen. Wie man sieht, handelt es sich darum, einen psychischen Zustand herzustellen, der mit dem vor dem Einschlafen (und sicherlich auch mit dem hypnotischen) eine gewisse Analogie in der Verteilung der psychischen Energie (der beweglichen Aufmerksamkeit) gemein hat. Beim Einschlafen treten die ›ungewollten Vorstellungen‹ hervor durch den Nachlass einer gewissen willkürlichen (und gewiss auch kritischen) Aktion, die wir auf den Ablauf unserer Vorstellungen einwirken lassen; als den Grund dieses Nachlasses pflegen wir ›Ermüdung‹ anzugeben; die auftauchenden ungewollten Vorstellungen verwandeln sich in visuelle und akustische Bilder … Bei dem Zustand, den man zur Analyse der Träume und pathologischen Ideen benützt, verzichtet man absichtlich und willkürlich auf jene Aktivität und verwendet die ersparte psychische Energie (oder ein Stück derselben) zur aufmerksamen Verfolgung der jetzt auftauchenden ungewollten Gedanken, die ihren Charakter als Vorstellungen (dies der Unterschied gegen den Zustand beim Einschlafen) beibehalten. Man macht so die ›ungewollten Vorstellungen‹ zu ›gewollten‹.*« (Freud 1900, S. 106)

Dies ist immer noch eine sehr luzide Beschreibung des »träumerischen« Bewusstseinszustandes, der die besten Bedingungen für die freie Assoziation des Patienten und der gleichschwebenden Aufmerksamkeit des Analytikers ermöglicht. Um es noch einmal ganz deutlich zu sagen: Es handelt sich hier um eine besondere Form der Selbstwahrnehmung und Selbstbeobachtung, die für das »analytische Paar« charakteristisch ist (Bollas 2006). Bei den von Freud beschriebenen pathologischen Ideen handelt es sich um neurotische Symptome – etwa eine Zwangsidee oder eine phobische Vorstellung –, deren Bedeutung man durch diese Art der freien Assoziation aufdecken kann. Gelingt es dem analytischen Paar, diesen quasi-träumerischen Zustand zu entwickeln, dann werden Assoziationsketten deutlich, die zuvor als »latente Gedanken« unzugänglich gewesen sind, vor allem auch, weil sie der allgegenwärtigen Zensur zum Opfer gefallen waren. Diese Manifestation der latenten Assoziationsketten ist also ein zentrales Ziel der analytischen Arbeit, wobei es sich um Inhalte des Seelischen handelt: Ein zentrales Postulat ist mit Freuds Annahme verbunden: Dass das eigentlich Psychische das Unbewusste darstellt und dass die scheinbar unverknüpften Ketten der Einfälle, die in der Tat auf den ersten Blick keinen Zusammenhang erkennen lassen, doch auf einen latenten, eben unbewussten, Zusammenhang verweisen. Die Haltung des Psychoanalytikers als »gleichschwebende Aufmerksamkeit«, die das Verstehen dieser unbewussten, Gedankenketten ermöglicht, hat Freud selbst knapp und präzise beschrieben: »*Die Erfahrung zeigte bald, dass der analysierende Arzt sich dabei am zweckmäßigsten verhalte, wenn er sich selbst bei gleichschwebender Aufmerksamkeit seiner eigenen unbewussten Geistestätigkeit überlasse, Nachdenken und Bildung bewusster Erwartungen möglichst vermeide, nicht von dem Gehörten sich besonders im Gedächtnis fixieren wolle.*« (Freud 1923, S. 215) Und an anderer Stelle schreibt Freud, dass er sich dem Ablauf seiner eigenen unbewussten Gedanken überlasse und solcherart das Unbewusste des Patienten mit seinem eigenen Unbewussten auffange (Freud 1913, S. 467). Insgesamt geht es also in der analytischen Situation, wie dies C. Bollas beschreibt, um eine revolutionäre Entdeckung einer neuen Art von Objektbeziehung, in der kreativer Gebrauch von unbewussten Denkprozessen gemacht wird. Er versteht dabei das Unbewusste als eine dynamische Denkfabrik, die »unendliche« Denklinien verknüpft, die sich miteinander kombinieren und wachsen. Einige dieser Linien schließen sich, wie Bollas schreibt, für eine Zeit zusammen und bilden Knotenpunkte; wegen ihres sich vergrößernden psychischen Gewichts können sie in das Bewusstsein gelangen, aber es gibt gleichzeitig Tausende von Denklinien in dieser brummenden Fabrik, die getrennt weiterverlaufen (Bollas 2006, S. 158 ff.). In diesem Modell des Freud'schen Paares (siehe auch das Kapitel über Verarbeiten, Durcharbeiten und Nacharbeiten) sehen wir also ein bestimmtes Modell des Denkens, das sich durch immer neue Verbindungen erweitert und so zu Veränderungen und Transformationen auch im Bewusstsein führt. Von Interesse in diesem Zusammenhang ist eine Bemerkung von Bollas, die sich auf die Praxis des Zen bezieht: »*Der Psychoanalytiker soll sich selbst seiner eigenen unbewussten Geistestätigkeit überlassen. Diejenigen unter Ihnen, die mit dem Zen vertraut sind, wissen, dass dies nicht die Worte eines Zen-Meisters sind, sondern die von Freud. Er macht ganz klar, dass was die Ich-Beobachtung angeht, diese aufgegeben werden muss, um sich dem eigenen Unbewussten zu überlassen. Anders als Zen privilegiert Freud diesen Moment nicht, weil er den Geist entleerte. Im Gegenteil: ihm ist deutlich, dass diese Aktion unbewusste Aufnahme ermöglicht und ein Lernprozess durch unbewusste Denkprozesse stattfinden kann.*« (Bollas 2006 a, S. 155) Bollas scheint hier einen zentralen Unterschied zu beschreiben, auf den wir immer wieder stoßen: Während wir im Zazen zwar auch auf die vielen Ketten der Assoziationen stoßen, werden diese aber immer wieder losgelassen, um sozusagen auf den »leeren« Hintergrund des Gewahrseins zu stoßen, während in der psychoanalytischen Situation die kreative Fülle der unbewussten Gedankeninhalte entdeckt wird und auf diese Weise der Analysand sein »Selbst« – oder noch besser sein »unbewusstes Selbst« neu kreiert.

Wir wollen uns hier auf einige zusätzliche Gedanken zur freien Assoziation beschränken. Die Betrachtung der analytischen Situation und ihrer grundlegenden methodischen Ausrichtung aus der Sicht der Zen-Praxis, wie wir sie in den beiden letzten Kapiteln beschrieben haben, ermöglicht einen Blick auf die eigene Praxis, die möglicherweise auch einige der impliziten Grundannahmen des einzelnen Psychoanalytikers deutlicher machen können. Der Rahmen und das Setting der analytischen Situation folgen einer Logik, die zentral mit dieser besonderen Form der assoziativen Selbstbeobachtung verbunden sind: die Förderung eines regressiven, quasi-träumerischen Zustandes, in dem das spontane, bildhafte, präsentische, narrative Denken des analytischen Paares hervortreten kann. Dabei wird davon ausgegangen, dass die Anwesenheit des Analytikers als einem Anderen diese unbewusste Denktätigkeit stark stimuliert und beeinflusst. Ein wesentlicher Teil der seelischen Arbeit des analytischen Paares besteht darin, diese spontane Aktivität des »unbewussten Selbst« zu verbalisieren. Man könnte dies mit dem Erinnern und dem Erzählen eines Traumes durchaus vergleichen. Eine wesentliche Aufgabe des Analytikers ist es, die Auslassungen, Widersprüche und Lücken und die Besonderheiten der Formulierungen wahrzunehmen und bislang nicht gedachte Verbindungen herzustellen, die unbewusste Bedeutungen aus dem Duktus der Assoziationen kreieren. Dabei geht es in der modernen Auseinandersetzung um die Psychoanalyse oft um die Frage, ob diese unbewussten Bedeutungen gefunden oder vom analytischen Paar generiert werden, mit anderen Worten: ob die Wahrheit gefunden oder geschaffen wird. Eine weitere wichtige Grundannahme besteht in der Vorstellung, dass dieser Prozess des assoziativen Denkens von einer grundlegenden Affektregulierung gesteuert ist. Moser und von Zeppelin haben für die Traumgenerierung ein Sicherheitsprinzip und ein Prinzip des emotionalen Involvements beschrieben (Moser und v. Zeppelin 1996). Dies könnte man auch für das assoziative Denken postulieren: die aufsteigenden Einfälle werden danach sehr stark von dem Lust- und Unlustprinzip gesteuert. Nur wenn sich der Analysand mit dem Rahmen der Analyse und in der Beziehung mit dem Analytiker relativ sicher fühlt, kann er sich seinem assoziativen Erleben und der Verbalisierung wirklich öffnen. Es ist sinnvoll, hier zwischen einer bewussten und einer unbewussten Zensur zu unterscheiden: Die bewusste Zensur besteht etwa in dem bewussten Verschweigen bestimmter Einfälle und Wahrnehmungen (oder anderem vermeidendem Verhalten), während die unbewusste Zensur schon vor dem Bewusstwerden die unbewusste Denktätigkeit filtert. Der ganze Prozess läuft also auf eine Erweiterung des bewussten »Selbst« durch die assoziative Selbstwahrnehmung und Selbstbeobachtung hinaus, die zu einem vertieften Verständnis des subjektiven und sexuellen Selbst durch die unbewussten Bedeutungen führt.

Vergleicht man diese Überlegungen mit der grundlegenden Praxis von Zazen und der Achtsamkeit, so kann man also eine relativ klare Unterscheidung treffen: Auch wenn in der Praxis des Zazen der assoziative Geist sehr schnell in den Vordergrund drängt – es tauchen die verschiedensten Einfälle, Gefühle, Fantasien und Erinnerungen auf, die oft keinen erkennbaren Zusammenhang zu haben scheinen –, so folgt man nicht diesen Assoziationsketten, sondern kehrt immer wieder zur Beobachtung des Atems oder der Elemente des Skandhas – der Körperempfindung, den Gefühlen etc. – zurück. Dennoch erscheint auch hier die Unterscheidung zwischen Nachdenken und Selbstbeobachtung hilfreich. Der Praktizierende merkt z. B., dass es zuerst nicht leicht ist, aus dem Zustand des Nachdenkens herauszukommen. Bevor die Entwicklung des vom Zen betonten Gewahrseins möglich wird, wird die Phase der assoziativen Selbstbeobachtung durchschritten, die dann manchmal auch zu Schläfrigkeit und in einen träumerischen Zustand führen kann. Dies ist allerdings nicht der Zustand, der im Zen angestrebt wird.

Dieser Vergleich zwischen der meditativen Praxis und der analytischen Situation ist aber auch noch in anderer Hinsicht hilfreich. Zum einen entdeckt der Praktizierende, dass das assoziative Denken praktisch die Basistätigkeit des Geistes ist: Kaum tritt das durch äußere Wahrnehmungen und Aktivitäten gesteuerte Wachbewusstsein in den Hintergrund, setzt eine lebhafte assoziative Tätigkeit ein, von der man annehmen kann, dass sie ständig im Hintergrund wirksam ist: In der Psychoanalyse entdeckt man wieder und wieder, dass sich gegen diese assoziative Denktätigkeit, die Ausdruck der unbewussten psychischen Prozesse ist, ein Widerstand regt. Wie ebenfalls Bollas sehr kritisch vermerkt hat, ist dieser Widerstand gegen die freie Assoziation aber nicht nur beim Analysanden, sondern auch beim Analytiker zu beobachten. Sehr pointiert spricht er davon, dass viele Analytiker den »Glauben« an das Unbewusste aufgegeben haben, und er formuliert sogar eine Art »Theokratie des Bewusstseins«, eine Art aufgeblähtes Bewusstsein mit einem gottähnlichen Analytiker. Wir werden in den Kapiteln über die Praxis des Analytikers auf diesen kritischen Punkt wieder zurückkommen. Am Beispiel des Konzeptes des Widerstandes, das in der Psychoanalyse einen zentralen Stellenwert hat, könnte man noch einmal eine kleine Brücke zur Zen-Praxis schlagen. In der Psychoanalyse versteht man u. a. den Widerstand als eine von den Affekten regulierte Zensur, die sich gegen das Auftauchen bestimmter Inhalte in Form von Fantasien, Gefühlen, Erinnerungen etc. richtet. Die zentrale Praxis der Psychoanalyse zielt auf eine Milderung der Zensur, um eine Erweiterung des »Selbst« durch die unbewusste, assoziative Geistestätigkeit zu ermöglichen. Das Konzept des Widerstands ist aber auch für die Zen-Praxis hilfreich. In der Literaturübersicht hatten wir die Arbeit von B. Magid kurz referiert, der ebenfalls von dem Widerstand gesprochen hat: Hier nun allerdings nicht gegen das Überlassen der unbewussten Denktätigkeit und dem Versuch ihrer Verbalisierung, sondern einen Widerstand gegenüber dem Fließen des gegenwärtigen Momentes und als Ausdruck eines Anhaftens an bewussten Gedanken und Ideen. Wir haben es hier also mit zwei unterschiedlichen Formen des Widerstandes zu tun: im Falle der Psychoanalyse ein von der bewussten und unbewussten Zensur generierter Widerstand gegenüber der Offenheit des ständig auftauchenden Gedankenstromes mit seinen verschiedenen Inhalten, die einen sprachlichen Ausdruck suchen; im Falle des Zen ein Widerstand gegenüber dem Gewahrsein des ständigen und vor allem veränderlichen Flusses der Gedanken und ihrer reinen Beobachtung. Vielleicht könnte man auch sagen, dass der Widerstand im Zazen und auch in der Praxis der Achtsamkeit sich immer wieder gegen die »reine Beobachtung« im Sinne des Gewahrseins richtet. Es erweist sich als außerordentlich schwierig, ganz im gegenwärtigen Moment zu verweilen, die auftauchenden assoziativen Gedanken immer wieder loszulassen und sich einem Zustand zu nähern, der seine Stabilität und Kontinuität nicht durch Gefühle und Gedanken gewinnt, sondern durch eine Form von Bewusstheit oder Gewahrsein, das sehr viel umfassender als die Denktätigkeit ist. Man könnte postulieren, dass auch diese Widerstände von einer affektiven Regulierung bestimmt sind, da es sich, wie wir beschrieben haben, beim Zazen um einen De-Konstruktionsprozess des »Selbst« handelt, der erhebliche Ängste auslösen kann. Im Kern geht es ja auch um eine Selbstwahrnehmung und eine Selbsterkenntnis, die die bisherigen Ansichten über das eigene »Selbst« radikal infrage stellen: nämlich die Realisierung des »Nicht-Selbst« im Sinne der fehlenden Selbst-Identität. In diesem Sinne könnte man auch in der meditativen Praxis von einem Identitätswiderstand sprechen, so wie er für die Praxis der Psychoanalyse bei manchen Patienten beschrieben worden ist (Schneider 2005). Daher kann man vermuten, dass auch die meditative Praxis wie die analytische Praxis einen sicheren Rahmen zur Verfügung stellen müssen, damit sich der Übende auf diesen oft auch bedrohlichen Prozess der Selbsterforschung einlassen kann.

Die Analyse der Fünf Skandhas führt also zum »Selbst« des Zen, das als »leer« im Sinne einer fehlenden, inhärenten Identität entdeckt wird. Dies wird, wie schon mehrfach beschrieben, als das »wahre Selbst« bezeichnet; es ist ein Selbst jenseits des konzeptuellen Denkens, ein Selbst, das Rinzai als »Menschen ohne Rang« bezeichnet hat. Der Begriff des »Selbst« in der Psychoanalyse ist von ganz anderer Art. Es ist hier nicht möglich, die vielen Definitionen und Diskussionen um den Selbstbegriff detailliert aufzugreifen; wir verweisen hier auf einige Überlegungen von F. Falkenström, die wir in der Literaturübersicht beschrieben haben (F. Falkenström 2003). Im Zusammenhang mit der freien Assoziation lässt sich allerdings das Folgende noch einmal festhalten: Die freie Assoziation führt über die Beobachtung der Gedankenketten und die sich daraus entwickelnden Verbindungen, die der Analysand selbst oder auch sein Analytiker herstellt, zu seinem »unbewussten Selbst«, also dem Teil des Selbst (hier im Sinne seiner ganzen Person bzw. seiner Selbstrepräsentanzen), der ihm bislang nicht bewusst gewesen oder noch nie bewusst gewesen ist. Entscheidend an diesem Prozess ist jedoch, dass sich der Analysand mit den auftauchenden Einfällen identifiziert (dies im weitesten Sinne des Begriffs), indem er diese Gedanken und Gefühle mit seiner Person in Verbindung bringt. Während Zen also auf das »wahre Selbst« zielt – wenn man das überhaupt so formulieren kann –, so zielt die Psychoanalyse auf das »unbewusste Selbst«, das sich auf Verdrängtes aus der Vergangenheit, aber auch Verdrängtes oder Noch-nicht-Bewusstes aus der Gegenwart bezieht. Zen und Psychoanalyse verbindet hier wiederum, dass es, wie schon mehrfach erwähnt, um das Studium des »Selbst« geht, das in beiden Fällen jedoch ganz anders definiert ist. In beiden Fällen ist zu vermuten, dass dieses Studium selbst starke affektive Reaktionen auslöst und von Angst, Scham- und Schuldgefühl geprägt ist: daher auch die Beschreibung der Widerstände gegen dieses Selbst-Studium, das einmal Zazen und Achtsamkeit, das andere Mal die freie Assoziation ist. Wie schon Loy überzeugend gezeigt hat, löst die Realisierung eines nicht existenten Selbst, das als Mangel erlebt wird, in der Regel – wenn auch oft nicht bewusst – einen tiefen Schrecken aus. Aber auch die Realisierung des »unbewussten Selbst« hat diese erschreckende Dimension. Ein kohäsives und positiv wertgeschätztes Selbstgefühl ist für das psychische Überleben des Menschen von großer Bedeutung; die Entdeckung des »unbewussten Selbst«, dem man auch hilflos ausgeliefert sein kann, das nicht kontrollierbar ist und das vor allem die Anerkennung des Anderen verlieren kann, wird daher nicht selten als große Gefahr erlebt und so die freie Assoziation als Zugang zu diesem »unbewussten Selbst« mehr oder weniger blockieren. Wir werden später in einem anderen Zusammenhang noch einmal auf die Frage der Identität zu sprechen kommen, die hier eine wichtige Rolle spielt. Man kann aber mit Sicherheit hier so viel sagen: Zen und Psychoanalyse sind sich in Bezug auf die De-Konstruktion der Identität ziemlich nahe: Es geht um diese De-Konstruktion der bislang als wirklich angenommenen Identität, die einen stabilisierenden und gegenüber der Kontingenz der Wirklichkeit schützenden Effekt hatte. Daher löst sowohl die Praxis des Zen als auch die Praxis der Psychoanalyse auch immer einen Widerstand aus, den man auch als Widerstand verstehen kann, der darin besteht, an der bisherigen Identität festzuhalten und sie zu schützen. Jeder möchte ein »Jemand« sein und fürchtet sich davor, ein »Niemand« zu sein oder zu werden: dies wäre das Problem des Zen. Jeder möchte ein »guter, anerkannter Jemand« sein, und jeder fürchtet sich davor, ein »böser, verachteter Jemand = sozialer Niemand« zu sein: Dies ist das Problem der analytischen Arbeit.

Dies führt abschließend noch einmal zur Frage der Täuschung, die in der beschriebenen Praxis der Skandhas immer wieder auftaucht. Auch hier haben wir es wohl im Vergleich zwischen Zen und Psychoanalyse mit unterschiedlichen Ebenen zu tun. Es geht im Zen um die Entwicklung einer yogischen Wahrnehmung, einer Wahrnehmung der Leerheit oder eines non-dualen Bewusstseinszustandes, in der die grundlegende Wirklichkeit – ihre Vergänglichkeit und Leidhaftigkeit – nicht nur intellektuell nachvollzogen, sondern als Lebenspraxis realisiert wird, etwa im Sinne des Erlebens und Handelns aus dem »Anfänger-Geist«. Die Täuschungen aus einer psychoanalytischen Sicht liegen auf einer anderen Ebene: Hier geht es um die vielen Abwehrprozesse, die das Subjekt daran hindern, sein »unbewusstes Selbst« so wahrzunehmen, wie es sich gerade entwickelt und manifestiert. Auftauchende Gedanken, Gefühle und Fantasien werden verdrängt, verleugnet oder auch projiziert. Die psychoanalytische Arbeit besteht vor allem auch darin, die vielen Täuschungen des Analysanden mit Geduld und Wertschätzung aufzuzeigen, damit das »unbewusste Selbst« sich freier und vitaler entfalten kann. Auch die vielen Illusionen gehören zu den Täuschungen, ohne die die meisten Menschen nicht leben können. Wir haben heute, vor allem auch unter dem Einfluss der Arbeiten von Winnicott, ein etwas anderes Verhältnis zum Begriff der Illusion: In der Regel gehen wir davon aus, dass Illusionen in der Kindheitsentwicklung von großer Bedeutung sind und vor allem ein phasengerechter Prozess der Des-Illusionierung (z. B. die langsame Erkenntnis, dass die eigenen Eltern keineswegs ideal und perfekt sind) für ein gesundes Wachstum der Persönlichkeit entscheidend ist. Aber auch der Erwachsene braucht ein gewisses Maß an Illusion, etwa ausgedrückt in einem Gefühl der Hoffnung und einem Glauben an etwas Gutes im Leben, um den vielen Widrigkeiten des normalen Lebens standzuhalten. In den Übertragungen, die der Analysand auf den Analytiker entwickelt, kann man erkennen, welche große Rolle diese Illusionen auch im erwachsenen Leben spielen; nicht wenige Patienten haben die Fantasie, dass der Analytiker sie vor dem Tod und dem Sterben schützen kann: »Solange ich bei Ihnen bin, kann mir nichts passieren.« Das sagte ein Patient nach einigen Jahren seiner Analyse.

3.3 Über Geist und Bewusstsein

Als Arbeitsthese gehen wir im folgenden Kapitel davon aus, dass der Geist, aber auch das Bewusstsein, nicht direkt beschrieben werden können. Sie können aus buddhistischer Sicht vielmehr nur durch ihre Tätigkeiten und ihre Funktionen näher beschrieben und definiert werden. Aber nicht nur das, ihr Entstehen selber ist an entsprechende Tätigkeiten gebunden: Der Geist und das Bewusstsein selber entstehen erst *in* ihren und *durch* ihre Tätigkeiten. Als grundlegend für die folgenden Überlegungen möchten wir hier noch einmal auf folgende Punkte hinweisen: 1. Es geht nach wie vor um einen Versuch der Beschreibung meditativer Erfahrungen, nicht um philosophische Diskussionen, die von kompetenterer Seite vorgelegt wurden. 2. Dieser Versuch erscheint von einem Paradox begleitet, das darin besteht, eine non-duale Erfahrung mit der dualen Sprache zu beschreiben.

Was ist Geist? Wie können wir uns dem Phänomen des Geistes annähern? Um diese Fragen zu beantworten, ist es aus buddhistischer Sicht ein großer Schritt, zwischen dem Geist und seinen Inhalten zu unterscheiden. Danach sind die Gedanken selber nicht identisch mit dem Geist, sie sind vielmehr *Inhalte* des Geistes. Sie kommen und gehen, sie erscheinen im Geist, so wie es auch Bilder tun.

Es muss hier betont werden, dass diese Unterscheidung für viele Menschen nicht selbstverständlich ist, denn für die meisten von uns sind die Gedanken identisch mit unserem Geist. In der Regel ist das, was wir denken, sehr wichtig für uns, so wichtig, dass wir in einem weiteren Schritt beginnen, uns mit diesen Gedanken zu identifizieren. Dieser Vorgang der Identifikation ist praktisch gesprochen habituell und automatisch, geschieht also letztlich unbewusst.

Aus buddhistischer Sicht sind wir durch diese Identifikation der festen Überzeugung, dass unsere Gedanken identisch seien mit unserer Person, mit unserem Selbst, mit unserem Ich. Dies wollen wir im Folgenden genauer untersuchen. Hinweisen wollen wir hier auch auf das Kapitel »Über das Selbst«, das auf das Engste mit dem Thema dieses Kapitels verknüpft ist (III, 3.2).

Im Folgenden werden wir mit der Hypothese arbeiten, dass es keinen kontinuierlich ununterbrochenen Gedankenstrom gibt. Wir gehen vielmehr davon aus, dass immer wieder größere und kleinere Pausen zwischen unseren Gedanken auftauchen. Eine Hypothese, deren Wahrhaftigkeitsgehalt überprüfbar ist, vielleicht nicht im Alltag, sicher aber auf dem Meditationskissen. Unser Gedankenstrom ist von Pausen unterbrochen, die oft sehr klein und die fast nicht wahrzunehmen sind. Was geschieht in diesen kleinen Pausen? Hier scheint der leere Geist durch, der Geist als offener weiter Raum, in dem Gedanken und Bilder auftauchen können, aber nicht notwendigerweise auftauchen müssen. Dieser Geistesraum stellt ein Potenzial dar im Sinne einer noch nicht realisierten Möglichkeit.

An dieser Stelle setzt Zen an: Indem wir uns still hinsetzen, können wir beginnen, die Pausen zwischen unseren Gedanken wahrzunehmen und sie vielleicht sogar zu verlängern. Auf dem Sitzkissen können wir beginnen, den Geist ohne Aktivitäten zu erleben, den Geist der Stille zu entdecken. »*Es wird eine recht lange Zeit brauchen, bis Ihr in Eurer Praxis Euren ruhigen, stillen Geist findet. Viele Empfindungen kommen, viele Gedanken oder Bilder entstehen, aber es sind nur Wellen Eures eigenen Geistes. Nichts kommt von außerhalb Eures Geistes.*« (Suzuki S. 1996, S. 35)

Auf zwei Dinge wollen wir in diesem Zusammenhang hinweisen. Zum einen ist ein abgeschlossener Gedanke oder eine geistige Aktivität, mit einer möglichen Pause, die Voraussetzung für die nächste Aktivität. Zum anderen ist die *inhaltliche* Aktivität dieser Aktivität aber keine Voraussetzung für den nächsten Geistes*inhalt*. Wir müssen nicht nahtlos dort anschließen, wo wir beim vorherigen Gedanken geendet haben, sondern wir können etwas ganz Neues denken. Wir müssen die Welt nicht aus unseren eingefahrenen Mustern betrachten, sondern wir können sie aus diesen Pausen heraus ganz »neu« betrachten[18].

Pausen und Innehalten sind also eine Voraussetzung dafür, dass wir beginnen können, die Welt so zu sehen, wie sie wirklich ist, und nicht die Welt, so wie sie uns *erscheint*. Unsere Aktivitäten kommen zur Ruhe, aus dieser Ruhe und Stille heraus können wir »neu« sehen, unvoreingenommen und offen.

Was geschieht eigentlich, wenn wir ein Buch lesen? Auf der Buchseite sehen wir Buchstaben, die wir aber nur sehen können, weil es hinter ihnen eine leere Seite gibt, nur weil die Seite leer ist, können wir die Buchstaben erkennen. Die leere Seite bildet so den Hintergrund, auf dem als Vordergrund die Buchstaben sichtbar werden. Es gibt insgesamt drei Bedingungen, die es uns ermöglichen, dass wir die Buchstaben lesen können: Dass es überhaupt eine Seite gibt und dass diese Seite leer ist. Darüber hinaus müssen die Buchstaben eine andere Farbe haben als der Hintergrund, hier die Seite. Wären die Buchstaben z. B. weiß, würden wir sie nicht erkennen. Der Hintergrund muss also einen sichtbaren Kontrast zum Vordergrund bilden.

Wir können diese Analogie gut auf den Geist übertragen. Suzuki Roshi hat in seinem Buch »Zen-Geist, Anfänger-Geist« den Hintergrundgeist beschrieben und ihn den Großen Geist genannt. »*Ein Gro-*

---

18 Hinweisen möchten wir hier auch auf unsere Ausführungen im Kapitel »Über das Selbst«, hier speziell über den »Gültigen« Geist.

ßer Geist erfährt alles innerhalb seiner selbst ... Dass alles in Eurem Geist enthalten ist, ist das innerste Wesen des Geistes ... Was auch immer Ihr erfahrt, es ist ein Ausdruck des Großen Geistes ... Deshalb haben wir eine unerschütterliche Gelassenheit, und mit dieser unerschütterlichen Gelassenheit des Großen Geistes praktizieren wir Zazen.« (Suzuki 1996, S. 36/37) Wir erfahren etwas, das wir Geist-Raum oder Geist-Feld nennen könnten. Dieser Raum oder dieses Feld sind leer, und in dieser Leere dann können Gedanken und Bilder auftauchen. Im Rahmen unserer Zen-Praxis beginnen wir, diesen ruhigen, weiten und offenen Geist, der in den Pausen zwischen den Gedanken auftaucht, zu kultivieren. Wir versuchen, immer in Verbindung mit diesem Großen Geist zu sein. Das ist die Zen-Praxis. Wir möchten hier anmerken, dass dieses Bild natürlich seine Grenzen hat. Zum einen kann es dazu verleiten, den Geist als eine Art Behälter zu betrachten – dies könnte man als Verdinglichung bezeichnen –, in dem sich etwas ereignet, zum anderen kann dieses Bild zu der Täuschung führen, dass es so etwas wie einen Geist-Urgrund gäbe, etwas, das immer da ist und vor oder auf dem sich dann die Gedankenwelt abspielt. Im Rahmen meditativer Erfahrung wird deutlich, dass der Geist und die Gedanken keine zwei Entitäten sind, das eine ist nicht die Voraussetzung für das andere, wir können nicht einmal sagen, es seien zwei Seiten einer Medaille: Der Geist selber entsteht mit dem Erscheinen eines Gedanken. Und umgekehrt: Ein Gedanke kann erst entstehen, wenn es so etwas wie das Potenzial eines Geistes gibt, in dem der Gedanke erscheinen kann: Das Erscheinen eines Gedanken setzt voraus, dass der Geist als »Hintergrund« sofort mit erscheint. Beide, Gedanke und Geist, lösen sich am Ende eines Gedanken als *Funktionen* auf. Es bleibt nichts als das Potenzial, nichts als eine Möglichkeit, zurück. Wenn wir nicht mehr denken, gibt es daher auch keinen Geist mehr. Was bleibt dann von »uns«?

Hui-Neng, der Sechste Patriarch, macht dies in seinem Antwortgedicht deutlich, als der Fünfte Patriarch einen Nachfolger sucht. Hier das Gedicht von Shen-Hsiu, dem Hauptmönch, der sich die Nachfolge erhofft hatte, dann das von Hui-Neng, der auf Grund dieses Gedichtes der Nachfolger wird:

»Der Leib, das ist der Bodhi-Baum,
der Geist, er gleicht dem klaren Ständer-Spiegel.
Wisch ihn denn immer wieder rein,
lass keinen Staub sich darauf sammeln!« (Hui-Neng 89, S. 30)

»Im Grunde gibt es keinen Bodhi-Baum,
noch gibt es Spiegel und Gestell.
Da ist ursprünglich kein (einziges) Ding –
Wo heftete sich Staub denn hin?« (Hui-Neng 89, S. 38)

Über das Bewusstsein

Jean-Paul Sartre hat in seinem Buch »Das Sein und das Nichts« das Bewusstsein als ein erkennendes Sein beschrieben, dessen Erkennen aber ohne die Phänomene unserer Welt nicht möglich ist. Sartre schreibt:

Jedes *»erkennende Bewusstsein kann nur Erkenntnis von seinem Gegenstand sein«* (Sartre 2007, S. 20). Alles Bewusstsein ist somit Bewusstsein *von* etwas. Für Sartre ist Realität das, was uns als Phänomen erscheint. Dies nennt man auch die Intentionalität des Bewusstseins.

Das Phänomen ist Sein, und Sein ist die immer anwesende Grundlage des Existierenden. Dennoch ist jedes Phänomen in sich leer im Sinne dessen, was wir in dem Kapitel über die Leerheit geschrieben haben (III, 3.5). Daher scheint in jedem Bewusstsein, das ja nur durch Kontakt entsteht, im jeweiligen Phänomen das Absolute hindurch: Erscheinung und Existenz sind identisch. Sartre schreibt:

»Das Bewusstsein hat nichts Substanzielles, es ist eine reine ›Erscheinung‹, insofern es nur in dem Maß existiert, wie es sich erscheint. Aber gerade weil es reine Erscheinung ist, weil es eine völlige Leere ist (da die ganze Welt außerhalb seiner ist), wegen dieser Identität von Erscheinung und Existenz an ihm, kann es als das Absolute betrachtet werden.« (Sartre 2007, S. 27) Für Sartre existiert Bewusstsein selber nicht, es entsteht immer in Beziehung zu einem Phänomen. Dieses Phänomen kann außerhalb liegen, aber auch das Bewusstsein selber kann dieses Phänomen sein: Bewusstsein ist immer Bewusstsein *von* etwas. Bewusstsein ist setzendes Bewusstsein *von* der Welt; Bewusstsein entsteht durch seine Funktion.

In der Regel gehen wir davon aus, dass das, was uns ausmacht, unser Bewusstsein und damit auch unser Selbstbewusstsein ist. Dies ist aus entwicklungsgeschichtlicher Sicht natürlich ein enormer Fortschritt, aus buddhistischer Sicht jedoch (auch) eine starke Beschränkung, wenn nicht sogar eine Behinderung. Eine Behinderung, weil es so scheint, dass wir unsere gesamte sinnliche Wahrnehmung ausschließlich über das Bewusstsein oder besser durch das Bewusstsein laufen lassen. Wir nehmen die uns umgebende Welt immer aus der Sicht einer Person wahr, die kategorisiert und beurteilt. Daraus entstehen zwei »Probleme«: Wir glauben eine Person zu sein, jemand, der sozusagen einen Schritt zurücktritt und die Welt »da draußen« beschreibt und beurteilt. Dabei erleben wir uns von der Welt getrennt, hier ich, dort die Welt, hier drinnen, dort draußen. Dies ist eine kontinuierliche Aktivität. Daraus entsteht das zweite »Problem«: Wir nehmen die uns umgebende Welt immer als durch unser Bewusstsein gefiltert wahr. Fast nie erleben wir die Welt, so wie sie wirklich ist. Bewusstsein ist für das tagtägliche Handeln enorm wichtig, es lässt uns aber nur die »Hälfte des Himmels« erleben, was ist mit der anderen Hälfte, der nicht beschreibbaren, der geheimnisvollen, der Welt, die sich ungefiltert offenbaren möchte?

Ein Großteil der westlichen Philosophie hat den Schwerpunkt auf die Entwicklung von Bewusstsein gelegt und dabei Wert gelegt auf Begründung, Rationalität und Logik.

Wie wir immer wieder erfahren, kann das Bewusstsein getäuscht werden. Wir können irregeführt werden, wir können abergläubisch sein, wir können irrational handeln. Um dieser Möglichkeit vorzubeugen, haben wir über die Jahrhunderte unser Bewusstsein immer weiterentwickelt, fast stetig und gleichmäßig. Diese Entwicklung des Bewusstseins hat uns ungeahnte Möglichkeiten eröffnet, die Welt zu erklären, aber auch zu manipulieren, wir haben uns die Welt im wahrsten Sinne des Wortes untertan gemacht. Aufgrund dieser Ergebnisse ist für uns die Entwicklung von Rationalität und Logik die höchst entwickelte Form von Bewusstsein, vielleicht sogar die am höchsten entwickelte Form des Geistes überhaupt.

Hier allerdings müssen Zweifel angemeldet werden, denn *Begründung, Rationalität und Logik sind sicher die am höchst entwickelten Formen des Bewusstseins, nicht aber die am höchst entwickelten Funktionen des Geistes.*

Die Funktionen des Bewusstseins

Generell können wir sagen, dass es die Funktion des Bewusstseins ist, Realität zu limitieren, sie zu vereinfachen, um sie zu verstehen. Wir müssen die Realität vereinfachen, um handeln zu können, oder besser, um handlungsfähig zu bleiben: Es ist die Reduktion von Komplexität. Dies hat uns auf der rein faktischen Ebene sehr erfolgreich gemacht, es hat auf der anderen Seite aber unser Leben auch sehr arm gemacht. Es ist uns, wie schon gesagt, die andere Hälfte des Himmels verloren gegangen.

Die Natur oder Funktion des Bewusstseins ist es,

- eine vorhersagbare und voraussagbare Welt zu erschaffen, denn ohne Voraussagbarkeit können wir nicht leben.
- die Welt für uns erkennbar zu machen, etwas über die Welt zu wissen.
- die Welt für uns chronologisch zu gestalten, indem wir die Dinge in eine zeitliche Abfolge setzen und sie in Sequenzen sehen.
- Dingen eine Bedeutung zu geben.
- Gefühle oder Affekte im Sinne des Lust-Unlust-Prinzips wahrzunehmen.
- Mit dem Bewusstsein sind somit eine Raum-Struktur und eine Zeit-Struktur verbunden, durch die die Welt eine spezifisch-menschliche Bedeutung bekommt. Die Entwicklung dieser Funktionen des Bewusstseins ermöglichen, wie weiter oben schon angedeutet, Begründung, Vernunft und Logik.

Aber auf welche Weise wird durch das Bewusstsein die Welt bedeutungsvoll? Eine Bedeutung erhält die Welt erst durch das Selbst[19]. Wir kreieren etwas, das von dieser Welt scheinbar getrennt ist, wir konstruieren ein Selbst, eine Person, die Bedeutung dadurch erhält, dass sie sich über Voraussagbarkeit, Verbundenheit und Separation definiert. *»Denn wenn wir der Welt keine Bedeutung zumessen würden, wären wir verloren.«* (Baker Roshi) Es ist eine Sichtweise mit der impliziten Tendenz, die Welt als dauerhaft und beständig zu betrachten. Aus

19 Wie wir dieses Selbst herstellen, haben wir im Kapitel »Über das Selbst« ausführlich dargestellt.

der Sicht des Buddhismus allerdings ist diese bedeutungsvolle und voraussagbare bzw. vorhersehbare Welt eine grundlegende Täuschung.

Zusammenfassend wollen wir über das Bewusstsein Folgendes festhalten: Bewusstsein schafft Trennung, denn Bewusstsein ist unterscheidendes Denken, Bewusstsein hat als Aktivität Unterschiede zu sehen und diese als trennend wahrzunehmen. Im Englischen bedeutet die Silbe »con« im Wort Consciousness Trennung. Im Deutschen bedeutet Bewusstsein »deutliches Wissen von etwas; es ist ein Zustand geistiger Klarheit; Gesamtheit der psychischen Vorgänge, durch die sich der Mensch der Außenwelt und seiner selbst bewusst wird« (Duden 2001, S. 93). Auch hier wird noch einmal deutlich, dass Bewusstsein eine Trennung herstellt: die Trennung zwischen der Person und der Außenwelt, dabei entwickeln wir Selbstbewusstsein immer in Abgrenzung *zu* etwas.

Der Geist der Weisheit dagegen sieht einfach nur Veränderung, Veränderung von Augenblick zu Augenblick, von Moment zu Moment. Aber unser Geist selber ist ebenfalls in ständiger Veränderung, wir sehen die Dinge und die Welt, wie sie sich ständig verändern, und wir sehen unseren sich ständig verändernden Geist. Hier können wir beginnen, jeden Augenblick als einen einzigartigen zu erfahren, wir sehen Einzigartigkeit anstelle von Trennung. Bewusstsein kann diese Einzigartigkeit nicht wirklich wahrnehmen, Bewusstsein kann intellektuell und logisch über diese Einzigartigkeit wissen und verrichtet seine Arbeit auf den Ebenen des Erinnerns, der Sprache und durch das Selbst. Das Resultat ist, dass das meiste unseres Wissens in diesen Kategorien abgelegt ist. Aber nicht alle unsere Erfahrungen können durch Sprache und Erinnern bewusst gekannt werden: Wenn uns etwas Einzigartiges passiert, ist es möglicherweise in keiner dieser Kategorien erfahrbar, denn Einzigartigkeit ist nicht im Erinnern verwurzelt, sondern in diesem Augenblick. Hier ist Erfahrung möglich, die ganz neu ist und für die es (noch) keine Sprache gibt.

Was nun ist »Wissen«, das nicht in den Kategorien von Bewusstsein, Sprache und Erinnern stattfindet? Wir könnten es als Gewahrsein bezeichnen. Gewahrsein als das Medium oder der Träger der Weisheit, Wissen, das nicht denkt. Ziel einer buddhistischen Praxis ist es, ein Objekt der Aufmerksamkeit als gleichzeitig im Bewusstsein und im Gewahrsein zu sehen und zu halten. Hier können wir von einem gegenseitigen Durchdringen von Gewahrsein und Bewusstsein sprechen, aus psychoanalytischer Sicht vergleichbar mit der Beschreibung von Präsenz und Reflexion.

Bewegung und Stille

Abschließen möchten wir dieses Kapitel mit einer Zen-Geschichte. Sie beschäftigt sich mit den Pausen, sie beschäftigt sich aber auch mit der Frage nach der Stille, wie wir sie verwirklichen und wie wir aus ihr heraus handeln können. Beschreiben wir eine Situation im Kloster: Ein Mönch namens Yunyan fegt, sein Dharma-Bruder Daowu kommt vorbei und kommentiert sein Tun:

»Als Yunyan gerade den Boden fegte, sagte Daowu: ›Zu geschäftig.‹ Yunyan sagte: ›Du solltest wissen, dass es da jemanden gibt, der nicht geschäftig ist.‹ Daowu sagte: ›Wenn das so ist, dann gibt es einen zweiten Mond.‹ Yunyan hielt seinen Besen hoch und sagte: ›Welcher Mond ist das?‹« (BOS 1990, Seite 91, Übersetzung G. W.)

Wer ist dieser Nicht-Geschäftige? Ist er immer da? Ist er so etwas wie eine innewohnende Natur? Etwas, das wir vielleicht Buddha-Natur nennen können? Oder ist es etwas, das wir entwickeln können? Können wir etwas für diesen Nicht-Geschäftigen tun? Oder müssen wir es gar nicht entwickeln und wir sitzen einfach da und warten, bis ›es‹ sich entwickelt?

Warum ist es eigentlich so schwer, den Nicht-Geschäftigen in den Lebensmittelpunkt zu rücken? Diese beiden Bewegungen von Aktivität und Stille bezeichnet Richard Baker Roshi als »gleichzeitige oder dynamische Stille«. Es ist nun nicht so, dass wir einmal aktiv sind und ein anderes Mal still. Um im Bild der Geschichte zu bleiben: Es existieren keine zwei Monde, die beiden Wahrheiten existieren gleichzeitig, wir sind gleichzeitige Stille und Aktivität, unser Geist ist gleichzeitig aktiv und still. Dies allerdings gilt es zu verwirklichen.

»Ihr guten Leute, während ihr esst, Tee kocht, näht und fegt, solltet ihr den, der nicht geschäftig ist, erkennen – dann werdet ihr die Vereinigung von weltlicher Realität und erleuchteter Realität verwirklichen; … auf natürliche Weise keine Zeit verschwenden.« (BOS 1990, S. 91, Übersetzung G. W.)

Hier ist es hilfreich, uns eine interessante Tendenz des Geistes näher zu betrachten: die Tendenz des Geistes, immer wieder zur Ruhe zurückkehren zu wollen. Das Bild des Meeres macht dies vielleicht deutlich: An der Oberfläche ist das Meer bewegt und formt Wellen, wir können dies als Aktivität des Meeres bezeichnen. Auf der anderen Seite hat das Meer aber die Tendenz, diese Wellen nach unten zu ziehen, sie sozusagen in die Stille oder Nicht-Bewegtheit zu ziehen. Genauso ist es mit dem Geist: Auch unser Geist versucht immer wieder zur Stille zurückzukehren. Wenn wir diese dem Geist innewohnende Tendenz verwirklichen, wird jede unserer Aktivitäten nährend sein, Stille und Bewegung werden zu *einer* Aktivität. Wir können das Bild eines Flusses nehmen, der an seiner Oberfläche bewegt ist, in seiner Tiefe fließt er dagegen gemächlich, langsam und gleichmäßig. Der Fluss fließt langsam *und* schnell, ist viel und wenig bewegt, alles zur gleichen Zeit, und interessanterweise ist es das »gleiche« Wasser. Wenn wir hier eine Analogie zum Geist wagen wollen, so könnten wir sagen, alle Formen des Geistes sind aus dem gleichen »Stoff«.

Geist und Bewusstsein

Schwerpunktmäßig haben wir in diesem Kapitel den Geist und das Bewusstsein über ihre Funktionen beschrieben. Denn: Beide *sind* ihre jeweilige Funktion.

Das Bewusstsein entsteht durch seine Tätigkeit; dabei ist Bewusstsein immer Bewusstsein *von* etwas, Bewusstsein existiert nur in *Beziehung* zu einem Phänomen. Bewusstsein ist mit einem Wort setzendes Bewusstsein *von* der Welt. Ebenso der Geist, auch er manifestiert sich durch seine Tätigkeiten, dabei ist er (ununterbrochen) erfassend und sich dadurch immer herstellend. Der Geist richtet seine Aktivitäten auf die durch die fünf Sinne erscheinenden Objekte und (als sechstem Sinn) auf seine eigenen Geistesaktivitäten[20]. In diesem Prozess wird er Objektbesitzer, indem er unter Mithilfe der Sinnesorgane und des Geistes Objekte erfasst. Die Existenz der Phänomene wird somit durch uns hergestellt, indem sie dem Geist erscheinen und durch ihn benannt und festgestellt werden. Entscheidend ist, so hatten wir in Kapitel »Über

20 Siehe hierzu auch Kapitel »Praxis des Zen – Grundlagen der Praxis«. Im Speziellen unsere Ausführungen zu den vier Bereichen der Achtsamkeit.

das Selbst« gesagt, einen ungetäuschten Geist herzustellen, der die Dinge so wahrnimmt, wie sie wirklich sind. Wir hatten dies den »Gültigen Geist« genannt, ein Geist, der anfänglich neu ist, ein Geist, der nur im ersten Moment des Erkennens gültig ist. Dies fällt in den Bereich des ersten Skandhas: *Diese unmittelbare und direkte Wahrnehmung tritt auf, unmittelbar nach einer direkten Sinneswahrnehmung und unmittelbar vor einer Vorstellung (im dritten Skandha). Es ist ein äußerst kurzer Augenblick. Wir erhaschen einen flüchtigen Blick auf das Objekt, noch bevor die Vorstellung darauf reagiert. Es findet also keine konzeptuelle Reaktion auf das Objekt statt. Dies ist direkter Kontakt.* Voraussetzung für diese direkte, unmittelbare Wahrnehmung ist ein Geist, der aufnehmend ist und *nicht* diskursiv, ein vorstellungsfreier Geist. Nur ein solcher Geist kann ein Objekt direkt und unmittelbar erfassen und direkt und unmittelbar erfahren. Es ist kein projiziertes geistiges Bild, es ist unmittelbare Wahrnehmung: Wir erleben die Welt für einen kurzen Augenblick als ungetäuschte, wir sind in unmittelbarem Kontakt. Wir können diesen Geisteszustand beschreiben als einen, in dem noch keine oder nur wenig Geistesaktivität stattfindet. Wir hatten dies als Gewahrsein beschrieben: ein räumliches, mehrdimensionales Gewahrsein, das sowohl den äußeren Raum als auch den inneren, leiblichen Raum einschließt. Wir können es auch beschreiben als ein Geistfeld, geprägt von einem starken *körperlichen* Gefühl. Hier ist der Geist noch relativ unstrukturiert, seine Unstrukturiertheit ist sozusagen seine »Natur«. Daher ist seine Verbindung zum Körper sehr viel stärker spürbar, eine Verbindung, die zwar immer besteht, denn jede geistige Aktivität hat auch immer einen körperlichen Aspekt und umgekehrt, aber gerade auf der Ebene des ersten Kontaktes (im ersten Skandha) dürfen wir den Körper als Wahrnehmungsorgan mit all seinen Sinnen nicht unterschätzen. Er spielt gerade im ersten Moment eines Kontaktes eine sehr große Rolle.

Psychoanalytischer Kommentar

Betrachtet man diese Ausführungen über Bewusstsein und Geist aus psychoanalytischer Perspektive, so werden sie für viele psychoanalytisch orientierte Leser sicherlich als eher fremd und schwer verständlich erscheinen. Zum einen ist Geist im Sinne des hier verstandenen

»Großen Geistes« praktisch ohne ein Pendant in der Psychoanalyse, und zum anderen wird wieder einmal deutlich, dass das Phänomen des Bewusstseins in der Psychoanalyse eher vernachlässigt, wenn nicht sogar entwertet ist. Dies wird leichter verständlich, wenn man noch einmal an Freuds wenig gelesene Arbeit aus dem Nachlass erinnert: »Some elementary lessons in psycho-analysis« (S. Freud 1940, GW XVII, S. 141 – 147). In dieser Arbeit erinnert Freud daran, warum die Wissenschaft der Psychoanalyse dem gewohnten Denken fremdartig erscheinen müsse und herrschenden Ansichten gründlich widerspräche: Es ist die Natur des Psychischen, die die Psychoanalyse zu einer besonderen Psychologie, nämlich zu einer »Tiefenpsychologie«, werden lasse, und dies ist natürlich das Phänomen des Unbewussten. Freud fragt, was denn das Wesen des Psychischen – also Wahrnehmungen, Vorstellungen, Erinnerungen, Gefühle, Willensakte im Sinne von Inhalten – sei, und sagt, dass dies nicht leicht zu beantworten sei. Allerdings meint er, dass der sogenannte gesunde Menschenverstand – und jeder Mensch sei so etwas wie ein Amateurpsychologe – davon ausgehe, dass der gemeinsame Charakter des Psychischen in der Bewusstheit liege: Alles Bewusste sei psychisch, auch alles Psychische bewusst. Es kommt also zu einer Gleichstellung von Seelischem und Bewusstheit. Freud beklagt hier sogleich den impliziten Dualismus, der ja damit das Bewusstsein der ganzen übrigen Welt gegenüberstellt, eben auch den Körper, der allerdings eine Voraussetzung für eben dieses Psychische ist. An diesem Punkt setzt nun die psychoanalytische Grundannahme an, dass nämlich die Bewusstheit nicht das Wesen des Psychischen sei, sondern nur eine Qualität desselben. *»Das Psychische an sich, was immer seine Natur sein mag, ist unbewusst, wahrscheinlich von ähnlicher Art wie alle anderen Vorgänge in der Natur, von denen wir Kenntnis haben.«* (Freud 1940, S. 144) Bewusstheit sei eine inkonstante Qualität des Seelischen. Als Beleg für diese zentrale psychoanalytische Annahme nennt Freud drei Beispiele: das des Auftauchens von Gedanken oder Einfällen, ohne dass man ihre Vorbereitung kennt, die Fehlleistungen wie Versprecher und die posthypnotische Suggestion (wenn also der Hypnotisierte den Befehlen des Hypnotiseurs nach dem Aufwachen folgt, ohne die wirkliche Motivation angeben zu können). Daraus schließt Freud, dass das Bewusstsein nur eine inkonstante Qualität des Psychischen sei. Freud hält dies im Übrigen nicht nur für eine Definitionsfrage, sondern tritt hier für die Einheit des Seelenlebens ein, das eben gerade auch die Körperlichkeit mit einschließt: Wie wir an späterer Stelle noch ausführen, postuliert Freud im Übrigen zwei Wahrnehmungsflächen des Bewusstseins, nämlich die eine nach außen (die Wahrnehmung der äußeren Welt) und eine nach innen (die Wahrnehmung der inneren Welt). Zum Schluss betont Freud in diesem kurzen Aufsatz, der Fragment geblieben ist, dass die Psychoanalyse in diesem Bereich des Unbewussten einige Gesetze beschrieben hat, die in ihm herrschen, dass aber die Qualität der Bewusstheit nicht ihre Bedeutung verloren habe: »*Sie bleibt das einzige Licht, das uns im Dunkel des Seelenlebens leuchtet und leitet. Infolge der besonderen Natur unserer Erkenntnis wird unsere wissenschaftliche Arbeit in der Psychologie darin bestehen, unbewusste Vorgänge in bewusste zu übersetzen, solcherart die Lücken in der bewussten Wahrnehmung auszufüllen.*« (Freud 1940, S. 147) Die entscheidende psychoanalytische »Arbeit« wird also als eine Übersetzungsarbeit angesehen.

Diese zentrale Annahme der Psychoanalyse lässt sich am Beispiel der Traumtheorie noch einmal kurz konkretisieren. Man kann den Traum als ein Bewusstseinsphänomen während des Schlafens bezeichnen, der nach dem Aufwachen manchmal erinnert und erzählt werden kann. Daher auch die Unterscheidung von geträumtem, erinnertem und erzähltem Traum (Moser und v. Zeppelin 1996). Der erinnerte Traum erscheint oft unzusammenhängend und unverständlich, gewinnt aber dann eine Bedeutung, wenn die Lücken des Verstehens durch die Methode der freien Assoziation gefüllt werden können. Dies rechtfertigt die Annahme von »latenten Traumgedanken« als unbewusste Gedanken, die dem Unverständlichen des »manifesten Traums« eine Bedeutung und einen Sinn verleihen. Wie im Kapitel über das Selbst ausgeführt, ist dies die Logik der freien Assoziation, die es ermöglicht, entsprechend dem Verstehen eines unverständlichen Traumes das »unbewusste Selbst«, wie es sich in seinen Wahrnehmungen, seinem Denken und seinem Handeln im alltäglichen Leben manifestiert, zu verstehen. Es bleibt die zentrale Annahme, dass die Phänomene im Bewusstsein (die sich als Inhalte in Form von Wünschen, Gedanken, Fantasien, Erinnerungen, Absichten etc. zeigen) Ausdruck eines unbewussten Geschehens sind, das überwiegend unerkannt und nur begrenzt erkennbar ist und seine Wurzeln in der Körperlichkeit hat.

In der psychoanalytischen Arbeit geht man danach also von der bewussten Oberfläche der seelischen Phänomene (dem Erleben und Handeln) aus und forscht anhand der auftretenden Lücken, Widersprüche und dem Nicht-Verstehen nach Zusammenhängen oder Verbindungen, die auf die unbewusste Wirklichkeit zielen. So wird etwa ein unverständlicher oder verworrener Traum dann verständlicher, wenn er in Verbindung gebracht wird mit den aktuellen oder biografischen Erfahrungen des Träumers und diese wiederum mit seiner gegenwärtigen psychischen Verfasstheit im Sinne seiner Wünsche, Ängste, Absichten und Gedanken verbunden werden. Etwas Vergleichbares lässt sich für unverständliche oder irrationale Phänomene wie seelische Symptome (Ängste, Phobien, Depressionen, Zwangsphänomene) und auffälliges Verhalten (Beziehungsmuster, anti-soziales Verhalten, Sucht etc.) nachweisen. Im Zusammenhang mit der Beschreibung von Geist und Bewusstsein aus der Sicht des Zen kann man festhalten, dass es im psychoanalytischen Ansatz erst einmal um die Inhalte des Bewusstseins geht, wie es ja Freud in dem eben erwähnten Zitat auch nahelegt: Die Lücke im Bewusstseins-Zusammenhang wird mit einem Inhalt (etwa einer Fantasie, einer Erinnerung, einem Wunsch) gefüllt. Es geht gerade nicht darum, die Lücken oder auch Pausen zu verlängern oder zu vergrößern, sondern sie zu schließen. Allerdings werden wir später noch einmal darauf zurückkommen, dass wir in der psychoanalytischen Arbeit heute auch klarer zwischen Inhalt und Prozess unterscheiden (siehe auch das Kapitel »Gelingen und Scheitern«), wobei es allerdings hier um die Inhalte des Gesprochenen und des interaktionellen Geschehens in der analytisch-therapeutischen Beziehung geht (um welche Inhalte geht es und wie werden sie präsentiert). Die genauere Untersuchung des Bewusstseins (die Formen und seine Funktionen) spielen in der psychoanalytischen Diskussion als Ausgangspunkt eine wichtige Rolle, aber nicht als Fokus der Untersuchung selbst, da dieses ja »nur« ein kleiner Lichtstrahl aus dem großen Bereich des Unbewussten ist: Dieses gilt es durch das analytische Verfahren zu erhellen und zu beleuchten.

Die Phänomene des Geistes, des Bewusstseins und des Gewahrseins »emergieren« gleichsam im Kontakt mit der Umwelt: Die meditative Praxis fokussiert auf diesen Prozess selbst, während in der analytischen Praxis dies als Oberflächenphänomen betrachtet wird, das einen Zugang zum Unbewussten ermöglicht. Wie später noch etwas ausführlicher dargestellt wird (siehe auch »Über die psychische Arbeit des analytischen Paares«), gibt es verschiedene Betrachtungsweisen des Unbewussten, auf die wir hier nur ganz kursorisch hinweisen möchten. Die gröbste Unterscheidung bezieht sich auf die Beschreibung des Unbewussten als Negativität. Alles außerhalb des Bewusstseins ist danach deskriptiv als unbewusst zu bezeichnen. Freud selbst unterschied zwischen dem Vorbewussten und dem Unbewussten: Das Vorbewusste ist potenziell bewusstseinsfähig und kann relativ leicht ins Bewusstsein gehoben werden, während das Unbewusste als das »Verdrängte« – Freud sprach auch vom »dynamischen Unbewussten« – nur unter besonderen Umständen bewusst werden kann, weil es sich dabei um abgewehrte Triebwünsche und ängstigende Konflikte handelt, die mit einer aktiven Kraft (der Zensur, des Über-Ichs) vom Bewusstwerden zurückgehalten werden. Gerade in diesem Sinne wird das Unbewusste oft mit Psychopathologie und mit Leiden in Verbindung gebracht. Die Neurose als seelische Krankheit ist danach Ausdruck von verdrängten seelischen Kräften, ihre Heilung mit einem Prozess der Aufdeckung des Unbewussten verbunden. Deutlicher sehen wir heute aber auch die Funktionen eines präreflexiven oder auch prozeduralen Unbewussten, das keineswegs auf Verdrängung beruht, sondern automatisierte Funktionen umfasst. Dazu gehört sicherlich auch das implizite Beziehungswissen, das in früher Kindheit erworben und in aktuellen Beziehungen immer wieder aktiviert wird (Stern et al. 2002). Andere Autoren wie etwa E. Fromm haben sehr viel mehr auch die Weisheit des Unbewussten betont, die sich nicht nur in der Kreativität des Menschen, sondern auch in seinem Erkennen der Wahrheit und Wirklichkeit zeigt (etwa auch als Form von unbewussten Wissens und unbewusster Wahrnehmung).

Eines der wesentlichen Postulate ist nun, dass nach psychoanalytischer Auffassung auch von einer Struktur unbewusster Prozesse gesprochen werden kann. Interessant ist in diesem Zusammenhang die Unterscheidung zwischen dem sogenannten Primär- und dem Sekundärprozess, wobei der Primärprozess als die Art und Weise verstanden wird, wie die unbewussten Prozesse »funktionieren« – als eine Art primitive psychische Funktionsweise, während der Sekundärprozess als eine Beschreibung der Funktionsweise des Bewusstseins aufgefasst wird. Von besonderem Interesse erscheint hier die Arbeit von Matte-Blanco, der folgende Dynamiken zwischen Bewusstsein und Unbewusstem beschrieben hat (siehe auch die Arbeiten von K. Fink 1989): Das Bewusstsein folgt einer asymmetrischen Logik, der Kausalität, einer Raum-Zeit-Dimension, der Realitätsprüfung, unterscheidet zwischen Teil und Ganzem, erkennt Widersprüche und folgt also insgesamt einem »trennenden Modus«. Auch gestattet das Bewusstsein die Unterscheidung von innen und außen und die Chronologie der Zeiterfahrung in Vergangenheit, Gegenwart und Zukunft. Hier wird eine große Ähnlichkeit mit der Zen-Sicht und Zen-Erfahrung deutlich. Die unbewussten Prozesse dagegen folgen einer symmetrischen Logik, der Zeitlosigkeit und der A-Kausalität; insbesondere wird die Generalisierung (Teil und Ganzes werden miteinander identifiziert) und eben das Prinzip der Symmetrie (a = b) erwähnt. Hier könnte man auch von einem »nicht trennenden Modus« sprechen. Matte-Blanco hat das Konzept der Bi-Logik entwickelt, indem er davon ausgeht, dass in jedem erlebten Moment eine symmetrisch-asymmetrische bi-logische Struktur entsteht, wobei man offenbar von einer Balance zwischen diesen beiden Funktionsweisen des Primär- und Sekundärprozesses ausgeht: Unbewusste Prozesse können sich nur über bewusste Prozesse manifestieren, und für eine vitale symmetrisch-asymmetrische Bi-Logik geht man davon aus, dass die unbewussten Prozesse durch die bewussten Vorgänge moduliert werden. K. Fink hat diese Zusammenhänge am Beispiel von gestörtem Zeitempfinden bei manchen Patienten beschrieben. Dies zeigt sich etwa dann, wenn diese Patienten in einer Art Zeitlosigkeit leben, also ihr unbewusstes Erleben der Zeitlosigkeit nicht durch bewusste Prozesse des Zeitvergehens (Vergangenheit und Zukunft) moduliert wird. Er spricht in diesem Fall mit Matte-Blanco von einer avitalen symmetrisch-asymmetrischen Bi-Logik. In der klinischen Arbeit wird sehr deutlich, dass ein solches Konzept wie das der Bi-Logik ausgesprochen hilfreich ist, da es bestimmte klinische Phänomene klarer zu erfassen hilft: Es spiegelt die Betonung der Wichtigkeit unbewusster Prozesse, die im Kern als »primitive«, psychische Funktionen aufgefasst werden (etwa wie die latenten Traumgedanken, die durch Verschiebung und Verdichtung zum manifesten Traum umgearbeitet werden, der dann bewusstseinsfähig wird). Dieser Auffassung liegt eine Annahme zugrunde, nach der es eine Transformation psychischer Prozesse gibt, die sich von ganz unreifen, primitiven Formen zu reifen Formen entwickeln, was einer Transformation von unbewusstem in bewusstes Denken entspricht. Dies bedeutet aber auch, dass in jedem gegebenen Lebensmoment unbewusste und bewusste Prozesse in einem permanenten Wechselspiel sind, Unbewusstes also ständig präsent und wirksam ist. Am klarsten hat Ferro diese Vorstellung auf dem Boden der Theorien von Bion ausgearbeitet. Danach führt jeder momentane Kontakt mit der Wirklichkeit zu emotionalen Erfahrungen, die immer auch aus primitiven, unstrukturierten emotionalen Elementen bestehen, die in einem komplizierten und nur teilweise beschreibbaren Prozess in mentale Produkte wie Bilder und Vorstellungen umgewandelt werden. Ein Teil dieser Bilder (von Ferro auch als Piktogramme bezeichnet) wird bewusst und als Geschichten (narrative Derivate) repräsentiert und kann dann auch der Verdrängung anheimfallen (Ferro 2002). Daher geht man heute von einem ständigen, oszillierenden Prozess zwischen Bewusstwerdung und Unbewusst-werden aus. Bion hat diese Vorgänge als die Fähigkeit zum Träumen in einem erweiterten Sinne aufgefasst, und Ogden hat als Ziel der psychoanalytischen Arbeit die verloren gegangene oder nie erreichte Fähigkeit zum Träumen in diesem erweiterten Sinne formuliert (T. Ogden 2004).

Diese Konzeption gibt es im Zen offenbar nicht. Es geht ja gerade nicht darum, das Denken zu transformieren, sondern ein Gewahrsein zu entwickeln, das gleichsam »vor« dem Denken situiert ist. Daher ist auch nachvollziehbar, dass der Begriff des »Unbewussten« im Zen keine wesentliche Rolle spielt, auch wenn er gelegentlich im Text von Suzuki auftaucht; Baker-Roshi spricht eher von »Nicht-Bewusstem«. Bei den Überlegungen zu einer Metapsychologie der meditativen Erfahrung könnte man jedoch postulieren, dass natürlich auch beim Zazen diese beschriebenen unbewussten Prozesse – seien diese mehr im Sinne des dynamischen Unbewussten oder im Sinne des emotionalen Unbewussten – wirksam sind, auch wenn sie nicht in den Fokus der Untersuchung treten. Eine wichtige Frage wird auch immer wieder sein, inwieweit diese Prozesse der Transformation stumm ablaufen und welche Rolle ihre Bewusstwerdung sowohl im Zazen als auch in der psychoanalytischen Praxis wirklich spielt. Es könnte sein, dass die Einstellung beim Praktizierenden oder beim Analysanden zu unbewussten Vorgängen (hier jetzt in diesem teilweise sehr weit gefassten Sinne) eine wichtige

Rolle spielt: Vertrauen und Zuversicht könnten hier einen wichtigen Stellenwert bekommen.

Sind nun diese Überlegungen im Zen zu Geist und Bewusstsein und in der Psychoanalyse zum Unbewussten überhaupt in einer sinnvollen Beziehung verbunden? Dazu hier nur einige Anmerkungen, die in weiteren Kapiteln noch einmal aufgegriffen werden. Die Praxis des Zazen führt zu einer stärkeren Fokussierung auf die Struktur und die Funktion des Bewusstseins, die auch für die Praxis des Psychoanalytikers hilfreich sein kann, geht er doch in jedem Fall zuerst einmal von der bewussten Oberfläche des Geschehens in der analytischen Situation aus. Aber auch die erlebte Unterscheidung zwischen Geist und Bewusstsein könnte eine Haltung unterstützen, in der eine Oszillation zwischen einer Inhaltsorientierung und einer Prozessorientierung ermöglicht wird. Unvermeidlich wird im Zazen auch das dynamische Unbewusste aktiviert, da auch Zazen – ähnlich wie die analytische Situation, wenn auch in einem anderen Sinne – eine Versuchungs- und Versagenssituation ist: als Versuchung, sich den eigenen Wünschen, Erinnerungen und Fantasien zu überlassen, als Versagung, mit den aufkommenden unbehaglichen Gefühlen (Einsamkeit, Verlassenheit, Schmerzen) fertig werden zu müssen. Die Wirksamkeit von Zazen könnte vor allem aber auch darin liegen, dass ein wichtiger Schritt in der »Theorie des Geistes« möglich ist: Diese beschreibt bestimmte Charakteristika des Mentalen, das in der Entwicklung nicht einfach vorgegeben ist, sondern erst erworben werden muss. Für ein gelingendes Leben in der Wirklichkeit ist diese »Mentalisierung« – die Fähigkeit, Mentales in Form von Gedanken, Wünschen, Absichten bei sich selbst und anderen als Mentales zu erkennen und nicht mit der sogenannten objektiven Wirklichkeit zu verwechseln – von größter Bedeutung.

Auf dieser Grundlage erachten wir es hier für wichtig, noch einmal auf den Prozess der Täuschung einzugehen, der im Zen und in der psychoanalytischen Arbeit ja eine so zentrale Rolle spielt. Wenn wir von Täuschung sprechen, haben wir es mit unterschiedlichen Ebenen zu tun. Im Zen geht es um die Entwicklung einer yogischen Wahrnehmung, einer Wahrnehmung der Leerheit oder eines non-dualen Bewusstseinszustandes, in der die grundlegende Wirklichkeit – ihre Vergänglichkeit und Leidhaftigkeit – nicht nur intellektuell nachvollzogen, sondern als Lebenspraxis realisiert wird, etwa im Sinne des Erlebens und Handelns aus dem »Anfänger-Geist«. Die Täuschungen aus der psychoanalytischen Sicht liegen auf einer anderen Ebene. Hier geht es um die vielen Abwehrprozesse, die das Subjekt daran hindern, sein »unbewusstes Selbst« so wahrzunehmen, wie es sich gerade entwickelt und manifestiert.

Vieles von dem, was die Psychoanalyse postuliert, ist aus der Sicht des Zen möglicherweise eine Täuschung, gemessen am »gültigen Geist«. Es ist die »direkte Wahrnehmung«, die aus der Sicht des Zen der Maßstab ist, an dem die Wahrnehmungsprozesse und die Bewusstseinsprozesse »gemessen« werden. Generell müsste man die Frage nach Täuschung bezüglich der Psychoanalyse noch einmal auf einer tieferen Ebene stellen. Könnte es sein, dass Konzepte von Selbst, Unbewusstem und Bewusstsein, aber auch die Bewusstmachung unbewusster Prozesse selber möglicherweise von Täuschungen durchzogen sind, deren tiefere Ursprünge wir im Kapitel über das Selbst deutlich gemacht haben? So betrachtet haben wir es hier mit zwei Ansätzen zu tun, die sich zwar beide in »einer Realität« bewegen, deren Schwerpunkte jedoch am jeweils anderen Pol unserer Realität angesiedelt sind: Die Psychoanalyse orientiert sich am Relativen, Zen am Absoluten.

3.4 Über das Leiden

Grundstimmungen

Bevor wir uns näher mit dem Leiden aus buddhistischer Sicht beschäftigen, einige Anmerkungen zu dem, was Rolf Elberfeld »Grundstimmungen« nennt. Er bringt die Frage auf, was denn die Grundstimmung sei, mit der wir die Welt erschließen[21]. Für Platon, aber mehr noch für Aristoteles, war die Grundstimmung ihrer philosophischen Tätigkeiten die des »Staunens« oder die der »Verwunderung«. Verwunderung ist die Unterbrechung der jeweiligen Tätigkeit, ein Zurücktreten, ein Sichdistanzieren in die Rolle des Beobachters, der mehr über das Geschehene wissen will. Für Platon war die Verwunderung die Grundlage für ein zu veränderndes Leben, für Aristoteles war es erst auf der Grundlage eines Lebens ohne Mangel möglich, die Muße für die Tätigkeit des Philosophierens aufzubringen, in der es um keinen Nutzen geht, »sondern allein um den natürlichen Drang, *wissen zu wollen*«.

Für Platon ging das philosophische Wissen einher mit einer »›Umwandlung der Seele‹, als dem Akt der Befreiung aus der Endlichkeit«. Bei Aristoteles »führt philosophisches Wissen als ›betrachtende Tätigkeit‹ nicht heraus aus dieser Welt, sondern bringt vielmehr ›Glückseligkeit‹ *in* diese Welt« (zitiert nach Elberfeld 2004, S. 63).

Die Grundstimmung einer buddhistischen Erschließung der Welt dagegen können wir als eine der ›leidenden Trauer‹ beschreiben. Grundlage für diese Stimmung ist die erste edle Wahrheit vom Leiden. Es ist die Trauer über die Endlichkeit allen Daseins. Die Verwunderung bei Platon und Aristoteles führt über den Wunsch, mehr über diese Welt wissen zu wollen, zu dem größeren Wunsch, das Ganze schauen zu wollen. Die leidende Trauer dagegen berührt die Frage nach den Ursachen der Vergänglichkeit und nach Auflösung dieser scheinbaren Grundgesetzmäßigkeiten. Durch die Distanzierung, die durch Verwunderung entsteht, ist es einfacher, die zu untersuchende Sache als von uns getrennt zu sehen, während durch die leidende Trauer die Situation

---

21 Die folgenden Anmerkungen lehnen sich an Rolf Elberfelds Ausführungen in seinem Buch »Phänomenologie der Zeit im Buddhismus« an (Elberfeld 2004).

direkt auf uns zurückweist und somit unsere Vergänglichkeit und unser Tod offensichtlich werden.

Es ist das Erkennen der Wahrheit darüber, dass alles der Zeit unterworfen ist und damit der Vergänglichkeit. Dabei erkennen wir, dass eine der Grundlagen für das Leiden die Überzeugung ist, wir hätten ein festes Selbst oder Ich als Ausgangsbasis all unserer Aktivitäten. Der Alltag selbst konfrontiert uns aber immer wieder auch mit der Endlichkeit und Vergänglichkeit gerade dieses Selbst (Elberfeld 2004, S. 66 – 68).

Metaphysische Fragen dagegen führen dem Buddha zufolge »nicht hin zum Gleichmut, zur Leidenschaftslosigkeit, zur Ausrottung (des Daseinsdurstes), zum Frieden, *zur rechten Einsicht* (vidya), zum Erwachen, zum Nirvāna. Daher ist dies von mir *nicht* mitgeteilt worden« (Elberfeld 2004, S. 69). So betrachtet kann aus der Sicht des Buddhismus ein großer Teil der Philosophie Europas nicht als Tätigkeit einer wie auch immer gearteten Befreiung angesehen werden, sondern als weitere bloße Tätigkeit im Leidenskreislauf. Die buddhistische Philosophie hat dagegen einen radikal praktischen und weltbezogenen Ansatz, der auch in der frühen griechischen Philosophie vorhanden war, in Europa aber nur wenig entwickelt wurde. Hier wurden (und werden) solche Fragen vielmehr für die menschliche Vernunft als unlösbar oder sinnlos betrachtet (Elberfeld 2004, S. 70). Die grundlegende Einsicht im Buddhismus ist die Erfahrung, dass Vergänglichkeit nur inmitten der Vergänglichkeit realisiert werden kann, und dies ist die Aufhebung des Leidens. *»Somit ist die leidende Trauer nicht mehr leidend traurig, sondern vielmehr traurigfroh.«* (Elberfeld 2004, S. 80)

Die Vier Edlen Wahrheiten

Die buddhistische Praxis und Theorie beginnt mit vier grundlegenden Einsichten des Buddha. Er nannte sie die »Vier Edlen Wahrheiten«. Ihre Kernaussagen sind:

1. Die Wahrheit vom Leiden
   Alles Dasein ist leidvoll und unbefriedigend:
   Wir leiden an Geburt, Krankheit und Tod.
   Wir sind vereint mit dem, was wir nicht lieben.
   Wir sind getrennt von dem, was wir lieben.

Wir bekommen, was wir begehren, nicht.
Wir leiden an unserer »Persönlichkeit«[22]

2. Die Wahrheit von der Entstehung des Leidens
   Die Ursache des Leidens ist unser Begehren. Unser »Durst« nach Sinneslust, nach Werden und Vergehen. Es ist dieses Begehren, das uns an den Daseinskreislauf bindet.
3. Die Wahrheit von der Aufhebung des Leidens
   Durch restloses Aufheben des Begehrens können wir unserem Leiden ein Ende setzen.
4. Die Wahrheit vom Weg, der zur Aufhebung des Leidens führt
   Der Achtfache Pfad ist das Mittel zur Aufhebung unseres Leidens[23].

Leiden ist ein grundsätzlicher Bestandteil unseres Lebens, eine Grunderfahrung.

Da es ein tiefer menschlicher Wunsch ist, dieses Leiden aufzuheben, stehen seine Aufhebung und seine Verwandlung in Glück im Zentrum der buddhistischen Praxis. Leiden als grundsätzlicher Bestandteil unseres Lebens ist eine Tatsache, die wir anerkennen müssen, um überhaupt mit diesem Problem arbeiten zu können; würden wir es leugnen, würde das Leugnen selber schon Leiden hervorbringen. Leidenserfahrungen sind für viele Menschen *der* Einstieg in einen Prozess der Veränderungen. Dabei beginnen wir zu erkennen, dass ein großer Teil unseres Leidens von uns selbst hergestellt ist; und nicht nur das, grundlegende Formen des Leidens werden von uns immer wieder aufs Neue hergestellt, in jedem Augenblick. Dies wollen wir im Folgenden näher betrachten.

Aus buddhistischer Sicht können wir Leiden in zwei Kategorien einteilen: Leiden, welches nicht zu vermeiden ist, und existenzielles Leiden, Leiden an unserer Existenz, das wir auch als mentales Leiden bezeichnen können. Wir leiden als Geistes-Wesen, als Wesen, die Bewusstsein und Selbstbewusstsein haben und deren Leben sehr stark

---

22 In der ersten der Vier Edlen Wahrheiten heißt es: »Geburt ist Leiden, Altern ist Leiden, Krankheit ist Leiden, Sterben ist Leiden, Kummer, Jammer, Schmerz, Trübsal und Verzweiflung sind Leiden; das Nicht-Erlangen dessen, was man begehrt, ist Leiden; kurz gesagt: die fünf mit Anhaften verbundenen Gruppen des Daseins sind Leiden.« (Buddh. Lexikon 1986, Duhkha, S. 101)

23 Siehe hierzu auch S. 62.
Siehe auch: Buddh. Lexikon 1986: Vier Edle Wahrheiten, S. 403.

geprägt ist durch geistige Aktivitäten. Der menschliche Leidensprozess beginnt mit unserer Geburt; mit diesem In-die-Welt-Treten beginnt ein Prozess des Leidens, der nicht zu vermeiden ist: Von der Geburt bis hin zum Tod durchlaufen wir einen Prozess der permanenten Veränderung, dessen Leidensseiten geprägt sind durch Krankheit und Alter. Mit dem Lebensprozess einher geht eine andauernde Auflösung, ein andauernder Zerfall und Wandel der körperlichen, mentalen und psychischen Elemente oder Aggregate des Daseins.

Dieses nicht zu vermeidende Leiden (Pali: Duhkha) können wir unter zwei grundlegenden Aspekten betrachten:

1. Leiden im Sinne von unangenehmen Empfindungen oder auch negativen Emotionen: Wir leiden, wenn wir Schmerzen haben, wir leiden, wenn wir mit Personen zusammen sind, mit denen wir nicht zusammen sein wollen, wir leiden, wenn wir von Personen getrennt sind, mit denen wir gerne zusammen wären. Natürlich leiden wir auch an dem, was wir uns als Menschen gegenseitig antun. Wir können wohl realistischerweise davon ausgehen, dass der weitaus größte Teil unseres menschlichen Leidens von uns selbst hergestellt ist, gerade im Sinne, wie Menschen andere Menschen ausbeuten, versklaven und unterdrücken.
2. Leiden im Rahmen von Bedingtem: Alles – das Materielle so wie das Immaterielle – ist einem andauernden Veränderungsprozess unterworfen. Dies ist eine der zentralen Grundlagen für die buddhistische Praxis: Veränderung ist die Grundlage unserer Existenz. Dies wirklich in seiner ganzen Tiefe zu erkennen und anzunehmen, steht im Mittelpunkt des Buddhismus, bedeutet es doch, uns in unserer Vergänglichkeit komplett anzunehmen.

Zentral also ist der Prozess des Entstehens und Vergehens als ein Prozess der permanenten Veränderung. Daher müssen wir das momentan Angenehme ebenfalls als Leiden ansehen, denn es ist ebenfalls der Vergänglichkeit unterworfen. Hier können wir erkennen, dass diese andauernde Veränderung auch unsere »Person« und unser »Selbst« (siehe hierzu Kapitel III, 3.4 »Über das Selbst«) betrifft: Es gibt nichts, das permanent wäre oder eine Art unveränderlichen Urgrundes darstellt, wie z. B. ein unverändertes Selbst oder eine sich nicht verändernde Seele, es gibt keine innewohnende innere Natur, die der Veränderung nicht unterworfen wäre. Auf dieser Ebene gibt es keine Unsterblichkeit, nichts, was schon vor der Geburt da gewesen wäre oder unseren Tod überdauert. Alles verändert sich immer[24].

In *einer* seiner grundlegenden Formen entsteht Leiden durch Anhaftung, wir haften an den angenehmen Seiten unseres Lebens, wir haften am Leben selber, wir haben den Wunsch, unsterblich zu sein, wir haften an dem Wunsch, sterben zu wollen. Es ist die Gier als eine treibende Kraft; wir wollen Dinge haben, wir wollen Personen besitzen, wir wollen viel Geld haben, wir wollen gut essen. Andauernd sind wir von Gier getrieben. Diese Anhaftung ist eine grundlegende menschliche Eigenschaft, entstehend mit unserer Geburt, sie ist nicht grundsätzlich schlecht, sie ist sogar gut, wenn das Baby mit allen Mitteln am Leben bleiben will und sich bemerkbar macht hinsichtlich dessen, was es benötigt, das Leben *beginnt* mit Anhaftung.

Wilhelm Schmid bezeichnet in seinem kleinen Buch über das »Glück« diese Form des Leidens, ausgelöst durch Gier, als eine Suche nach dem Wohlfühlglück. Aus seiner Sicht ist dieses Wohlgefühl die andauernde Suche nach Lustgewinn und Maximierung derselben, gleichzeitig aber ist sie auch ein Versuch, Leiden zu vermeiden und Schmerzen zu minimieren. Das Wohlfühlglück »hat seine Zeit, die ›gute Stunde‹ eines *bonheur,* es hält glückliche Augenblicke bereit, für die der Einzelne sich offenhalten und die er auch selbst präparieren kann; Augenblicke, die sich suchen und finden lassen und die so schön sind, dass sie ›verweilen‹ sollen« (Schmid 2007, S. 18/19). Dies kommentierend meint Schmid, sollten wir daran arbeiten, das Leben nicht mit dem Wohlfühlglück zu verwechseln. Vielmehr sollten wir uns auf die Suche nach dem »wirklichen Glück« machen.

Über die Aufhebung des Leidens

An dieser Stelle nun taucht unweigerlich die Frage auf, ob dieses oben beschriebene Leiden aufhebbar ist. In einem ersten Schritt kann Leiden aufgehoben werden durch die Aufhebung der Gier und der Anhaftung an sie. Dies hört sich einfach an, aber die wirkliche Voraussetzung für

---

24 Für ein vertieftes Verständnis über den Zusammenhang von Veränderung und »Abhängigem Entstehen« verweisen wir auf das Kapitel II, 5 »Über die Leerheit«.

die Aufhebung des Leidens sind die tiefe Einsicht und der tiefe Wunsch, unser Leiden wirklich beenden zu wollen. Dies muss hier betont werden, da der Weg, den es dann zu beschreiten gilt, mit vielen Hindernissen gepflastert ist. Dieser Weg der Aufhebung des Leidens ist der Achtfache Pfad, ein sehr praktischer Pfad, setzt er doch mitten im tagtäglichen Leben an[25].

Die bisher beschriebenen Erklärungen bezüglich des Leidens haben einen wichtigen Aspekt bezüglich der Leidensentstehung nicht berücksichtigt: den unserer Wahrnehmung. Wie weiter oben schon angedeutet, ist bei all unseren Aktivitäten unser Geist immer mit involviert. Die Wahrnehmung der Welt ist zumindest *auch* eine Herstellung der Welt. Was bedeutet dies?

Könnte es möglich sein, dass wir mit einer möglicherweise getäuschten Wahrnehmung die Grundlagen für unser mentales Leiden legen? Wir können dies zumindest nicht ausschließen. Im Folgenden wollen wir uns diesen Prozess der Wahrnehmung daher genauer ansehen und teilen ihn dabei in zwei Untersuchungsfelder auf:

- Das Feld der Fünf Skandhas, bei dem es um die Herstellung von Bewusstsein geht. Es ist der Prozess vom ersten Kontakt mit einem Objekt bis hin zur Bewusstwerdung, ein Prozess, der mit jeder Begegnung immer wieder stattfindet. Dieses Feld haben wir in Kapitel III, 3.2 »Über das Selbst« genauer untersucht.
- Das zweite Untersuchungsfeld ist das der »Acht Vijñāna«. Hier werden wir uns näher mit den Bewusstseinsfeldern auseinandersetzen und der Frage nachgehen, was es eigentlich mit dem jetzigen »Augenblick« auf sich hat.

Die Vijñāna

Die Vijñāna beschreiben und kategorisieren acht Bewusstseinsfelder menschlicher Existenz. Im Rahmen dieser Beschreibung ist es zum einen wichtig herauszuarbeiten, wie und wodurch es zum sogenannten

25 Der Achtfache Pfad ist mehr als ein Orientierungsmodell für den Alltag, es ist vielmehr eine Neuausrichtung unseres Lebens in Richtung Weisheit und Mitgefühl: 1. Rechte Sichtweise, 2. Rechte Absicht, 3. Rechte Rede, 4. Rechtes Handeln, 5. Rechter Broterwerb, 6. Rechte Bemühung, 7. Rechte Achtsamkeit, 8. Rechte Meditation.

›jetzigen Augenblick‹ kommt. Was bezeichnen wir als ›gegenwärtigen Augenblick‹, wie entsteht er, wie setzt er sich zusammen und was sind seine Charakteristika? Zum anderen halten wir es für wichtig der Frage nachzugehen, welchen Einfluss wir auf diesen Augenblick haben.

Die Vijñāna sind wie die Skandhas Modelle über die Art und Weise, wie wir unsere Welt wahrnehmen und herstellen, entstanden aus Zen-buddhistischer Meditationspraxis und tiefer meditativer Einsichten.

»Vijñāna bezeichnet die Art und das Ausmaß unseres Bewusstwerdens der Phänomene«, die sich in verschiedenen Erfahrungsströmen manifestieren. »Diese geistige Aktivität vollzieht sich auf mehreren Ebenen und in verschiedenen Formen« (de Witt 2001, S. 108). *Wichtig ist dabei festzuhalten: Vijñāna bezieht sich »ausschließlich auf das Bewusstsein des nicht erleuchteten Menschen … Kennzeichnend für diesen Menschen ist sein dualistisches, gebrochenes Bewusstsein, das er nur zum Teil kennt.«* (de Witt 2001, S. 107)

So weit die Ausgangsbasis für die nun folgenden Ausführungen. Das Wort Vijñāna bedeutet, Dinge durch ihre (Einzel-)Teile zu kennen.

Die ersten fünf Vijñāna beziehen sich auf unsere Sinne:

- Das Sehen mit dem Sehbewusstsein
- Das Hören mit dem Hörbewusstsein
- Das Riechen mit dem Riechbewusstsein
- Das Schmecken mit dem Schmeckbewusstsein
- Das Fühlen (taktiles Fühlen) mit dem Fühlbewusstsein
- Das sechste Vijñāna ist das Denken mit dem Denkbewusstsein; es wird auch Manovijñāna genannt
- Das siebte Vijñāna ist der gegenwärtige Augenblick
- Das achte Vijñāna ist das Speicherbewusstsein oder auch Ālaya Vijñāna genannt.

Wir sind als Menschen Sinneswesen mit fünf Sinnen, die wir als »Tore« zur Außenwelt beschreiben können. Der Fluss der Informationen, den wir mit den Sinnen wahrnehmen, bewegt sich dabei erst einmal in eine Richtung: von außen nach innen, und wir erhalten so Informationen von unserer Umwelt. Oder anders gesagt: Unsere Umwelt präsentiert sich uns als ein einseitiger Fluss von Informationen. Dabei können wir bei einigen Toren Einfluss nehmen darauf, ob wir überhaupt Informationen wollen oder nicht, wie z. B. beim Geschmackssinn oder bei den Augen; wir können entscheiden, ob wir etwas essen oder nicht und damit die Geschmacksnerven anregen oder nicht; wir können die Augen öffnen oder schließen und so die Informationen hereinlassen oder nicht. Bis zu dieser Stelle haben wir einen Prozess der Informationsaufnahme beschrieben, in die unser Geist (noch) nicht involviert ist. Geist tritt dann in Aktion und Erscheinung, wenn wir beginnen, die eingehenden Wahrnehmungen und Informationen der Sinnesorgane zu bearbeiten. Dies geschieht mit und in dem sechsten Vijñāna, dem Denkbewusstsein.

Der Prozess vom ersten Kontakt bis zum Bewusstsein ist ein extrem kurzer und läuft fast zwangsläufig nach bestimmten Mustern oder Regeln ab. Die fünf Sinne sind somit durch den Geist miteinander verbunden oder werden durch den Geist miteinander verknüpft.

Das achte Vijñāna ist das Ālaya Vijñāna, das Speicherbewusstsein; hier wird alles, was wir erleben und wahrnehmen, gespeichert: alle Sinneseindrücke, alle Begegnungen, alle Erinnerungen, aber auch alle (noch) nicht gelebten oder umgesetzten Pläne, Hoffnungen und Wünsche. Wir wollen gerade den letzten Aspekt besonders betonen, können wir doch die noch nicht verwirklichten Pläne als Samen bezeichnen, Samen, die später einmal zur Entfaltung kommen können, aber nicht müssen. Dabei können Samen oder Potenziale schon in sehr frühen Lebensphasen, z. B. durch unsere Eltern, entstehen.

Neben unseren Erinnerungen werden hier auch unsere Erfahrungen und Assoziationen gespeichert, aber auch unser Karma. Es wird einfach *alles* gespeichert, was uns passiert.

Wir können das Ālaya Vijñāna auch als Gedächtnis beschreiben mit der Fähigkeit, aufgenommene Informationen zu behalten, zu ordnen und wieder abzurufen und in unterschiedliche Kategorien, wie z. B. in das prozedurale Gedächtnis (automatisierte Handlungen) und das autobiografische Gedächtnis, aufzuteilen.

Mānas und der jetzige Augenblick

Nun bleibt noch das siebte Vijñāna: der gegenwärtige Augenblick, auch Mānas genannt. Wir können hier den selbstbewussten, den denkenden, den wollenden, den handelnden Geist verorten, der den Hauptfaktor im Entstehen der Subjektivität bildet, einen Geist, den wir als eine Art Chefredakteur oder Herausgeber beschreiben können.

Hier in den Mānas laufen alle Informationen des gegenwärtigen Augenblicks zusammen:

- Die Eindrücke und Informationen unserer fünf Sinne. Dabei haben sie allerdings schon das sechste Vijñāna durchlaufen, das Denkbewusstsein, und sind so schon durch einen mehr oder weniger starken Bewusstseinsprozess mit all seinen Assoziationen und Verknüpfungen gelaufen. Es ist dies der Prozess, der in den Fünf Skandhas beschrieben wird.
- Alle Informationen aus dem Speicherbewusstsein: Dies schließt alle Erinnerungen, alle abgelegten Samen als potenzielle Zukunftsmöglichkeiten und unserer Karma ein.

In diesem siebten Vijñāna nun wird diese Informationsflut zum jetzigen Augenblick zusammengestellt. Dabei wird der Chefredakteur zum Dramaturg: Was wird ausgewählt und was nicht, was soll den gegenwärtigen Augenblick konstituieren, wo liegt der Schwerpunkt der Wahl? Welches Bild der Welt stelle ich in diesem Augenblick her? Wie soll meine Welt aussehen? Hier entsteht unsere Welt, sie entsteht in diesem Augenblick auf der Grundlage all der uns zur Verfügung stehenden Informationen, zusammengestellt aus momentanen Eindrücken der Sinne – allerdings schon vorbearbeitet – und unseren Erinnerungen, Taten und Karma[26] aus unserer Vergangenheit. Hier entsteht unser Bild von uns als Subjekt, als handelndem Subjekt, als Person, als Ich. Hier stellen wir uns als Subjekt her, in jedem Augenblick neu, denn jeder Augenblick wird aus neuen Informationen zusammengestellt. Hier entstehen wir als Person mit einer Vergangenheit, mit einer Zukunft und mit einer Geschichte, durch die sich, wie ein roter Faden, unsere Lebensgeschichte hindurchzieht. Das sind wir, als scheinbar reale, fest und klar strukturierte Personen.

Dieser gegenwärtige Augenblick, in dem wir uns als gegenwärtig handelnde und herstellende Person erleben, ist dabei geprägt durch

---

26 Karma – Sanskrit »Tat« – ist eine Handlung, geistig oder körperlich, ist die Konsequenz dieser Handlung und ist die Kette von Ursache und Wirkung. Entscheidend ist in erster Linie die Tatabsicht, nicht so sehr der Vollzug der Tat.

Gewohnheiten, Vorlieben, Abneigungen, er ist durchsetzt mit unserer ganzen bisherigen Lebensgeschichte. Dabei gibt es zwei Tendenzen, die wir zum einen als Kohäsion, als Herstellung von Vertrautem beschreiben können, zum anderen als den Wunsch nach Neuem, nach Veränderung. Die Kohäsion als Kontinuität des Selbst ist dabei die Voraussetzung, dass Veränderung gesehen und möglich wird. Wir können diesen Prozess zwar als einen von Komplementarität beschreiben, es gibt aber eine generelle Tendenz, Veränderung in einem solchen Rahmen zu halten, dass wir die gekannte und die uns bekannte Person bleiben; es ist die generelle Tendenz, an alten (und scheinbar bewährten) Strukturen festzuhalten und anzuhaften

Im ersten Kōan im Buch der »Heiteren Gelassenheit« heißt es, »dass die ursprüngliche Energie immer noch vom Geist geschaffen wird und ganz im Bilderfeld des Speicherbewusstseins enthalten ist« (BOS, S. 4, Übersetzung G. W.).

In diesem Satz macht der Autor Guifeng zwei Aussagen. Zum einen, dass unser Geist an allem Geschaffenen zumindest beteiligt, wenn nicht sogar der ausschließlich Herstellende ist. Dann ist nach dieser Vorstellung die ganze Welt von uns oder besser von unserem Geist geschaffen. Zum anderen wagt der Autor dieser Zeilen die sehr radikale Aussage, dass unser ganzes Bewusstsein ausschließlich durch das Lagerbewusstsein gespeist wird. M. a. W., die Welt, so wir sie wahrnehmen, ist ausschließlich eine, die wir aus uns heraus herstellen, nämlich aus unserem Speicherbewusstsein. Sogenannte ›neue Eindrücke‹ gibt es so gut wie keine. Zwar erhalten wir durch unsere Sinne andauernd neue Informationen, diese werden jedoch sofort in den direkt einsetzenden Bewusstwerdungs- und Bewusstseinsprozess eingebunden, ›eingefärbt‹: Jeder neue Eindruck wird mit all unseren Erfahrungen abgeglichen und verglichen und dann in unser System eingeordnet. Aus »prozessontologischer« Sicht können wir diesen Prozess beschreiben als eine Art Dialektik zwischen dem Vertrauten und dem Unbekannten und der ständigen »Transformation« dieses bislang Vertrauten, mit der starken Tendenz allerdings, dem Vertrauten immer wieder den Vorzug zu geben[27].

---

27 Ein ähnlicher Prozess läuft auch im Rahmen der Entstehung unseres Bewusstseins ab. Siehe hierzu Kapitel »Über das Selbst«.

Der »jetzige Augenblick«, eine Kombination all dieser Einflüsse, ist ganz im Bilderfeld des Lagerbewusstseins enthalten, wie Guifeng meint. Eine ernüchternde Analyse und Aussage: Der gegenwärtige Augenblick ist die Zusammensetzung aus sehr vielen Aspekten, alle stammen sie aus der entfernten oder auch aus der ganz nahen Vergangenheit. Neues ist sofort Teil des Bekannten und somit schon alt. Die sogenannte neue Erfahrung ist, wenn überhaupt, nur in einem winzigen Bruchteil neu. Dieses Neue wird aber schnell in die uns bekannten Muster eingefügt.

Zusammenfassend können wir sagen: Wir stellen die Welt oder besser unsere Welt immer wieder her; dies geschieht in sehr kleinen zeitlichen Abständen. In diesem Prozess werden alle neuen Erfahrungen mit all unseren sonstigen Erfahrungen verglichen, abgeglichen, kategorisiert und dann zu einer Welt zusammengestellt, die sich in der Regel von der uns bekannten wenig bis gar nicht unterscheidet. Veränderung findet somit nur in sehr kleinen, überschaubaren Schritten statt[28].

Wir befinden uns in unserer Analyse immer noch im siebten Vijñāna, Mānas genannt. Der »Ort«, an dem Gegenwart stattfindet, an dem, so können wir jetzt sagen, Gegenwart *hergestellt* wird, der Ort, den wir den jetzigen Augenblick nennen können. Idealerweise wäre dieser Ort einer, der immer neu ist, ein Ort, an dem sich das Leben immer wieder neu und frisch entfalten kann. Suzuki Roshi nennt den Geist, der dafür die Voraussetzung bildet, den Anfänger-Geist. Es ist dies nicht der Geist des Experten, der vieles kennt, alles einordnen kann, sondern der Geist des völlig unvoreingenommenen Menschen, der in jede Situation eintritt, als ob sie völlig neu wäre. Etwa wie das staunende Kind, das sich einer noch nie erlebten Situation gegenübersieht. *»Des Anfängers Geist hat viele Möglichkeiten, der des Experten hat nur wenige.«* (Suzuki 1996, S. 22) Wir möchten an dieser Stelle an unsere Bemerkungen im Eingangskapitel verweisen: Es ist zu fragen, ob es nicht gerade auch ein Leiden an diesem »Experten-Geist« gibt, gleichsam nie in der Gegenwart anzukommen, und daher eine große Sehnsucht danach besteht, wirklich im »gegenwärtigen Moment« zu sein (siehe Kapitel II). Dies ist, so können wir vermuten, für viele von uns ein tiefer heimlicher Wunsch: Das Leben nicht als das gekannte, einge-

28 Auch hierzu finden sich ergänzende und vervollständigende Erklärungen in Kapitel III, 3.2 »Über das Selbst«.

fahrene und immer wiederholte Leben, sondern es als immer wieder frisch und ganz neu zu erleben.

Diese Aussage ist natürlich nur die halbe Wahrheit. Unsere Tendenz, alles beim Alten lassen zu wollen, ist eine nicht zu unterschätzende Kraft, die in der Regel die Oberhand behält. Wir können diesen Prozess fast als einen Konflikt beschreiben: Auf der einen Seite der Wunsch, jeden Augenblick als neu und frisch zu erleben – hier hebt Veränderung Leiden direkt auf, da wir uns mitten im »Fluss des Lebens« befinden –, und dem Wunsch, sich an Vertrautem und Bekanntem festzuhalten. Hinweisen wollen wir an dieser Stelle auf das Kapitel über die Affekte (Kapitel III, 4.2), wo wir die Affektregulierung unter zwei grundlegenden Prinzipien betrachtet haben: der Regulierung der Sicherheit und des Wohlbefindens (dies berührt den Pol von Konstanz und Wiederholbarkeit) und der Regulierung des emotionalen Involvements (Veränderung, Lust, Triebbefriedigung etc.).

Zazen – ein sicherer Ort

Wenn Gegenwart immer wieder von uns hergestellt wird, wenn dieser Prozess geprägt und durchdrungen ist von Gewohnheiten, Vorlieben, Abneigungen aus der Vergangenheit, und wenn wir genau das leid sind, weil es Leiden schafft, dann müssen wir an genau an diesem Ort beginnen, etwas zu verändern. Aus der Sicht der Psychoanalyse ist all dies kaum ein bewusster Prozess, sondern ein eher unbewusster, der sich vorwiegend im prozeduralen Unbewussten oder im präreflektiven, wie Atwood und Stolorow sagen würden, abspielt, aber auch ein Prozess des dynamischen Unbewussten. Hinweisen wollen wir hier auf unsere Ausführungen zum Unbewussten in Kapitel über Geist und Bewusstsein.

An dieser Stelle nun setzt Zazen an. Im Sitzen in Versunkenheit realisieren wir, dass der jetzige Augenblick der einzige Ort für Veränderung ist, ja nur sein kann. Veränderung geschieht jetzt, nicht später, nicht am Wochenende, nicht in den Ferien, jetzt, an einem »Ort«, der identisch ist mit dem siebten Vijñāna. Wir können uns die Vijñāna wie eine Sanduhr angeordnet vorstellen, deren engste Stelle das siebte Vijñāna ist. Hier treffen alle Informationen aus den Sinnesbewusstseinsfeldern einschließlich des Geistes zusammen mit allen Informationen aus dem Speicherbewusstsein. Hier treffen Vergangenheit und jetzige Informationen direkt zusammen und formen den gegenwärtigen Augenblick.

Zum einen nun weitet Zazen diese engste Stelle unserer Sanduhr. Weiten bedeutet, dass wir beginnen, dieser Stelle mehr Aufmerksamkeit zu schenken, dass wir beginnen, diese Stelle genauer zu betrachten und zu studieren. Es ist so, als ob wir hier ein Vergrößerungsglas verwenden würden. Das Richten der Aufmerksamkeit an diesen Ort verändert die dort stattfindenden Aktivitäten sofort: Der (aufsteigende) Fluss aus dem Speicherbewusstsein kann stärker werden, Vergangenheit, abgelegte Informationen und Erinnerungen werden verstärkt in den Augenblick einfließen. Aber auch die Informationen unserer Sinne werden deutlicher und verstärkt wahrgenommen, wir werden aufmerksamer und wacher hinsichtlich all dieser einfließenden Informationen.

Noch immer befinden wir uns im Siebten Vijñāna, dem Ort, den wir den jetzigen Augenblick nennen können, der Ort, an dem alle Informationen unserer Sinne, unseres Geistes und aus unserer Vergangenheit zusammenlaufen und den gegenwärtigen Augenblick konstituieren. Zu Beginn nehmen wir so etwas wie eine Beobachterrolle hinsichtlich dieses Vijñāna ein und studieren unseren Körper und unseren Geist. Später dann geben wir diese Rolle auf und greifen nicht mehr ein in diesen extrem komplexen Prozess und überlassen ihn ganz sich selbst. Hier nun beginnen der Geist und der Körper einen »eigenständigen« Prozess, den wir als heilsam beschreiben könnten, eine Tendenz hin zum sogenannten Dharmakaya-Körper: Unter den richtigen Umständen, hier das Sich-»in-Ruhe«-Lassen, entsteht aus buddhistischer Sicht so der Körper der »Großen Ordnung«. Er symbolisiert die Fähigkeit, die Welt so zu erkennen, wie sie wirklich ist, jenseits aller Täuschungen. Sich in Ruhe zu lassen bedeutet, die Soheit des Körpers und Geistes zu erkennen, in Frieden »so« zu sein. Hier endet das dualistische Denken, Wahrnehmen und Empfinden. Zur Soheit gibt es kein dualistisches Gegenüber.

Das Ālaya Vijñāna

Zum Schluss wollen wir uns das Ālaya Vijñāna, das Speicherbewusstsein, genauer anschauen, ist es doch weit mehr als nur ein Speicher. Wie weiter oben beschrieben, speichern wir hier alles Erlebte und alles Wahrgenommene. Hier speichern wir auch die sogenannten »Samen«, die Potenziale und Möglichkeiten, die später einmal zur Entfaltung kommen können, aber nicht müssen. Aus buddhistischer Sicht können wir grundsätzlich von heilsamen und unheilvollen Samen sprechen. An dieser Stelle entsteht die interessante Möglichkeit, Einfluss darauf zu nehmen, welche Potenziale oder Samen wir »wässern« wollen und welche nicht. Thich Nhat Hanh vergleicht das Speicherbewusstsein mit einem Feld, das wir bestellen und auf dem das wächst, was wir säen. Er schreibt: »*Wenn wir Weizen säen, wird Weizen wachsen. Wenn wir heilsam handeln, werden wir Glück erfahren, wenn wir unheilsam handeln, gießen wir die Samen von Gier, Zorn und Gewalt in uns selbst und in anderen. Die Praxis der Achtsamkeit hilft uns, sämtliche Samen in unserem Bewusstsein zu identifizieren, und mit diesem Wissen können wir uns dafür entscheiden, nur die heilsamen gießen zu wollen. Wenn wir die Samen unserer Freude pflegen und gleichzeitig die Samen des Leidens verwandeln, werden Verständnis, Liebe und Mitgefühl in uns erblühen.*« (Thich Nhat Hanh 2001, S. 27/28) Wollen wir beim Bild des Samens (oder Potenzials) bleiben, so müssen wir hinzufügen, dass Samen die grundsätzliche Fähigkeit haben zu überdauern. Selbst wenn sie für eine längere Zeit nicht gewässert worden sind, können sie doch unter entsprechenden Umständen sofort wieder zur Lebendigkeit erwachen.

Natürlich bedarf es hinsichtlich einer solchen Praxis eindeutiger Entscheidungen. Die Grundlage solcher Entscheidungen können Fragen sein, die eine Vision von Leben beinhalten: Was für eine Person wollen wir sein? Welche Person wollen wir werden? Was für ein Leben wollen wir wirklich führen? Richard Baker Roshi hat dies einmal so ausgedrückt: Was für Menschen wollen wir auf diesem Planeten eigentlich sehen und welche Eigenschaften sollen sie haben? Wenn wir dies wissen, dann, so sagt er, können oder sollten *wir* diese Person werden. Wir warten nicht darauf, dass endlich die ›richtige‹ Person kommt, nein, wir werden diese Person – und übernehmen Verantwortung.

Die Gelöbnisse ablegen, ob als Laie oder als Mönch, zeugt von einer solchen Absicht. Wir geloben öffentlich, vor und mit Freunden zusammen, bestimmte menschliche Eigenschaften zu fördern und andere nicht zu unterstützen. Es sind dies Gelöbnisse von grundlegendem menschlichem Zusammenleben, auf der Basis von gegenseitigem Respekt, Anerkennung und Liebe. All dies ist im Speicherbewusstsein angelegt, und wir haben die Wahl, heilsame und der Entwicklung förderliche Potenziale zu unterstützen.

Die »Acht Vijñānas« ist *eine* der vielen Listen, die es im Buddhismus gibt. Sie dienen dazu, die Komplexität unserer Welt und die der Umwelt durchschaubarer zu machen. Indem die Welt in einzelne Segmente unterteilt wird, reduzieren wir ihre Komplexität und ermöglichen so, die Teile einzeln zu studieren und zu praktizieren. Im Laufe dieses Studiums entwickelt sich dann eine Beziehung zwischen diesen Teilen, die wir als eine dynamische Beziehung bezeichnen können. Die Komplexität kehrt zurück, nun als praktizierte und gelebte.

Zen-Meister Dogen hat in seinem bekannten Genjō Kōan in wunderbarer Weise die Beziehungen zwischen Verblendung und Erwachen, zwischen Leiden und seiner Aufhebung beschrieben:

»Da alle Dinge Buddha-Dharma sind, gibt es Verblendung und Erwachen, Praxis, Geburt und Tod und gibt es Buddhas und fühlende Wesen. Da die Myriaden von Dingen ohne ein bleibendes Selbst sind, gibt es keine Verblendung, kein Erwachen, keinen Buddha, kein fühlendes Wesen, keine Geburt und (keinen) Tod … Selbst hervorzutreten und Myriaden von Dingen zu erfahren, ist Täuschung. Wenn Myriaden von Dingen vortreten und sich selbst erfahren, dies ist Erwachen … Den Buddhaweg zu studieren bedeutet, sich selbst zu studieren. Sich selbst zu studieren bedeutet, das Selbst zu vergessen. Das Selbst zu vergessen bedeutet, durch die Myriaden Dinge verwirklicht zu werden. Verwirklicht durch die Myriaden Dinge, fallen unser Körper und unser Geist sowie die Körper und Geiste der anderen ab. Es verbleibt keine Spur von Verwirklichung, und diese Nicht-Spur setzt sich unendlich fort.«[29] (Dōgen 1985, S. 69/70, Übersetzung G. W.)

---

29 »As all things are buddha-dharma, there is delusion and realization, practice, and birth and death, and there are buddhas and sentient beings. As the myriad things are without an abiding self, there is no delusion, no realization, no buddha, no sentient being, no birth and death …

To carrry yourself forward and experience myriad things is delusion. That myriad things come forth and experience themselves is awakening …

To study the buddha way is to study the self. To study the self is to forget the self. To forget the self is to be actualized by myriad things. When actualized by myriad things, your body and mind as well as the bodies and minds of others drop away. No trace of realization remains, and this no-trace continues endlessly.«

Die Problematik des Leidens ist gut geeignet, die Beziehung zwischen Zen und Psychoanalyse zu verdeutlichen. Dabei lassen sich sowohl die Konvergenzen als auch die Divergenzen deutlicher herausstellen. Es ist sicherlich mittlerweile klarer geworden, dass wir auch in der Beziehung von Zen und Psychoanalyse von einem »Weg« sprechen können: einem »meditativen« und einem »analytischen Weg«. Beide Wege unterscheiden sich durch bestimmte Grundannahmen und eine differente Praxis. Die buddhistischen Grundannahmen sind beispielsweise die »Vier Edlen Wahrheiten« und die beschriebenen »Vijñānas«. Als Praxis wird der »Achtfache Pfad« beschrieben, in dem vor allem die Kultivierung des gegenwärtigen Momentes (auch in Form von Weisheit und Mitgefühl) im Vordergrund steht. Wie lassen sich diese Konzepte nun mit dem psychoanalytischen Verständnis des Leidens vergleichen? Wie schon mehrfach erwähnt, kommt hier die von Freud beschriebene metapsychologische Betrachtungsweise infrage: Das Leiden als seelisches Phänomen wird dabei aus fünf bzw. sechs verschiedenen, aber sich überschneidenden Perspektiven betrachtet, die schließlich eine Annäherung an ein Verständnis dieses sehr komplexen seelischen Phänomens erlauben.

Im **topischen Gesichtspunkt** werden die Phänomene des Leidens aus der Sicht der Bewusstheit/Unbewusstheit betrachtet. Im Kapitel über Geist und Bewusstsein haben wir einiges zum Begriff des Unbewussten ausgeführt und dabei deutlich gemacht, dass es heute verschiedene Konzeptualisierungen gibt. Das klassische, von Freud beschriebene Konzept des dynamischen Unbewussten oder auch des verdrängten Unbewussten beschreibt die Quelle des Leidens als Ausdruck unterdrückter, verdrängter, nicht wahrgenommener Impulse, Affekte und Bedürfnisse, die jedoch im Seelischen weiterhin wirksam sind, sich symptomatischen Ausdruck verschaffen und sich als Leiden manifestieren und erlebt werden. Vereinfacht könnte man sagen, dass es die verdrängte Wunschwelt ist, die zu seelischem Leiden wie neurotischen Ängsten, Zwängen oder Depressionen führt. Die psychoanalytische Behandlung wird in diesem Fall vor allem als die Aufhebung der zentralen Verdrängungen aufgefasst. Das von de Masi beschriebene emotionale Unbewusste als Ort der Umwandlung von rohen Sinnesdaten und Affekten in Bilder, Vorstellungen und Fantasien ist dann eine Quelle von Leiden, wenn dieser Prozess gestört ist und diese unbewussten, affektiven Prozesse nicht in Psychisches verwandelt werden können. T. Ogden hat hier von der Unfähigkeit zu träumen gesprochen, wobei das Träumen in einem weiteren Sinne als Transformationsprozess verstanden wird: Das Ergebnis dieser Umwandlung ist die Bildung von Bewusstem und Unbewusstem, das für seelisches Wachstum als zentral angesehen wird. Die psychoanalytische Behandlung wird aus dieser Perspektive als ein Prozess angesehen, der dem Analysanden dieses »Träumen« seiner emotionalen Erfahrungen wieder oder erstmals ermöglicht. Die kurz geschilderte Auffassung von Matte-Blanco über die Beziehung von Bewusstsein und Unbewusstem ermöglicht eine noch etwas andere Beschreibung des Leidens: Hier kommt es zu einer Dysbalance zwischen unbewussten und bewussten psychischen Prozessen, wobei vor allem die Dominanz unbewusster psychischer Prozesse erhebliche Leidenszustände zur Folge haben kann. K. Fink hat am Beispiel einiger eindrücklicher Fallbeispiele bei Patienten mit gestörtem Zeitempfinden diese Konsequenzen geschildert: Die Zeitlosigkeit der unbewussten Prozesse dominiert dann auch das bewusste Erleben, was einen erheblichen und problematischen Effekt auf die Lebenspraxis des Betreffenden haben kann (K. Fink 1989).

Betrachtet man das Leiden aus dem **ökonomischen Gesichtspunkt,** ergibt sich eine etwas andere Betrachtungsweise: So spielen hier die Stärke der Triebe, Impulse, Wünsche und Affekte eine wichtige Rolle bei der Betrachtung der Entstehung des Leidens. Es wäre zu fragen, inwieweit auch die Qualität der Antriebe – die Mischung aus Libido und Aggression, aber auch eine Qualität wie die »Klebrigkeit« der Libido, wie es Freud so eindrücklich formulierte – eine Rolle im Leidensprozess spielt. Wir hatten beschrieben, dass in den »Vier Edlen Wahrheiten« vor allem das Anhaften eine wesentliche Quelle des Leidens ist. Man kann in diesem Fall auch aufgrund mancher klinischer Erfahrungen von einem konstitutionellen Faktor sprechen, denn die Menschen bringen offenbar unterschiedliche Anlagen in ihrer biologischen Ausstattung mit, die eine Disposition zur Leidensentstehung darstellen. Die klassische Beschreibung der Fixierungen auf oralem, analem und phallischem Niveau stellen auch einen quantitativen Faktor dar, den man wahrscheinlich als Ergebnis einer Ergänzungsreihe zwischen Disposition und früher Beziehungserfahrungen verstehen muss. Diese Fixierungen – die sich als hervortretende Gier, Abhängigkeit, Sadismus oder Masochismus, übertriebener Ehrgeiz etc. zeigen – stellen gleichsam Risikofaktoren für späteres seelisches Leiden dar. Die Aufhebung dieser Fixierungen stellt sich als therapeutisch ausgesprochen schwierig heraus: Viele Phänomene in diesem Bereich werden unter dem Gesichtspunkt einer Charakterpathologie beschrieben, bei der manchmal eher die Umwelt als der Betreffende leidet. Es ist ein wesentlicher therapeutischer Schritt, diese oft ich-syntone Charakterstruktur ich-fremd werden zu lassen.

Unter dem **dynamischen Gesichtspunkt** versteht man in der Regel die unvermeidliche Konflikthaftigkeit des seelischen Lebens, wie es sich in der Beziehung zwischen dem Individuum und seiner sozialen Umwelt entwickelt. Die verinnerlichten, unbewussten Beziehungskonflikte stellen dabei eine zentrale Konzeptualisierung dar: Es besteht die Auffassung, dass die frühen Interaktionserfahrungen mit den Eltern vom Kind verinnerlicht werden und selbst die Wahrnehmungen und Gestaltungen späterer Beziehungen wesentlich bestimmen. Im Einleitungskapitel sprachen wir von einem »inneren Weltmodell«, das in diesem Sinne auch diese verinnerlichten Beziehungsmuster – die Beziehungsrepräsentanzen – umfasst. Diese sind nach psychoanalytischer Auffassung immer konflikthaft, also von Gegensätzen, Ambivalenzen, Widersprüchen etc. charakterisiert. Die klassische Beschreibung besteht in der Dynamik von Wunsch – Angst – Abwehr oder in einer mehr beziehungstheoretisch formulierten Beschreibung: In jedem gegebenen Augenblick haben wir es mit einem Kompromiss zu tun, in dem eine gewünschte Beziehung, eine gefürchtete Beziehung und eine realisierte Beziehung in der Balance gehalten werden, aber das Erleben und Handeln in konkreten Beziehungen steuern. Leiden entsteht, wenn dieser »normale« Kompromiss scheitert und es zu »pathologischen Kompromissen« kommt, in denen z. B. die gewünschte Beziehung nicht mehr erlebt oder realisiert werden kann (C. Brenner 1986). Vor allem das Leiden in Liebesbeziehungen lässt sich mit diesem Modell des verinnerlichten Beziehungskonfliktes sehr gut beschreiben und verstehen. Die psychoanalytische Behandlung besteht vor allem darin, diese verinnerlichten Beziehungskonflikte in der Beziehung zum Analytiker als Form der Übertragung zu ermöglichen, zu verstehen und schließlich zu transformieren. Es wird deutlich geworden sein, dass der buddhistische Standpunkt diesen Aspekt nur sehr wenig berücksichtigt, da er in seinem Leidensverständnis und auch in seinem Heilungsweg gleichsam auf einer anderen Ebene ansetzt. Einige der als typisch beschriebenen Konflikte – Mentzos spricht von Grundkonflikten zwischen Einheit und Differenzierung, Abhängigkeit und Autonomie und Zweier- versus Dreierbeziehungen (Mentzos 2005) – können aber auch in der buddhistischen Praxis eine wichtige Rolle spielen (z. B. in der Gruppendynamik der Sangha oder der Beziehung zwischen Meister und Schüler).

Der **strukturelle Gesichtspunkt** beschreibt das seelische Geschehen und das damit verbundene Leiden aus der Sicht der Struktur des Seelischen, wie es beispielsweise von Freud in seinem Instanzenmodell beschrieben wurde. Danach ist das Seelische metaphorisch als »Apparat« aus verschiedenen Teilbereichen zu verstehen, die miteinander interagieren, aber auch in konflikthafte, dysfunktionale Beziehungen treten können. Die einzelnen Teilbereiche – etwa wie das Ich oder auch das Über-Ich – können besondere Qualitäten haben, die das Wahrnehmen, das Regulieren der Umweltbeziehungen und das eigene Handeln entscheidend mitbestimmen. Zu den Ich-Funktionen zählen beispielsweise die Realitätsprüfung und die Angst- und Frustrationstoleranz. Es ist zu fragen, ob damit das Ich auch zum Ort der Affektregulation wird. Wahrscheinlich gehört der Bereich der zur Zeit so viel diskutierten »Theorie des Geistes« in diesen strukturellen Bereich: Hier geht es ja darum, inwieweit der Mensch in der Lage ist, seine eigene Mentalität und die der anderen Menschen als Mentalität wahrzunehmen und zu reflektieren. Zum strukturellen Gesichtspunkt zählen aber auch die Selbstbilder, die Selbstrepräsentanzen und die darauf aufbauenden Identitäts-Konzepte. Nach psychoanalytischer Auffassung lassen sich in allen diesen Bereichen, die man dem strukturellen metapsychologischen Gesichtspunkt zuschreiben kann, Störungen und Mängel beschreiben, die zu schwerwiegenden Ursachen von seelischem Leiden werden können. Als ein einfaches Beispiel kann hier die Über-Ich-Pathologie erwähnt werden, bei der ein überstarkes Gewissen das eigene, aber auch das Handeln und Erleben anderer Menschen nur aus kritischer, entwertender Sicht zu betrachten vermag, sodass jede Freude und Spontaneität im Leben praktisch vergiftet oder sogar abgetötet wird. Auch die so häufige negative Selbstwertproblematik gehört in diesen Bereich. Ein negativ besetztes Selbstbild bzw. eine negative Selbst-Identität kann mit sehr viel Leiden verbunden sein. Für die buddhistische Praxis ist zu bemerken, dass die hier nur angedeuteten strukturellen Probleme oft ein zentrales Hindernis gegenüber der meditativen Praxis darstellen: Eine geringe Frustrationstoleranz, eine instabile Selbstrepräsentanz, bei der der Betreffende auf die Anwesenheit des Anderen angewiesen ist, stellen ungünstige Bedingungen für eine kontinuierliche und fruchtbare meditative Praxis dar. In der psychoanalytischen Behandlung, die auch gerade wegen dieser strukturellen Problematik oft sehr langwierig verläuft, können einige dieser Einschränkungen verändert werden. In gewisser Weise könnte man sogar sagen, dass die bessere Ich-Strukturierung und Ich-Kontrolle ein wesentliches Ziel der psychoanalytischen Behandlung darstellt. Es ist aber nicht ausgeschlossen, dass auch die kontinuierliche meditative Praxis einen solchen Effekt haben kann, da ja Affekttoleranz, Frustrationstoleranz, Selbstbeobachtung, Mentalisierung etc. für diese Praxis erforderlich sind und auch geübt werden können. Dies trifft wahrscheinlich deswegen zu, weil wir heute immer mehr von den Selbstheilungskräften der Person ausgehen; es ist zu vermuten, dass die meditative Praxis, wie wir sie ausführlich beschrieben haben, einen günstigen Raum für die seelischen Ressourcen und die Selbstheilungskräfte des Übenden darstellt.

Unter dem **genetischen Gesichtspunkt** wird die Entstehungsgeschichte des Seelischen von der frühen Kindheit an verstanden. Alle bislang genannten Aspekte können daher auch unter diesem genetischen Gesichtspunkt betrachtet werden. Für ein Verständnis des Leidens spielen in diesem Zusammenhang die Lebensereignisse und die erlebte Umwelt (vor allem die frühen familiären Erfahrungen) die zentrale Rolle. Von besonderer Bedeutung ist hier das Trauma, das vom Kind als eine lebensbedrohliche Situation erlebt wird und aus eigenen Ressourcen nicht bewältigt werden kann (massive Objektverluste, Katastrophen, eigene schwere Erkrankungen, Misshandlungen durch die Eltern, sexuelle Übergriffe, Charakterpathologie der Eltern etc.). Eine häufig beschriebene Folge sind abgekapselte traumatische Erinnerungen, die nicht integriert und verarbeitet werden konnten und bei entsprechenden Auslösern zu re-traumatisierenden Erfahrungen werden können. In der psychoanalytischen Behandlung wie auch in anderen psychotherapeutischen Verfahren wird der Versuch gemacht, diese traumatischen Erfahrungen nachträglich zu »verarbeiten«, damit die abgekapselten Erinnerungen nicht immer wieder das Bewusstsein zu überfluten drohen (etwa in Form von Panikattacken). Für die meditative Praxis ist zu fragen, ob diese bei manchen Übenden nicht zu solchen re-traumatischen Erfahrungen führen kann, etwa in langen Perioden des Schweigens, des Stillsitzens oder starker körperlicher Beschwerden. Uns sind leider kaum Erfahrungsberichte darüber bekannt. Es könnte sein, dass Menschen mit traumatischen Erfahrungen die meditative Praxis eher meiden oder vorzeitig abbrechen, wenn sie selbst in bedrohliche Zustände geraten. Es könnte allerdings auch sein, dass die meditative Praxis in der Gruppe und mit dem Rückhalt eines Meisters einen notwendigen empathischen Raum anbietet, in dem sich der Übende auch an abgespaltene traumatische Erfahrungen heranwagen kann. Es wäre aus wissenschaftlicher Sicht sehr zu wünschen, wenn darüber genauere Berichte vorlägen. Ein Beispiel für eine solche Entwicklung ist der amerikanische Mönch Claude Thomas, der sich selbst als traumatisierter Vietnam-Veteran versteht und seine schwere Lebenskrise durch den buddhistischen Weg zu überwinden vermochte (Claude AnShin Thomas 2008).

Schließlich wäre zu fragen, ob man die bisherigen metapsychologischen Gesichtspunkte nicht noch durch einen weiteren, den **intersubjektiven Gesichtspunkt** zu ergänzen hätte (siehe auch der Vorschlag von Müller-Pozzi 2008, S. 43). Dieser Gesichtspunkt beschreibt die zentrale Rolle des Anderen sowohl in der individuellen Entwicklung als auch in der Regulierung des gegenwärtigen Erlebens und Verhaltens. H. Kohut hat in einer anderen Terminologie von der Rolle des Selbst-Objektes und der Selbst-Objekt-Beziehung gesprochen, wobei hier auf die Differenzierung zwischen Objekt und Anderem zu achten ist: Das Objekt ist praktisch das verinnerlichte und mit Libido oder Aggression besetzte Bild des Anderen, während der »Andere« die reale Person der Umwelt ist, die in gewisser Weise auch immer ein Fremder bleibt. Diese Rolle des Anderen (der realen Eltern z. B. in der Entwicklung des Kindes) bei der Entwicklung der Triebe, des sexuellen Begehrens, der Regulierung der Affekte von der Fremd- zur Eigenregulierung, der empathischen Spiegelung in der primären Intersubjektivität, der Ausbildung von Bindungsmustern und der Entwicklung von selbstreflexiver Kompetenz durch Affektspiegelung wird heute in der psychoanalytischen Theorie sehr stark beachtet. Auch die »allgemeine Verführungstheorie« von Laplanche gehört in diesen Bereich: Danach entwickelt sich das sexuelle Begehren, das »sexuelle Unbewusste« als Antwort auf die rätselhaften Botschaften der Eltern (als Andere), die mit ihrer eigenen unbewussten Sexualität die Triebentwicklung des Kindes formen (Laplanche 2004). Aus dieser Sicht wird die psychoanalytische Situation als eine intersubjektive betrachtet, in der sich zwei Subjektivitäten begegnen, in der auch die intersubjektiven Defizite oder Probleme (Affektspiegelung, empathische Resonanz, unbewusste Verführung) erlebt und modifiziert werden können. Dieser intersubjektive Gesichtspunkt spielt wohl in der zentralen meditativen Praxis die geringste Rolle, da sie ja in der Regel allein und nicht in einem intersubjektiven Kontext praktiziert wird. Allerdings kann man sich vorstellen, dass auch Menschen mit einem »intersubjektiven Mangel« den »meditativen Weg« aufsuchen, weil sie in der Gruppe oder in der Beziehung zum Meister eine Heilung ihres Mangels ersehnen.

Stellen wir diese nur ganz kursorisch dargestellten Aspekte noch einmal einer Aussage von M. Abe gegenüber: Er geht in seiner Analyse des basalen, existenziellen Leidens davon aus, dass das »Ich-Selbst«, wie er es nennt, immer schon geteilt ist: in einen beobachtenden und einen beobachteten Teil. Er unterscheidet zwischen dem objektivierten, dem beobachteten Selbst und dem »wahren Selbst«, das nach sich selbst fragende Selbst – vielleicht in philosophischer Sicht auch als das transzendente Ich zu bezeichnen. Die existenzielle Situation, die Abe beschreibt, ist die folgende: *»Wir bleiben immer von unserem wahren Selbst entfremdet, von Angst getrieben und unfähig, zur Ruhe zu kommen.«* (Abe 1985, S. 6) Dies beschreibt Abe aber gleichsam als eine anthropologische Situation, dem Mensch-Sein inhärent: Selbstentfremdung und Angst sind daher nicht akzidentell, sondern der menschlichen Struktur innewohnend. Als Mensch entwickelt man ein »Ich-Selbst«, dies bedeutet aber auch, von der Welt und von einem Selbst abgeschnitten zu sein und damit in permanenter Angst zu leben. Dies sei die zentrale menschliche Qual. Zwar werde diese basale Angst oft verleugnet, werde also in gewisser Weise unbewusst, aber sie zeige sich doch in der Todesangst oder den Schuldgefühlen über die »unreinen« eigenen

Handlungen. Die Angst und die Schuld sind die beiden negativen Gefühle, die am stärksten die innere Ruhe und Gelassenheit stören. Nach seiner Vorstellung – und dies beschreibt den Zen-Standpunkt in knappster Form, wie wir auch schon in dem Einleitungskapitel beschrieben haben – führt das ständige Greifen nach dem »Ich-Selbst« nur zu weiterem Leiden; dieses kann nur überwunden werden, wenn wirklich fundamental realisiert wird, dass das »wahre Selbst« nicht erreichbar, nicht greifbar ist; nach M. Abe entspräche dies der Realisierung des »Nicht-Selbst«. Diese kurze Schilderung macht noch einmal die Differenz zwischen Psychoanalyse und Buddhismus, auch in Bezug auf das Leiden, deutlich: In der Psychoanalyse geht es um die Entwicklung und Stärkung eines subjektiven und sexuellen Selbst (d. h. die Entwicklung von Selbst-Konstanz, Selbstbewusstsein, Liebesfähigkeit, sexuellem Begehren), das aufgrund der metapsychologisch beschreibbaren Aspekte gestört oder gehemmt sein mag; im Zen geht es um die Realisierung des »Nicht-Selbst« oder des »wahren Selbst«, das die Selbst-Objektivierung und das damit verbundene Leiden (Angst und Schuldgefühl) überwindet. Es ist wichtig, hier noch einmal darauf hinzuweisen, dass das »Selbst« nicht ausgetauscht wird gegen das »Nicht-Selbst« oder das »wahre Selbst«. Wie wir deutlich gemacht haben, entsteht das »Selbst« durch Täuschung. Täuschungen sind die Ursachen für unser Leiden, sie sind auch die Ursachen für Anhaftung und Hass. Durch die Aufhebung der Täuschung selber entwickelt sich eine neue Erfahrung von Selbst und Ich, eine Erfahrung jenseits von Konzepten. Das ist das eigentlich Revolutionäre an dieser Praxis: Die Aufhebung der Täuschung löst **alle** Konzepte, die wir uns vom Selbst und der Welt machen, auf.

Es ist nun eine interessante Frage, wann jemand den einen oder den anderen »Weg« zu beschreiten beginnt: Was motiviert Menschen, sich der Psychoanalyse oder auch dem Zen zu verschreiben? Ohne Frage kann man wohl immer von einem grundlegenden Leiden ausgehen, das sowohl im Zen als auch in der Psychoanalyse unterschiedlich beschrieben wird. Am Anfang steht vielleicht generell so etwas wie ein Unbehagen als Ausdruck von negativen Emotionen, das unterschiedlich eingeordnet und definiert wird: ein Leiden an der Welt, an den Beziehungen, an sich selbst, am Leben und an der Existenz. Wie dieses basale Unbehagen gedeutet wird, hängt nun wahrscheinlich von ganz unterschiedlichen Bedingungen ab. Es ist denkbar, dass das von Abe beschriebene existenzielle Leid auf metapsychologisch beschreibbare Aspekte projiziert wird – also auf eine problematische Lebensgeschichte, eine schwere Gewissensproblematik, unüberwindbare sexuelle Konflikte – oder aber dass diese metapsychologisch beschreibbare Leidenssituation auf eine existenzielle Ebene, mit der Zen sich beschäftigt, projiziert wird. Wenn man diese Möglichkeiten überhaupt in Betracht zieht, könnte man daraus folgern, dass das Unbehagen, das Unglück, die Unruhe, die Unzufriedenheit und vielleicht auch Krankheiten auf diesen beiden grundsätzlichen Ebenen untersucht werden sollten. Unser Plädoyer ist, dass man auf dem »analytischen Weg« für das existenzielle Leiden des nicht greifbaren »Ich-Selbst« aufmerksam und auf dem »meditativen Weg« für das metapsychologisch beschreibbare Leiden offen bleibt.

Zum Schluss noch eine Bemerkung zu einem zentralen Aspekt der bisherigen Überlegungen: Der Buddhismus stellt das Leiden an der Vergänglichkeit als besonders zentral heraus; dies entspricht ja auch der Überlegung der »Nicht-Greifbarkeit« des »Ich-Selbst«, da dieses sich ständig ändert und sich dem objektivierenden Zugriff dauerhaft entzieht. Aus psychoanalytischer Perspektive mag dieser Aspekt bei vielen Menschen eher unbewusst sein und sich symptomatisch äußern: etwa in Form von Phobien, Todesängsten und Hypochrondrien. Freud selbst hat in einer kleinen und wenig bekannten Arbeit über die »Vergänglichkeit« einige wichtige Aussagen gemacht. Am Beispiel eines Gesprächs zwischen Freunden über die Vergänglichkeit der schönen Natur beschreibt Freud zwei Reaktionsweisen auf diese »Hinfälligkeit alles Schönen und Vollkommenen« (Freud, GW X, S. 358): einerseits ein schmerzlicher Weltüberdruss, andererseits eine Auflehnung gegen die behauptete Tatsache. Gegen beide Tendenzen setzt sich Freud zur Wehr und behauptet, dass die Vergänglichkeit geradezu eine Wertsteigerung des Erlebten darstelle. Der Wert des Schönen und Vollkommenen werde durch seine Bedeutung für das Empfindungsleben bestimmt und sei darum von der absoluten Zeitdauer unabhängig. Aus den bisherigen Überlegungen und Darlegungen ist zu ersehen, dass auch Freud hier die Bedeutung des gegenwärtigen Momentes sehr stark herausstellt. Allerdings erkennt er an den Reaktionen seiner Gesprächspartner, dass diese Argumente auf ein erhebliches Hindernis stoßen, das er schließlich in einem affektiven Moment zu erkennen meint: Es ist der Moment der Trauer, sich also von dem Gegebenen zu verabschieden, einen schmerzlichen Prozess, vor der »die Seele … instinktiv zurückweiche« (S. Freud, X, S. 359). Es ist hier zu fragen, ob man vielleicht noch weitergehen und davon ausgehen kann, dass eine basale Reaktion auf schmerzliche Erfahrungen eine Regung des Hasses und der Feindseligkeit ist, die nun ihrerseits viele psychische Folgen haben kann. Die Überlegungen von Freud sind in diesem Zusammenhang des Leidens von großem Interesse. Er schreibt: »*Wir stellen uns vor, dass wir ein gewisses Maß an Liebesfähigkeit, genannt Libido, besitzen, welches sich in den Anfängen der Entwicklung dem eigenen Ich zugewendet hatte. Später, aber eigentlich von sehr früh an, wendet es sich vom Ich ab und den Objekten zu, die wir solcherart gewissermaßen in unser Ich hineinnehmen. Werden die Objekte zerstört oder gehen sie uns verloren, so wird unsere Liebesfähigkeit (Libido) wieder frei. Sie kann sich andere Objekte zum Ersatz nehmen oder zeitweise zum Ich zurückkehren. Warum aber diese Ablösung der Libido von ihren Objekten ein so schmerzhafter Prozess sein sollte, das verstehen wir nicht und können es derzeit aus keiner Annahme ableiten. Wir sehen nur, dass sich die Libido an ihre Objekte klammert und die verlorenen auch dann nicht aufgeben will, wenn der Ersatz bereitliegt. Das also ist die Trauer.*« (S. Freud, X, S. 360) Diese Aussagen nähern sich jedenfalls teilweise den buddhistischen Auffassungen über die Ursache des Leidens: das Anhaften, der »Durst«, das Begehren – oder psychoanalytisch die Libido – stellen eine Art Besetzung der Objekte der Welt dar, dessen Verlust als schmerzlich erlebt und auf die unterschiedlichsten Weisen zu bewältigen versucht wird. Die Anerkennung, die Realisierung aller Vergänglichkeit setzt also einen Trauerprozess voraus, das Zulassen der Trauer und eben nicht ihre Abwehr, die schließlich zur Melancholie, zur Depression und zu anderen psychischen Störungen führen kann. Freud betrachtet also die Trauer als einen spontanen, notwendigen Prozess, der zu einer Ablösung von den verlorenen Objekten führt und die »Libido« wieder frei macht, sich neuen Objekten, neuem Erleben zuzuwenden. Dies erläutert er eindrucksvoll an den vielen Verlusten des Ersten Weltkrieges, in dem so viel Kostbares und Wertvolles verloren gegangen sei. Nach Freud zehrt sich die Trauer auf, wenn sie auf alles Verlorene verzichtet hat, weil sie sich dann wieder neuen Erfahrungen und neuem Erleben zuwenden kann (S. Freud, X, S. 358 – 361).

Fasst man hier psychoanalytische und buddhistische Überlegungen zusammen, dann könnte man im Freud'schen Sinne von einer »Unfähigkeit zu trauern« (siehe auch A. und M. Mitscherlich 1967) sprechen, das dem menschlichen Leiden zugrunde liegt; aus buddhistischer Sicht muss man auf »falsche Ansichten« verzichten (nämlich die Selbstidentität eines »Ich-Selbst«), aus psychoanalytischer Sicht muss man sich von den verlorenen Liebesobjekten, einer enttäuschenden Vergangenheit, Idealvorstellungen etc. verabschieden. Hier an diesem Punkt findet sich eine ganz enge Überschneidung zwischen buddhistischer und psychoanalytischer Praxis: Die unbewusste Motivation, einen Weg zu beschreiten – sei es der buddhistische oder der psychoanalytische –, wäre, die Blockade des Trauerprozesses aufzubrechen, eine spontane Trauer zu ermöglichen, um sich schließlich der »lebendigen Wirklichkeit« wieder mit der ganzen »Libido« zuwenden zu können, ohne allerdings erneut an den Objekten der Welt zu haften. Und gerade dies könnte eine zentrale Wirkung dieser transformativen Praxis sein: sich der »lebendigen Wirklichkeit« zuzuwenden, aber ohne sie besitzen und festhalten zu wollen und den gegenwärtigen Moment zu besetzen und auszukosten. Dies stimmt mit den oben beschriebenen Aussagen über die Grundstimmungen überein, die aus buddhistischer Sicht als »traurigfroh« zu beschreiben wären.

3.5 Zum Begriff der Leerheit

Die Frage nach der Leerheit ist ein zentrales Thema im Buddhismus, unterzieht sie doch die Grundannahmen, mit denen wir durch unser Leben gehen, einer gründlichen Untersuchung. Das folgende Kapitel ist beeinflusst und inspiriert von Christian Thomas Kohl und seinem Buch »Buddhismus und Quantenphysik« (Kohl 2005).

Bei der Erörterung eines solchen Themas ist es unumgänglich, den indischen Philosophen Nāgārjuna zu Rate zu ziehen. Er lebte vermutlich im 2. Jahrhundert und ist *der* Vertreter einer buddhistischen Tradition, die das intellektuelle Verstehen von Wirklichkeit, allerdings auf der Basis intensiver Praxis, in den Vordergrund seiner Bemühungen stellt. Eine seiner grundlegenden Schriften ist das Mūlamadhyamaka-Kārikās (Im Folgenden mit MMK abgekürzt). Er hat, wie auch später der japanische Zen-Meister Dogen, den sprachlichen Ausdruck bis zur äußersten Grenze genutzt. So wird es möglich, »das Sichrealisieren von Wirklichkeit auch in der Sprache zum Ausdruck zu bringen, um so die Sprache selber erwachen zu lassen« (Elberfeld 2004, S. 222).

Was verstehen wir umgangssprachlich unter Leerheit? Was wird im Buddhismus unter Leerheit verstanden? Von der Leere zu sprechen wirft natürlich die Frage auf: Etwas ist leer von was? Eine Teetasse ist leer, der Kopf ist leer: In der Teetasse ist keine Flüssigkeit, im Kopf sind keine Gedanken. Es ist nichts in der Tasse, es ist nichts im Kopf. Es ist nichts da, es ist leer. Diese Definition von Leerheit hat im Westen dazu geführt, den Buddhismus als nihilistisch zu bezeichnen, als eine Lehre zu beschreiben, die das Nichts anstrebt.

Wie nehmen wir wahr? Gibt es bei der Wahrnehmung von Dingen vielleicht Grundannahmen, von denen wir wenig oder gar nichts wissen? Grundannahmen, mit denen wir unsere Welt betrachten, die aber, weil wir sie nicht kennen, selber Einfluss nehmen auf die Art, wie wir die Dinge, die Welt, die Wirklichkeit, wahrnehmen? Was könnten dies für Grundannahmen sein?

Hier einige, nicht hinterfragte Grundannahmen:

1. Wir gehen davon aus, dass die Welt kontinuierlich, also berechenbar ist. Diese Berechenbarkeit gibt uns Sicherheiten und schützt uns vor den Unwägbarkeiten und Unsicherheiten des Lebens.
2. Wir gehen davon aus, dass es ein Subjekt (Ich) und ein Objekt (Ding) gibt, die voneinander getrennt sind, oder besser, die als getrennt erlebt werden. Das Ich stellt eine Art ›innere Welt‹ dar, das Ding befindet sich in der sogenannten ›äußeren Welt‹.
3. Wir billigen dem Ich eine Art Kontinuität zu. Wir spinnen sozusagen kontinuierlich an einem ›roten Faden‹, der unsere Lebensgeschichte darstellt und der die einzelnen Ereignisse unseres Lebens so miteinander in Verbindung setzt, dass ein Selbst entsteht, von dem wir sagen können: Das bin ich. Es ist hier wichtig zu betonen, dass wir kontinuierlich an diesem Selbstbild arbeiten.
4. Wir billigen dem ›Ding‹ in der äußeren Welt ebenfalls eine Art Kontinuität zu. Es ist eine nie wirklich ausgesprochene Grundannahme in unserem Leben, dass wir Dingen ebenfalls eine Art innewohnendes Selbst zuschreiben. Dinge erscheinen, zumindest für eine mehr oder weniger lange Zeit, als fest und unveränderlich. Davon

müssen wir im Alltag natürlich ausgehen, ansonsten könnten wir nicht planen oder irgendetwas tun. Aber haben Dinge wirklich ein eigenes »Selbst«?

5. Eine weitere wichtige Grundannahme in unserem Leben ist die, dass hinter allem, was wir tun und erleben, ein Sinn liegt. Es scheint eine Art Ziel im Leben zu geben, eine Art »großen Plan«, in dem wir uns bewegen. Dieser Plan hat einen Anfang, einen Beginn, ein Ende und ein Ziel. Innerhalb dieses Planes gibt es natürlich viele Spielmöglichkeiten, aber im Geheimen glauben wir an etwas, das größer ist als wir. Dieses Größere ist wie ein Urgrund alles Seienden, es ist ewig und daher zeitlos, unwandelbar und unsterblich. Es ist wie ein unwandelbarer Kern, der den Objekten und dem Selbst zugrunde liegt. In der indischen Philosophie wird dies Brahman und Ātman genannt, im Westen Gott, Substanz oder Seele.[30]

Auch oder gerade dann, wenn diese hier vorgestellten Thesen abgelehnt werden, müssen wir uns ernsthaft fragen, ob wir die Annahme, die den obigen Aussagen zugrunde liegt, nämlich die, dass alles immer in Veränderung ist, wirklich vollständig realisiert haben. Alles ist immer in Veränderung, alles. Diese Grundannahme des Buddhismus lässt uns eben keinen Spielraum mehr: Die Erfahrung andauernder Veränderung lässt uns nicht die Möglichkeit, uns auf irgendetwas ›Festes‹ oder ›Substanzielles‹ zurückziehen zu können. Wo würden wir ein sich nicht wandelndes Ich oder Selbst finden, wo würden wir eine immer seiende Seele oder einen immerwährenden Gott finden? Die Verwirklichung der Tatsache, dass alles Bewegung ist, bedeutet, dass wir ›Sicherheiten‹ nur im ›Fluss des Lebens‹ selber finden können. Alan Watts hat dies in einem seiner Buchtitel sehr schön auf den Punkt gebracht: »Weisheit des ungesicherten Lebens« (Watts 2002).

Zusammenfassend können wir nun fragen: Was ist Wirklichkeit oder besser: Mit welchen nicht ausgesprochenen und nicht hinterfragten Konzepten nehmen wir unsere Wirklichkeit eigentlich wahr? Oder

---

30 Siehe hierzu auch die Ausführungen von Byung-Chul Han in seiner »Philosophie des Zen-Buddhismus«. Er schreibt in seiner Kritik an Hegels Auffassung des »Nichts« im Buddhismus: »In seiner Interpretation des Buddhismus operiert Hegel problematischerweise mit onto-theo-logischen Begriffen wie Substanz, Wesen, Gott, Macht, Herrschaft und Schöpfung, die alle dem Buddhismus unangemessen sind.« (S. 12)

anders gefragt: Gibt es ein unveränderliches, ewiges, zeitloses Seiendes, das seit Urzeiten wirkt, oder stellen wir Wirklichkeit nicht immer wieder her? Und wenn dem so sein sollte: Dann sollten wir die Konzepte und Grundannahmen, mit der wir diese Welt erleben, gründlich studieren. Genau hier setzt der Buddhismus als Philosophie und als Praxis an.

Was nun ist Leerheit aus buddhistischer Sicht? Bei der Beantwortung dieser Frage müssen wir uns zwei Begriffe näher anschauen. Śūnyatā und Pratītyasamutpāda.

Śūnyatā (Sanskrit) meint, dass Phänomene substanzlos sind, dass sie kein eigenes Sein haben, oder besser, keinen festen Kern, Pratītyasamutpāda[31] meint abhängiges Entstehen: Alle Dinge und alle Begriffe, eben alles, entsteht in Abhängigkeit von anderem. Wenn alles in Abhängigkeit entsteht, so müssen wir schließen, können wir nichts Festes, ein Sein oder einen Kern finden. So betrachtet sind Dinge und Begriffe ›leer‹. Wäre dem nicht so, wären sie unveränderlich und ewig oder hätten zumindest eine Art Kern innewohnender Unveränderlichkeit. Im Folgenden werden wir die beiden Begriffe, so wie Nāgārjuna auch, synonym verwenden. Mit einem Wort: Śūnyatā und Pratītyasamutpāda bezeichnen das, was zwischen den Dingen passiert: Wechselwirkungen und Übertragungen von Energien. Bezogen auf den menschlichen Lebenskreislauf bedeutet dies, dass alle Komponenten in gegenseitiger Abhängigkeit entstehen und vergehen.[32]

Könnte es sein, dass wir der Wirklichkeit oder besser unserer Wahrnehmung von Wirklichkeit etwas zugrunde legen, das wir als etwas Festes oder Ewiges beschreiben könnten? Könnte es sein, dass unserer

---

31 Pratītyasamutpāda beschreibt den zwölfgliedrigen Kreislauf des Entstehens und Vergehens: 1. Unwissenheit, 2. Tatabsichten (Formkräfte), 3. Bewusstsein, 4. Name und Körper (Form), 5. Sechs Sinne, 6. Berührung, 7. Empfindung, 8. Durst (Begehren), 9. Ergreifen (Anhaften), 10. Werden, 11. Geburt, 12. Alter und Tod.

32 Wir wollen an dieser Stelle den Begriff der gegenseitigen Abhängigkeit kurz beleuchten. Der Begriff beschreibt zwei Ebenen von Abhängigkeiten: eine vertikale und eine horizontale. Die vertikale Ebene beschreibt eine Abhängigkeit im Sinne von Ursache und Wirkung, bei der ursächliche Bedingungen für das Entstehen von Dingen maßgebend werden. Die horizontale Ebene beschreibt Einflussnahmen, die Dinge gleichzeitig zu ihrem Entstehen und Vergehen aufeinander ausüben. Die Dinge durchdringen einander. Beide Ebenen kreieren ein Feld, das die Existenz von Dingen erst möglich macht. Es sind Beziehungen von gleichzeitiger, wechselseitiger Identität und wechselseitig abhängiger Ursächlichkeit (siehe hierzu: Weischede 2006, S. 151 ff.).

Welt, und gerade auch unserer persönlichen Welt, die Grundannahme unterliegt, dass es hinter all dem Wahrnehmbaren und Fühlbaren noch eine Kraft gibt, einen Hintergrund, einen Urgrund, die/der all dies zusammenhält, steuert und grundlegend beeinflusst? Dies ist keine rhetorische Frage, ist es doch das, was der Buddha zu seiner Zeit in der indischen Philosophie und Religion vorgefunden hat und was auch in der abendländischen Kultur eine grundlegende Rolle spielt. Vorgefunden in der indischen Philosophie hatte der Buddha folgende Annahme: Allen Dingen und dem menschlichen Selbst liegt etwas Dauerhaftes zugrunde, das Brahman, Ātman und Prakti genannt werden kann.

Ātman als das individuelle Selbst, eine ewige und unzerstörbare Essenz des Geistes, wird von seinem Kern her auch mit dem kosmischen Selbst, Brahman, gleichgesetzt. Prakti ist die selbst handelnde Natur. Aus ihr heraus entfaltet sich das grob- und feinstoffliche Dasein. Dieser Natur wird eine eigene Wesenhaftigkeit zugebilligt. In den Upanischaden ist Brahman das kosmische Selbst, das wahre Selbst des Menschen, der Urgrund alles Seienden, das Unsichtbare, das Unhörbare, das nicht Wahrnehmbare. Dennoch ist es wirksam. Dieses Wirksame ist ewig, in sich selbst ruhend, aus sich selbst heraus immer wieder entstehend, es ist jenseits von Raum und Zeit. Hinter dem, wie wir die Welt erfahren, befindet sich etwas, das zeitlos ist, unsterblich, nicht räumlich und unwandelbar. Die Weltenseele Brahman und das individuelle Selbst Ātman repräsentieren das wahre Wesen der Welt. Dieses eine wird erkennbar im Kosmos als Brahman und im Einzelnen als Ātman. All dies gilt es zu erkennen. Diese Erkenntnis selber ist Befreiung; sie befreit aus dem Kreislauf der Wiedergeburten. »Tat tvam asi – das bist du.«

Den Objekten und dem Selbst liegt also demnach ein unwandelbarer Kern zugrunde. Interessanterweise gibt es die entsprechenden Parallelen im westlichen Denken: Im Westen wird dies Gott, Substanz oder auch Seele genannt. Und auch für Prakti tauchen ähnliche Begrifflichkeiten im Westen auf: Mutter Natur, die große Mutter Erde, die Natur, Gaja.

In der europäischen Metaphysik wird von unabhängiger Realität gesprochen: *»Eine unabhängige Realität bezeichnet … etwas, das als Existierendes von nichts anderem abhängig ist (Descartes), was aus sich selbst heraus existiert, durch sich selbst besteht (More), gänzlich unein-*

geschränkt durch anderes und frei von jeder Art von Fremdbestimmung ist (Spinoza), das, was für sich selbst, ohne ein anderes besteht (Schelling).« (Kohl 2005, S. 87)

Dieser indischen Sicht des Seins trat der Buddha vehement entgegen. Nach einem langen, entbehrungsreichen und beschwerlichen Weg des Selbststudiums konnte er kein Brahman, Ātman oder Prakti finden. Seiner Erfahrung nach waren dies alles Konzepte von Wirklichkeit, die nicht seiner unmittelbaren und direkten Erfahrung entsprachen. Dies ist in gewisser Weise die zentrale Frage, die in der buddhistischen Praxis immer wieder berührt und gestellt wird: Gibt es eine unmittelbare, direkte Erfahrung der »Wirklichkeit« oder ist diese immer überlagert und geprägt vom konzeptuellen Denken und von mehr oder weniger unbewussten Annahmen wie etwa der Beständigkeit des Seins oder einer außerhalb von uns vorhandenen Kraft oder Instanz? Was ist unsere Erfahrung (!) von Wirklichkeit? Ziehen wir Konzepte von Wirklichkeit der wirklichen Erfahrung vor? Sind unsere Konzepte vielleicht schon so stark geworden, dass sie direkte Erfahrung sehr erschweren oder sogar unmöglich machen? Dies sind Fragen, die zu klären uns die buddhistische Praxis immer wieder auffordert.

Bevor wir uns den Wirklichkeitsbegriff näher anschauen, ein kleiner Exkurs über unsere Auffassung des Begriffes Existenz. Wir können davon ausgehen, dass Dinge in der Welt existieren. Wir müssen, wenn wir Kant folgen, die Existenz von Objekten nicht (immer wieder) beweisen. Dinge sind in ihrer einfachen Tatsächlichkeit da. In der Tradition europäischer Denkweise gibt es neben der Existenz noch die Essenz eines Objektes. Es ist das Wesen, die Substanz oder das Sein des Dinges. Sie liegt dem Ding als unwandelbarer Kern zugrunde und wird von seinem Dasein unterschieden. Mehr noch: die Essenz bedingt die Existenz. Ohne in der jetzigen Diskussion zu weit vorzugreifen, können wir sagen: Diese Trennung wird im Buddhismus nicht vollzogen. Existenz und Essenz werden und sind nicht getrennt, da Dinge immer in Abhängigkeit entstehen und eben keinen unwandelbaren Kern haben. Denn: Gäbe es etwas Unveränderliches wie einen Urgrund, etwas Ewiges oder eine Essenz, gäbe es keine Veränderung. Dies würde aus buddhistischer Sicht bedeuten, dass wir die Welt aufteilen in Unveränderliches und Veränderliches. Dieser Sicht der Welt aber steht unsere Erfahrung entgegen, dass *alles* immer in Veränderung ist.

Nāgārjuna schreibt dazu: »*Was abhängig von diesem und jenem entstanden ist, das ist nicht substanziell entstanden. Was nicht substanziell entstanden ist, wie kann es wörtlich ›entstanden‹ genannt werden? … Was aus einer Ursache entstanden ist und was ohne Bedingungen nicht dauerhaft bleibt, sondern verschwindet, wenn die Bedingungen nicht vorhanden sind, wie kann es als ›existieren‹ verstanden werden?*« (Kohl 2005, S. 83)

Auf dieser Basis können wir sagen: »*Nirgendwo finden sich jemals unvergängliche Dinge, seien sie aus sich selbst oder aus anderem oder aus beidem oder ohne eine Ursache entstanden.*« (Kohl 2005, S. 45) Ohne eine Ursache meint, dass es Dinge gibt, die wir (noch) nicht erklären können oder deren Ursache wir (noch) nicht kennen: Dennoch erfahren und erleben wir etwas. Etwas ist einfach unerklärlich, aber deshalb eben nicht nicht existent.

Die zeitgenössische Physik hat einen Wirklichkeitsbegriff entwickelt, den wir stichwortartig wie folgt zusammenfassen können und der einem buddhistischen Begriff von Wirklichkeit sehr nahe kommt:

1. Wirklichkeit ist ein Zusammenspiel von Systemen.
2. Die einzelnen Bestandteile von Systemen sind nicht identisch mit dem System.
3. Die physikalische Welt lässt sich zwar auf immer kleinere Bestandteile zurückführen, aber nie auf einen einzelnen kleinsten und unabhängigen (!) Bestandteil.
4. Wirklichkeit ist ein Prozess, in dem Dinge entstehen und vergehen.
5. Wirklichkeit ist immer konzeptabhängig. M. a. W.: Es gibt keine konzeptunabhängige Wirklichkeit. Dies heißt aber im Umkehrschluss nicht, dass es keine Wirklichkeit gibt. Auf der Ebene der Beziehung von Person und Welt bedeutet dies: Es geht darum zu erkennen, dass Subjekt und Objekt voneinander abhängig sind. Aber sowohl Subjekt als auch Objekt sind Konzepte. Die Grundannahme einer existierenden, objektiven Wirklichkeit, im Sinne wirklicher Objekte, wird jedoch nicht geleugnet.
6. Wirklichkeit ist ein komplexes Zusammenspiel von materiellen und immateriellen Komponenten. Dabei sind die Komponenten oder Dinge selber wiederum abhängig von anderen Dingen und von den eigenen Bestandteilen.

7. Die Wirklichkeit besteht aus Zwei-Komponenten-Systemen oder auch Systemen mit mehreren Komponenten: Ich und Du, Hier und Dort, Vergangenheit und Zukunft usw. Die grundlegende Wirklichkeit ist ein Zusammenspiel dieser Komponenten. Wichtig hierbei ist, dass es keine Systeme gibt, die nur aus einer einzigen Komponente bestehen. Darüber hinaus werden hier nicht zwei unabhängige Komponenten zu einem System zusammengefügt, die Komponenten sind in gegenseitiger Abhängigkeit entstanden. Diese Punkte zusammenfassend können wir also sagen, dass es nach diesem Verständnis der modernen Physik keine unabhängigen Grundbausteine oder Fundamente der Welt gibt[33].

Dies gilt ebenfalls für unsere Sprache. Auch Begriffe sind nicht einzeln und unabhängig, sondern existieren immer mit einem Gegenbegriff. Auch sie bilden ein Zwei-Komponenten-System, das sich gegenseitig ergänzt wie die zwei Seiten einer Münze. Könnte ich eine Seite wegnehmen, würde die Münze nicht mehr existieren: Ursache und Wirkung, Tat und Täter, Feuer und Brennstoff, etwas und etwas anderes, Vergangenheit und Gegenwart, entstehen und vergehen, das Reine und das Unreine, Stillstand und Bewegung, Leid und Freiheit vom Leiden. *»Es gibt keinen unabhängigen, einzelnen Begriff ohne einen Gegenbegriff. Da Begriffe als sprachliche Elemente je nach Betrachtungsrichtung ein Allgemeines oder ein Einzelnes darstellen, können Begriffe niemals isoliert auftreten.«* (Kohl 2005, S. 113)

Aus buddhistischer Sicht können wir nun zusammenfassend Folgendes festhalten:

Die erfahrene Wirklichkeit ist, wie oben beschrieben, konzeptabhängig. Die benutzten Konzepte sind abhängig entstanden und daher ebenfalls substanzlos. In der Konsequenz bedeutet dies, dass Śūnyatā und Pratītyasamutpāda ebenfalls kein eigenes Selbst haben und daher keine absoluten Begriffe sind. Sie sind für die Verdeutlichung der beschriebenen Sachverhalte nicht mehr als gute Hilfsmittel, heben sie sich

33 Siehe dazu auch die Ausführungen des Physikers Hans-Peter Dürr: »Es gibt gar nichts Seiendes, nichts, was existiert. Die Welt besitzt keine ontische Struktur. Im Grunde existiert nichts, keine Objekte, keine kleinsten, unvergänglichen materiellen ›Teilchen‹. Es gibt nur Verbundenheit, Wandel, Veränderung, Operationen, Prozesse.« (H. P. Dürr in J. Galuska 2003, S. 26)

doch bei ihrer Verwirklichung oder Realisierung selber auf. Wie nun wird es möglich, die Welt direkt und konzeptfrei wahrzunehmen und zu erleben? Wir wollen an dieser Stelle den Begriff der yogischen Wahrnehmung einführen. Dies meint eine Wahrnehmung, die die Trennung von Geist als Organ der Wahrnehmung und dem Körper als Wahrnehmungsorgane aufhebt. Es ist der Versuch, Geist und Körper zu vereinigen oder zu integrieren (das Wort Yoga kommt aus dem Sanskrit und bedeutet anjochen oder zusammenbinden). Betonen wollen wir hier jedoch, dass es in der Praxis des Zen zwar um die Vereinigung von Körper und Geist geht, der Schwerpunkt aber zunächst einmal auf den Körper gelegt wird. Der Körper auf dem Sitzkissen ist der Ausgangspunkt der Zen-Praxis, der Körper in seiner aufrechten und bewegungslosen Haltung, der Körper als Atemkörper. Hier geht der Körper sozusagen voran in seiner Stille und gibt dem Geist somit die Gelegenheit zu folgen. Im Rahmen dieser Praxis werden Körper und Geist ***ein*** Wahrnehmungsorgan. Wirklichkeit wird dann nicht mehr durch Denken auf der einen Seite oder sinnliche Wahrnehmungen auf der anderen Seite erlebt, sondern durch das erwachte, direkte Erfahren der Wirklichkeit. Diese yogische Wahrnehmung ist von gar keinem Wirklichkeitsbegriff abhängig. Hier geht es um direkte Erfahrung ohne jeglichen Wirklichkeitsbegriff. Es sind Erfahrungen, die in überhaupt kein Konzept gesteckt werden. Nāgārjuna sagt dazu: »*Das Entstehen in gegenseitiger Abhängigkeit (pratītyasamutpāda), dies ist es, was wir (śūnyatā–Substanzlosigkeit) nennen. Das ist (aber nur) ein abhängiger Begriff (prajnapti); gerade sie (die Leerheit) bildet den mittleren Weg.*« (MMK 24.18, S. 92)[34]

Im Folgenden gehen wir noch einmal kurz auf die Funktionen des Bewusstseins ein. Wir haben Ausführliches dazu im Kapitel über Geist und Bewusstsein geschrieben. Die wichtigsten Funktionen des Bewusstseins, so hatten wir dort gesagt, sind, die Welt für uns vorhersagbar zu machen, sie erkennbar zu machen, sie in eine zeitliche Abfolge zu setzen und Dingen eine Bedeutung zu geben. Darüber hinaus bringt das Bewusstsein die vielfältige Objektwelt mit ihren verschiedenen Qualifikationen hervor, setzt sie in Bezug, ordnet und klassifiziert sie[35].

---

34 Siehe dazu die Bemerkungen von Nishijima im Einleitungskapitel (II).

35 Nāgārjuna schreibt dazu: »Bewusstsein entsteht in Abhängigkeit von inneren und äußeren Grundlagen der sinnlichen Wahrnehmung. … Deswegen ist das Bewusstsein substanzlos, wie eine Luftspiegelung und wie eine Illusion. … Da das Bewusstsein in

Dies sind ohne Zweifel sehr wichtige Funktionen und Fähigkeiten unseres Bewusstseins. Sie sind aber auch die Grundlagen unseres dualistischen Denkens. Sie führen in ihrer Konsequenz zur Trennung von Subjekt und Objekt. Diese Art zu denken führt zu dem subjektiven Erleben, von der Welt getrennt zu sein, und fördert unsere Tendenz, die Welt zu bedenken anstatt sie direkt zu erleben.

Es ist uns wichtig, hier zu betonen, dass es nicht um eine Berichtigung unserer Vorstellungen geht. Es geht nicht um eine Berichtigung unserer Irrtümer, es geht nicht um das Ersetzen falscher Vorstellungen durch richtige Vorstellungen. Vielmehr geht es darum, unser dualistisches und dichotomes Denken aufzuheben. Dies aber ist nur möglich durch das Zur-Ruhe-Kommen dieser Vorstellungen, durch das Zur-Ruhe-Kommen unseres Geistes. Nāgārjuna schreibt dazu: *»Diejenigen aber, die ›Existenz‹ und ›Nicht-Existenz‹ der Dinge sehen, sind von geringerer Einsicht; sie sehen nicht das beglückende Zur-Ruhe-Kommen des Sichtbaren.«* (MMK 5.8, S. 20) *»Heilvoll ist die Beruhigung aller Wahrnehmungen, die Beruhigung der Entfaltung. Nirgendwo wurde irgendeinem durch den Buddha irgendein Dharma gelehrt.«* (MMK 25.24, S. 100) M. a. W.: Der Buddha hat keine Lehre gelehrt, die substanziell oder absolut genannt werden könnte. Es gilt, **alle** Ansichten aufzugeben! Es muss hier noch einmal deutlich gemacht werden: Nāgārjuna sagt nicht, dass es um Nicht-Denken oder Keine-Aktivität des Geistes geht. Ihm geht es um das Zur-Ruhe-Kommen des dualistischen und dichotomen Denkens. Wenn dies zur Ruhe gekommen ist, was bleibt dann, von welchem Geist sprechen wir dann? Es ist der Geist, der die Welt so wahrnimmt, wie sie ist; es ist der Geist der direkten Wahrnehmung; es ist der Geist der Spontaneität, der Geist der Erleuchtung.

An dieser Stelle wollen wir uns kurz mit einem möglichen Einwand beschäftigen, der den Prozess von Transformation betrifft. Verweisen möchten wir hier auf das Kapitel »Gelingen und Scheitern«, wo wir diese Themen im Rahmen der psychoanalytischen Praxis betrachtet haben. Generell könnte der Einwand erhoben werden, das komplette Aufgeben des dualistischen oder dichotomen Denkens sei nicht von-

---

Abhängigkeit von einem unterscheidbaren Objekt entsteht, existiert das unterscheidbare Objekt nicht (von selbst). Da das bewusste Subjekt nicht ohne das unterscheidbare Objekt und ohne Bewusstsein existiert, existiert es nicht (aus sich selbst).« (Kohl 2005, S. 120)

nöten. Vielmehr gehe es doch in der Zen-Praxis und der Psychoanalyse um eine Transformation unserer Wahrnehmung und unseres Erlebens. Transformation meint im Allgemeinen die Veränderung oder Umformung einer Gestalt oder Struktur, *ohne* den Verlust der Substanz. Oft wird Transformation in diesem Sinne als zielgerichtete Veränderung angesehen. Transformation kann aber auch als ein weitaus offener Prozess verstanden werden, in dem Veränderung ermöglicht und zugelassen, also nicht hergestellt wird. Dies ermöglicht ein völlig offenes und nicht vorherbestimmtes Ergebnis.

Nāgārjuna verfolgt dagegen einen anderen Ansatz: Durch das Aufgeben des dualistischen oder dichotomen Denkens werden »Hindernisse« beiseite geräumt. Es sind die Hindernisse eines Denkens, das die Welt einteilt, klassifiziert, in Bezug setzt und bewertet. Geben wir dieses Denken komplett auf, so Nāgārjuna, erscheint die Welt so, wie sie ist. Wir transformieren nicht, sondern plötzlich kommt etwas zum Vorschein, das aufgrund der Hindernisse nicht »gesehen« werden konnte. Die Hindernisse lösen sich auf und lassen das »Neue« zum Vorschein kommen. Hüten müssen wir uns allerdings vor der Vorstellung, dieses »etwas« sei schon immer da. Auf eine gewisse Art stellen wir dieses Neue her, es entsteht und erscheint in Spontaneität und Frische. Und dennoch: Es fühlt sich an wie schon immer dagewesen, wie die Erkenntnis: Ja, so ist die Welt. Ja, so war sie immer schon.

Wir könnten das Leben beschreiben als einen Korb, an dem wir andauernd flechten und den wir immer wieder verändernd neu herstellen. In unserer Begrenztheit und Eingeschränktheit sehen wir dann unser Leben ausschließlich in dem Korb selber, in dem Geflecht, ohne zu erkennen, was denn durch dieses Geflecht hindurchscheint. Nach Nāgārjuna geht es in der Aufhebung des dualistischen, dichotomen Denkens um ein wirkliches Sein-Lassen. Dieses Beenden ist das sofortige Ankommen im jetzigen Augenblick, die Welt offenbart sich so, wie sie ist, wir schauen den Korb und wir schauen durch die Zwischenräume des Geflochtenen hindurch. Es ist das Fallenlassen aller Konzepte und ermöglicht direktes Schauen. Die *Grundlage* aber, so Nāgārjuna, ist ein beglückendes Zur-Ruhe-Kommen des Sichtbaren, ein Beruhigen aller Wahrnehmungen, eine Beruhigung aller geistigen Entfaltungen. Mit anderen Worten: Erst kommt die Beruhigung des Geistes, dann das Aufgeben der Konzepte und dann die Erkenntnis im

Sinne von »Erkennen«, die direkte Erfahrung, wie die Welt wirklich ist.

Der Ansatz Nāgārjuna ist auf seine Weise eine Radikalisierung der Zen-Praxis. Diese radikale Abkehr von allen Konzepten hat auch Bion diskutiert, wenn er anmerkt: Wenn ich glaube, den Patienten vor mir zu kennen, mache ich etwas falsch. Man könnte auch fragen: Mit welchen Konzepten geht Bion hier an die Arbeit? Geht es hier nicht auch wieder um eine Paradoxie, nämlich die eines Konzeptes des Nicht-Konzeptes? (siehe S. 258)

Es wird immer wieder der Einwand erhoben, dass wir doch nichts anderes als unsere Sinne haben, um die Welt wahrzunehmen. Wenn wir nun von Getäuscht-Sein hinsichtlich unserer Wahrnehmungen sprechen, so muss die Täuschung ja wohl in der Wahrnehmung, sozusagen an der Quelle, selber liegen. Wenn dem so wäre, wie könnten wir dann jemals die Welt so wahrnehmen, wie sie wirklich ist? Es ist richtig, wir haben nur unsere Sinne. Sie können sowohl die Grundlage für ein Getäuscht-Sein bilden als auch für korrekte Wahrnehmung. Was meint dies? Unsere Sinne sind erst einmal keine Informationslieferanten. Sie liefern keine Informationen, die dann (von uns) verarbeitet werden, sondern sie sind in direktem Kontakt mit dem jeweiligen Objekt. Wenn das Ohr z. B. einen Ton wahrnimmt, sind das Ohr und der Ton nicht voneinander getrennt, Ohr und Ton sind ein und dasselbe. Der Ton ist das Ohr, das Ohr ist der Ton. Wo könnte hier eine Täuschung vorliegen? Die Täuschung beginnt mit dem einsetzenden dualistischen Denken, sprich mit dem Analysieren: Aus welcher Richtung kommt der Ton? Was für ein Ton ist es? Wie laut ist er? An was erinnert er mich? Und so weiter. Wir können dieses auf all unsere Sinne übertragen und sagen: Unsere Sinne lügen nicht. Die Täuschung beginnt mit dem Prozess der Trennung zwischen dem Sinnesorgan und dem Objekt; es ist der Prozess der Bewusstwerdung. Dieser ist immer ein trennender[36].

Auf der Basis des bisher Erarbeiteten können wir uns ansatzweise mit der Frage beschäftigen, ob die Welt eine Illusion sei. Wenn wir schon nicht durch die Sinne getäuscht sein müssen, könnten wir uns immer noch die grundlegendere Frage stellen: Existiert die Welt über-

36 Wir haben diesen Prozess ausführlich beschrieben im Kapitel »Über das Selbst«.

haupt oder ist sie eine bloße Einbildung, einzig und allein durch unseren Geist hergestellt?

Aus buddhistischer Sicht gibt es eine relative Wirklichkeit der Außenwelt und auch eine relative Wirklichkeit von Konzepten, um Wirklichkeit zu erfassen. Wie wir weiter oben bei der Beschäftigung mit dem Wirklichkeitsbegriff schon gesagt haben, müssen wir die Existenz von Objekten nicht (immer wieder) beweisen. Wir können (und müssen vielleicht) davon ausgehen, dass das Dasein in seiner einfachen Tatsächlichkeit existent ist, Dinge sind in ihrer einfachen Tatsächlichkeit vorhanden. Die Dinge in der Außenwelt sind **dann** eine Illusion, wenn wir sie für Dinge halten, die eigenständig und substanziell sind. Im Kapitel »Über das Selbst« hatten wir dies aus einer etwas anderen Perspektive beschrieben als eine Bewegung oder Unbeständigkeit der ganzen Welt. Leiden entsteht dann, wenn wir einen Ruhe- oder Festpunkt suchen, der sich der Bewegung oder der Veränderung entzieht oder ihr nicht unterworfen ist. Solange wir Bewegung, sprich Veränderung, nicht als *die* Grundlage unseres Lebens anerkennen, leiden wir an der Bewegung selbst. Dies ist ebenso eine Täuschung, wie die Traumbilder der Innenwelt für eine reale Außenwelt zu halten. Nāgārjuna schreibt dazu: *»Nirgends und niemals findet man Dinge, entstanden – aus sich – aus anderem – aus sich und anderem zusammen – ohne Grund (d. i. weder aus sich noch aus anderem).«*[37] (MMK 1.1, S. 2)

Ungetäuschte Wahrnehmung ist direkt und spontan, sie lässt zeitlich betrachtet einen Bewusstseinsprozess gar nicht erst zu. Sie ist, so können wir sagen, der Ausgangspunkt unseres Geistes: Die »Null-Position« unseres Geistes ist die der Direktheit und der Spontaneität. Es ist ein Geist, der sich nicht identifiziert und somit an nichts anhaftet. Im ›Buch der Heiteren Gelassenheit‹ wird der Zen-Meister Prajnatara gefragt, warum er denn keine Schriften lese. Seine Antwort: *»Dieser arme Umherreisende verweilt beim Einatmen nicht in den Bereichen von Körper oder Geist; wenn er ausatmet, verstrickt er sich nicht in unzählige Umstände – solch eine Schrift wiederhole ich ständig, Hunderte, Tausende, Millionen von Schriftrollen.«* (BOS, S. 11, Übersetzung G. W.)

---

37 In der buddhistischen Tradition sprechen wir von zwei Wahrheiten: der weltlichen, verhüllten konventionellen Wahrheit (Samvriti-Satya) und der Wahrheit im höchsten Sinne (Paramātha-Satya).

Hier beschreibt Prajnatara, wie er über den Atem immer wieder in Kontakt mit der Welt tritt. Genauer müssten wir sagen: Er atmet die Welt ein und er atmet die Welt aus. Prajnatara **ist** für einen jeweiligen Atemzug die innere Welt und die äußere Welt. Sobald er aber zu analysieren beginnt, verstrickt er sich.

Dieses Nicht-Verstrickt-Sein mit der Welt aber bedeutet Freiheit: Wir bewegen uns frei und spontan entsprechend der jeweiligen Situation. Hierfür wird im Buddhismus oft das Bild einer Türangel benutzt: *»Im … Angelpunkt dreht sich das spirituelle Werk … fließendes Wasser wird nicht schal, ein Türscharnier ist nicht wurmzerfressen – das heißt, es ist aktiv.«* (BOC, S. 14, Übersetzung G. W.) Auch Suzuki Roshi verwendet dieses Bild, wenn er von der freien Bewegung unseres Atems spricht, von dem Atem als Schwingtür. *»Die innere Welt ist ohne Grenzen und auch die äußere Welt ist ohne Grenzen. Wir sagen ›innere Welt‹ oder ›äußere Welt‹, doch in Wirklichkeit gibt es einfach nur eine ganze Welt. In dieser grenzenlosen Welt ist unsere Kehle wie eine schwingende Tür. Die Luft geht hinein und hinaus wie jemand, der durch eine Pendeltür geht. Wenn Ihr denkt: ›Ich atme‹, so ist das ›Ich‹ ein Zusatz. Es gibt kein Du, das ›Ich‹ sagen könnte. Was wir Ich nennen, ist nichts als eine Drehtür, die sich bewegt, wenn wir ein- und ausatmen. Sie bewegt sich nur; das ist alles. Wenn Euer Geist rein und ruhig genug ist, dieser Bewegung zu folgen, dann gibt es nichts: kein ›Ich‹, keine Welt, weder Geist noch Körper, nur eine Drehtür … Deshalb sollt Ihr, wenn Ihr Zazen praktiziert, Euch auf Euren Atem konzentrieren. Diese Art der Aktivität ist die grundlegende Aktivität des allumfassenden Seins (universal being). Ohne diese Erfahrung, ohne diese Übung ist es unmöglich, absolute Freiheit zu gewinnen.«* (Suzuki 1996, S. 29/32) Diese Freiheit ist die Freiheit von Konzepten jeglicher Art. Sie wird Nirvāna genannt. Dazu merkt Nāgārjuna an: *»Was weder aufgegeben noch erlangt, weder unterbrochen noch andauernd, weder vernichtet noch entstanden ist, das wird Nirvāna genannt.«* (MMK 25.3, S. 97)

Wirklichkeit ist immer konzeptabhängig, so hatten wir weiter oben gesagt. Dieser Grundsatz gilt natürlich auch für die buddhistische Lehre selber. Auch sie ist nicht unabhängig oder substanziell. Denn sie hängt ab von falschen Konzepten und von den (geistigen) Krankheiten der Menschen. *»Wenn die Konzepte und Krankheiten der Menschen beseitigt sind, ist die buddhistische Lehre als eine substanzlose*

Lehre von der Substanzlosigkeit (Śūnyatā) der Objekte überflüssig. Der Wirklichkeitsbegriff Nāgārjunas ist keine absolute, sondern eine abhängige metaphysische Position zum Zweck der Verständigung…« (Kohl 2005, S. 108)

Konzepte und Theorien, aber auch die buddhistische Lehre, haben keine unabhängige Substanz und kein eigenes Sein, selbst dann nicht, wenn sie Wandel, kontinuierliche Veränderung und das abhängige Entstehen zum Inhalt haben! Daher können wir nichts in dieser Welt eine Letztbegründung geben. Wir könnten fast sagen, dass der Buddhismus keine Wirklichkeitsbeschreibung präsentiert. Was bleibt, ist die direkte, spontane Erfahrung.

Wirklichkeit kann nicht erklärt werden. Wirklichkeit ist substanzlos. Solche fast unerhörten Aussagen machen zu können, setzt tiefes Erkennen und Erleben der Wirklichkeit voraus, setzt tiefes Erfahren der Welt, so wie sie ist, voraus. *»Das Erleben der Substanzlosigkeit, die Erfahrung der Substanzlosigkeit (Śūnyatā) und der Abhängigkeit der Dinge (pratītyasamutpāda), die Erfahrung der Wirklichkeit, so wie sie ist, setzt für die buddhistische Tradition, die sich auf Nāgārjuna bezieht, eine hohe spirituelle Realisierung, eine yogische Wahrnehmung voraus, das Aufgeben extremer metaphysischer Ansätze, die Auflösung des ganzen dualistischen Denkens, bei dem alles in Teile zerfällt und diese Teile wieder in Teile. Die Substanzlosigkeit der Dinge, ihre Abhängigkeiten zu erleben, heißt frei zu werden von allen Bindungen an diese Welt, wofür Nirvāna nur ein anderes Wort ist.«* (Kohl 2005, S. 117)

Im Folgenden fassen wir das Obengesagte zusammen. Wir folgen dabei den fünf von Nāgārjuna geprägten Wirklichkeitsbegriffen in Anlehnung an die Ausführungen von Kohl.

Demnach können wir Wirklichkeit beschreiben als:

1. Śūnyatā: Allen Gegebenheiten und Objekten liegen Systeme zugrunde, *»die nicht auf eine einzige, unabhängige, grundlegende, substantielle Komponente reduziert werden können. Dieser Wirklichkeitsbegriff wird durch Śūnyatā (Substanzlosigkeit) und pratītyasamutpāda (abhängiges Entstehen) zum Ausdruck gebracht.«* (Kohl 2005, S. 123)
2. Śūnyatā – Śūnyatā: Auch die Substanzlosigkeit ist substanzlos; Substanzlosigkeit der Substanzlosigkeit. Das heißt: Auch Śūnyatā ist ein abhängiger Begriff, der nur der Verständigung dient. Die Substanz-

losigkeit selber hat keine Substanz, da es keine *substanzielle* Substanzlosigkeit geben kann. Daher können wir sagen: »*... die Dinge und die Substanzlosigkeit (sind) eins ... Beide entstehen und vergehen gemeinsam. Die Wirklichkeit ist Substanzlosigkeit (Śūnyatā). Substanzlosigkeit (Śūnyatā) ist die Wirklichkeit.*« (Kohl 2005, S. 124) Der hier angesprochene Begriff des Abhängigen Entstehens ist ein zentraler. Das Erkennen, dass alles in Abhängigkeit entsteht und vergeht, macht es uns erst möglich, die Welt so zu sehen, wie sie wirklich ist. Dazu Nāgārjuna: »*Wer das abhängige Entstehen sieht, der sieht diese Welt (wie sie wirklich ist), der sieht auch die wahre Natur des Leides, (sein) Entstehen, (seine) Vernichtung und den Weg (zu seiner Vernichtung).*« (MMK 24.40, S. 95)

3. Nach Nāgārjuna ist Wirklichkeit weder Śūnyatā, noch Nicht-Śūnyatā, sie ist nicht beides, aber auch nicht keines von beidem.

   Nāgārjuna fasst dies so zusammen: »*Man soll weder sagen ›leer‹ (substanzlos, G. W.) noch ›nicht leer‹ (nicht-substanzlos, G. W.), auch nicht ›beides zugleich‹ und auch nicht ›keines von beidem‹.*« (MMK 22.11, S. 83)

4. Auf der vierten Ebene stellt Nāgārjuna die Frage, ob Nirvāna als eine (anzustrebende) Wirklichkeit beschrieben werden kann, die wir als unabhängig bezeichnen können. Ist Nirvāna etwas Absolutes, etwas, das nicht zusammengesetzt und unabhängig ist?

   Während im Samsāra das Denken und Wahrnehmen nicht zur Ruhe kommen, ist gerade dieses Zur-Ruhe-Kommen von Denken und Wahrnehmen das Zeichen von Nirvāna.

   Aber auch Nirvāna entsteht in Abhängigkeit, nämlich zu Samsāra, wobei auf dieser Erfahrungsebene Samsāra und Nirvāna als eine nicht zu trennende Einheit erlebt werden. Wir erwachen hin zu Nirvāna, ohne aus Samsāra herauszufallen. Oder anders beschrieben: Wir wachen in das Samsāra hinein. Nirvāna ist also keine unabhängige Wirklichkeit. Aber was ist mit der Lehre von Nirvāna? Können wir von einer Unsterblichkeit der Lehre von Nirvāna sprechen? Nāgārjuna beschreibt den Erwachten wie folgt: »*Ihn, den völlig Erwachten, den besten aller Lehrer, verehre ich, der die beglückende, alle Konzeptualisierung (prapañca) auflösende Lehre vom abhängigen Entstehen (pratītyasamutpāda) verkündete, (die bedeutet:) Nichtvergehen, Nichtentstehen, Nichtabbrechen, Nichtandauern,*

Nichteinheit, Nichtvielheit, Nicht-zur-Erscheinung-Kommen, Nicht-aus-ihr-Verschwinden.« (Kohl 2005, S. 124/25)

Diese Lehre des völlig Erwachten beschreibt Wirklichkeit in ihrer letzten Konsequenz. Nāgārjuna verwendet hier als Mittel die Negation, um Wirklichkeit als das zu beschreiben, was sie *nicht* ist. Dies ist eine in der buddhistischen Praxis typische Vorgehensweise, um Stück für Stück unsere Täuschungen abzuschneiden. Was »bleibt« nun, wenn wir uns von allen Täuschungen befreit haben? Erwachen!

Was ebenfalls »bleibt«, ist die Lehre vom Erwachen selber, als einer unsterblichen. Mit anderen Worten: Die Lehre selber ist unsterblich. Nāgārjuna schreibt dazu: »*Nicht Einheit, nicht Vielheit, nicht Aufhören, nicht Dauern: Dies ist das Unsterbliche an der Lehre des Buddhas, der Weltenschützer.*« (MMK 18.11, S. 69) Aber auch eine unsterbliche Lehre ist nicht unabhängig, auch sie steht in Beziehung. Sie steht in Beziehung zum Leiden der Menschen. Auch (unser) Leiden hat kein eigenes Sein, hat keinen ›festen Kern‹ und ist in Abhängigkeit entstanden. Daher ist es aufhebbar, daher kann das Leiden beendet werden.

Wenn das Leiden aller Menschen aufgehoben ist, dann wird auch die Lehre des Buddha nicht mehr nötig sein. Wenn alle Wesen Erleuchtung erlangt haben, ist die Lehre des Buddha verwirklicht (und kann sterben).

5. Nirvāna in Samsāra zu verwirklichen, bedeutet, dass wir komplett frei sind von allen Konzepten. »*… Wirklichkeit ist frei von Definitionen, Beschreibungen, Wörtern, Kommentaren, Begriffen und Konzepten. Sie zu erfahren, bedeutet, frei zu sein von allen Anhaftungen, Leidenschaften, Bindungen. Diese Wirklichkeit wird nicht durch Denken oder sinnliche Wahrnehmung, sondern durch yogische Wahrnehmung erreicht. Sie ist nur vom Erwachen (bodhi) abhängig. In dem Moment des Erwachens ist auch nicht mehr von pratītyasamutpāda, śūnyatā, nirvāna und von Philosophie die Rede. In der Erleuchtung nimmt der Geist die Wirklichkeit wahr, mit der er untrennbar verbunden ist.*« (Kohl 2005, S. 126)

4. Praxis der Psychoanalyse

4.1 Über die psychische Arbeit des analytischen Paares: Verarbeiten – Durcharbeiten – Nacharbeiten

Einleitung

In diesem Kapitel versuche ich einen speziellen Aspekt der analytischen Situation zu beschreiben: die psychische Arbeit des analytischen Paares. Dies ist eine Perspektive, die in der modernen Psychoanalyse in den letzten Jahren mehr und mehr in den Fokus des Interesses rückt. Ich werde versuchen, die wichtigsten Überlegungen auch für Nicht-Psychoanalytiker verständlich darzustellen, allerdings gibt es hier Grenzen, die sowohl in meinen Möglichkeiten als auch in der Schwierigkeit einer der Komplexität gerecht werdenden Darstellung liegt.

Wenn der Analytiker in jeder neuen Sitzung mit seinem Analysanden den Versuch macht, eine Haltung des »Anfänger-Geistes« zu realisieren, indem er sein Wissen suspendiert und sich ganz dem gegenwärtigen Moment, der lebendigen Wirklichkeit der analytischen Situation zu öffnen versucht, um ihre unbewusste Wirklichkeit schließlich besser verstehen zu können (Müller-Pozzi 1991; Zwiebel 2004), stößt er unvermeidlich auf die Probleme, die Freud in seiner Arbeit »Erinnern, Wiederholen, Durcharbeiten« (Freud 1914) auf so komplexe Weise beschrieben hat. Man könnte sich fragen, ob nicht die damit verbundenen behandlungstechnischen Fragen generell von den nachfolgenden Generationen von Psychoanalytikern, aber auch speziell von jedem einzelnen Psychoanalytiker immer wieder »erinnert, wiederholt und durchgearbeitet« werden; denn auch die in der Evolution der analytischen Professionalität erworbenen Einsichten und Erkenntnisse werden immer wieder vergessen und verdrängt und müssen wieder neu entdeckt und »durchgearbeitet« werden. J. Greenberg warnte vor einem »psychoanalytischen Exzess«, der in einer Einseitigkeit neuer Gesichtspunkte unter Vernachlässigung des einmal Erarbeiteten zu sehen ist (Greenberg 2001). Dieses Spannungsfeld zwischen Erinnern gesicherter Erkenntnisse, Wiederholen altvertrauter Fehler oder Irrtümer und dem Durcharbeiten von hartnäckigen Widerständen gegen die Anerkennung zentraler, bewährter Grundannahmen der Psychoanalyse scheint ein Kennzeichen der analytischen Arbeit zu sein und wird auch unvermeidlich die notwendigerweise begrenzten Ausführungen dieses Kapitels bestimmen. Hier sei nur kurz noch einmal daran erinnert, dass Freud das neurotische Leiden mit pathogenen Erinnerungen in Verbindung brachte, die der Analysand in der analytischen Situation nur teilweise erinnern kann, sondern sie in der Beziehung zum Analytiker wiederholt oder agiert (in Form seiner Übertragungen), um sich auf diese Weise vor den Schmerzen der pathogenen Erfahrungen zu schützen. Die durch die Deutungen des Analytikers gewonnenen Einsichten werden jedoch vom Analysanden auch immer wieder durch Abwehrprozesse verdrängt, sodass die entsprechenden Widerstände gegen das Erinnern immer wieder durchgearbeitet werden müssen (Freud 1914).

Viele Psychoanalytiker gehen heute davon aus, dass es möglich sein könnte, die gegenwärtigen Konvergenzen und Divergenzen in den psychoanalytischen »Welten« mit ihren Gefahren des »psychoanalytischen Exzesses« offener und fruchtbarer zu diskutieren, wenn man von einem Kontext der **professionellen Alltagspraxis** ausgeht. Dies impliziert meiner Ansicht nach folgende Überlegungen:

- zum einen eine Relativierung von Freuds Auffassung unseres **»unmöglichen Berufs«** – Psychoanalyse als Profession wäre in diesem relativierenden Verständnis bei aller Besonderheit in Bezug auf die große Komplexität, die Unsicherheit, Ungewissheit und Nicht-Vorhersehbarkeit, die Nicht-Stabilität und Einzigartigkeit der analytischen Situation durchaus mit anderen professionellen Situationen zu vergleichen;
- weiterhin die Bedeutung von sogenannten **Alltagstheorien oder privaten Theorien** – manchmal mehr unbewusst als bewusst –, die Analytiker neben den offiziellen Theorien entwickeln: Sie sind eine Legierung aus offiziellen Theorien, den eigenen persönlichen und professionellen Erfahrungen und dem Studium wissenschaftlicher und empirischer Weiterentwicklungen. Ein wichtiger Aspekt von analytischer Professionalität könnte die Ausarbeitung einer konsistenten Alltagstheorie sein, sich ihrer impliziten Anteile und Annahmen bewusst zu werden und zu bleiben und diese in der klinischen

Arbeit und dem kollegialen Diskurs immer wieder zu überprüfen und weiterzuentwickeln;

- und schließlich das Verständnis unserer **analytischen Professionalität**, wie sie sich in Form der Alltagstheorien manifestiert, die auf dem Hintergrund der Alltagspraxis zu diskutieren und näher zu bestimmen sind. Dafür erscheint es mir zwingend, zwischen idealtypischen und realtypischen Modellen der analytischen Praxis zu unterscheiden. Letztere gehen von der Alltagspraxis des »durchschnittlich guten und durchschnittlich begabten« Analytikers aus, der von Stunde zu Stunde, von morgens bis abends, von Woche zu Woche, von Jahr zu Jahr die unterschiedlichen Patienten trifft und mit ihnen mehr oder weniger erfolgreich zu arbeiten versucht. Die meisten Analytiker kennen die schmerzliche Kluft zwischen den idealtypischen Erwartungen, Beschreibungen und Modellen und den eigenen alltäglichen, durchaus schwankenden Erfahrungen ihrer analytischen Praxis, die aber in der klinischen Diskussion unbedingt mehr berücksichtigt werden sollten. Wir wollen in diesem Zusammenhang nur am Rande erwähnen, dass es diese Problematik ebenfalls in der Zen-Praxis gibt: Auch für sie gibt es eine idealtypische Beschreibung – etwa die Achtsamkeit und das Folgen des Ein- und Ausatmens, die Entwicklung von Weisheit und Mitgefühl oder die Einhaltung der Gelöbnisse –, die aber in der realen Praxis niemals zu erreichen ist. Ähnlich wie in der psychoanalytischen Situation bedeutet das Scheitern an der idealen Praxis aber gerade die Initiierung eines unermüdlichen Prozesses – ein Weg ohne eigentlichen Endpunkt.

Vor diesem Hintergrund möchte ich im Folgenden das Thema des Durcharbeitens als einen zentralen Aspekt der Arbeitsweise des Analytikers unter drei Gesichtspunkten betrachten:

1. Die seelische Arbeit in der analytischen Situation wird vom »analytischen Paar« auf eine hoch spezifische Weise geleistet; das »analytische Paar« schließt in meinem Verständnis die beiden Subjektivitäten von Analysand und Analytiker und vor allem ihren gegenseitigen Einfluss aufeinander ein: Es ergibt sich damit ein Spannungsfeld von intrapsychischer und intersubjektiver Dynamik,

von Subjektivität, Intersubjektivität und Objektivität, die das komplexe Geschehen der analytischen Beziehung strukturiert.

2. Neben den vielfach beschriebenen Formen seelischer Arbeit – ich erwähne: Traumarbeit, Trauerarbeit, Erinnerungsarbeit, Erkenntnisarbeit, Deutungsarbeit, Beziehungsarbeit, Widerstandsarbeit etc. – möchte ich hier zwischen Verarbeiten, Durcharbeiten und Nacharbeiten unterscheiden. Dabei betrachte ich das Verarbeiten als einen basalen, ständig mehr oder weniger aktiven psychischen Mechanismus, der vor allem darin besteht, das unbewusste, emotionale Erleben in vorbewusste und bewusste Repräsentanzen zu transformieren und auf diese Weise das Material zum Denken, Sprechen und Verstehen zu generieren und damit weiter zu »arbeiten«. Dieses Weiterverarbeiten könnte man im engeren Sinn als Durcharbeiten betrachten, das grundsätzlich notwendig ist, weil das Verarbeitete oder Bearbeitete durch strukturelle und konflikthafte Komponenten des Seelischen immer wieder infrage gestellt wird und vor allem durch Verdrängung, Abspaltung und andere Abwehroperationen wieder verloren geht. Als Nacharbeiten verstehen wir das eher wenig beachtete Verarbeiten und Durcharbeiten der analytischen Erfahrung außerhalb der analytischen Situation, also entweder außerhalb der Sitzungen oder nach der Beendigung der Analyse.
3. Die Haltungen und Funktionen des Analytikers, die ich als innere Arbeitsweise im Sinne einer Alltagstheorie in früheren Arbeiten zu beschreiben versucht habe, charakterisieren und spezifizieren dieses Verarbeiten, Durcharbeiten und Nacharbeiten aus der Sicht des Analytikers. Diese innere Arbeit stellt seinen Beitrag zur seelischen Arbeit des analytischen Paares dar: die Entwicklung einer analytischen Position, der reflexive Modus des Denkens im Sinne eines »inneren Analytikers«, das Zulassen, Erkennen und Transformieren von Störungen im Verstehen und in der analytischen Beziehung und das Gewahrwerden einer phobischen Position als Ausdruck defensiver Einstellungen gegenüber dieser inneren Arbeitsweise. Diese Modelle stellen Beschreibungen dar, die Arbeitsanforderungen des Analytikers auf einer mikropsychologischen Ebene begrifflich näher zu fassen versuchen (Zwiebel 2003, 2004, 2007). Es wird die Auffassung vertreten, dass der Analytiker diese einzelnen

Komponenten der inneren Arbeitsweise immer wieder durcharbeiten muss (auch als eine Form des Nacharbeitens), indem er von Stunde zu Stunde immer wieder den Mut aufbringt, als »Hüter« der analytischen Situation seine Funktionen wahrzunehmen, also das Wagnis eingeht, Analytiker zu sein (siehe auch Quinodoz 2006). Diese drei Gesichtspunkte möchte ich nun etwas detaillierter diskutieren. Es sei hier aber noch einmal erwähnt, dass diese Auffassung der »seelischen Arbeit« explizit in den Beschreibungen der Zen-Praxis nicht auftaucht. Am Ende des Kapitels werden wir darauf noch einmal zu sprechen kommen.

Die seelische Arbeit des analytischen Paares

Im Wesentlichen geht es um die Erkenntnis, dass bereits in Freuds schon erwähnter Arbeit die »gemeinsame Arbeit« von Patient und Analytiker als Thema formuliert und dass das Verhältnis von intrapsychischer und intersubjektiver »Arbeit« in den folgenden Jahren zunehmend diskutiert wird. Autoren wie Fenichel (2001), Greenson (1965), Sedler (1983), Cremerius (1978) und Thomä und Kächele (1985) haben wichtige Beiträge geliefert und die Frage des Durcharbeitens weiter differenziert. Auch wenn Freud die unbewusste Kommunikation zwischen Patient und Arzt betonte, rücken erst die Arbeiten von Bion zum Container, die Arbeiten zur Rolle der projektiven Identifizierung, Ferros Modell des bipersonalen Feldes, de Masis Konzept des emotionalen Unbewussten und die intersubjektiven Modelle der analytischen Situation, wie sie von Greenberg (1995), Hoffman (1998), Benjamin (2004), Ogden (2005) etc. formuliert sind, die psychische Arbeit des Analytikers mehr in den Fokus des Interesses und damit auch das analytische Paar. Man kann also mit diesen wenigen Hinweisen postulieren, dass wir in der Tat heute viel stärker als früher davon ausgehen, dass das analytische Paar »gemeinsame Arbeit« leistet, auch wenn sich dies immer noch zögernd in den klinischen Diskussionen, Publikationen und vor allem Falldarstellungen niederschlägt. Daher hat die Bemerkung von Cremerius heute immer noch Aktualität, wenn er davon spricht, dass in vielen Darstellungen die Deutungen des schweigenden Analytikers »wie der Regen in der Wüste (fallen)«, ohne dass sein Erkenntnisprozess dabei nachvollziehbar wird. Cremerius schreibt: *»Es ist* *deshalb nicht verwunderlich, dass man in vielen Schriften über die Theorie der Technik den Eindruck bekommen kann, dass der Analytiker schweigt, bis er die Deutung geben kann, und dass der psychoanalytische Prozess aus der Summe der Deutungen besteht, aus denen sich am Ende wie von allein die heilsame Veränderung ergibt. Die Deutungen des schweigenden Analytikers fallen wie der Regen in der Wüste.*« (Cremerius 1978, S. 205)

Diese Bemerkung bezieht sich auf die vielen klinischen Falldarstellungen, in denen die Gedankenarbeit des Analytikers für den Zuhörer oder Leser nicht nachvollziehbar ist, sodass die Deutungen wie isolierte, manchmal schwer erschließbare Fragmente erscheinen.

Hier werden wir uns einer Kluft bewusst, die das Konzept des Durcharbeitens erst im Laufe der Zeit deutlicher gemacht hat: War das Erkennen und Verstehen der unbewussten Wirklichkeit des Patienten durch den Analytiker vor allem ein technisches Problem, das durch Verbesserung dieser Technik und ihrer Theorie zu lösen wäre, und das das Ausbleiben bleibender Veränderung vorwiegend in den Widerständen des Analysanden lokalisiert, so rückte nach und nach das Erkenntnisproblem aufseiten des Analytikers in den Vordergrund des Interesses. Vor allem durch Bions Arbeiten über das emotionale Verstehen des Analytikers, seiner Begrenzungen und Widerstände – und damit seine reale Person und seine seelische Arbeit – beginnen wir diese Seite des Problems heute besser zu verstehen. So können wir postulieren, dass auch das **Durcharbeiten grundsätzlich bipersonal** konzipierbar ist: Für den Analytiker wird das Durcharbeiten notwendig, wenn es ihm trotz Einsichten in die unbewusste Dynamik nicht gelingt, diese in seine Handlungspraxis umzusetzen, d. h. also ein Widerstand gegen die Transformation der Einsichten in eine veränderte Haltung, Handhabung und Deutungspraxis bemerkbar wird. Dies kann man besonders eindrucksvoll in den Kontrollanalysen beobachten, wenn trotz emotionaler Einsicht in die Dynamik der analytischen Situation es dem Analytiker-in-Ausbildung nicht möglich wird, diese in seiner konkreten Arbeit umzusetzen.

Für die konkrete, alltägliche klinische Arbeit erscheinen diese Überlegungen jedoch noch zu abstrakt und allgemein, sodass ich im Folgenden noch einmal eine Präzisierung und Differenzierung versuchen möchte. Ich schlage vor, zwischen **Verarbeiten, Durcharbeiten und Nacharbeiten** zu differenzieren, das grundsätzlich auf das analytische Paar zu beziehen ist. Die Anregungen zu dieser Unterscheidung verdanke ich u. a. auch der Arbeit von R. Klüwer, in der er vom vernachlässigten Aspekt des Fokalen in der psychoanalytischen Methode spricht, was auch zu der Vagheit und Unklarheit des Begriffes des Durcharbeitens beigetragen habe (Klüwer 2006). Auch die Arbeit von F. de Masi eignet sich, diese verschiedenen Arbeitsformen näher zu umkreisen (de Masi 2003, S. 1 ff.). Es sei daran erinnert, dass das Ziel der analytischen Arbeit vor allem als ein Bewusstmachen des Unbewussten und der damit verknüpften therapeutischen Veränderung betrachtet wird; daher spielt die Konzeption des Unbewussten eine so zentrale Rolle, die nach de Masi jedoch ausgesprochen widersprüchlich und vieldeutig sei, weil sie einmal positiv in Form ihrer Mechanismen und Funktionen und andererseits negativ als Gegensatz zum Bewusstsein verstanden wird. In den nachfolgenden Überlegungen stütze ich mich vor allem auf de Masis Unterscheidung zwischen dem dynamischen und dem emotionalen Unbewussten und versuche eine Differenzierung der seelischen Arbeit aus dem Kontext dieser Unterscheidung. Hier kurz die Eigenschaften des emotionalen Unbewussten, wie es Bion beschrieben hat: Es handelt sich nicht um einen Ort, sondern um Funktionen, die die Aufgabe haben, sensorische Rohdaten in Gefühle zu transformieren bzw. diese zu binden. Dieses emotionale Unbewusste stellt eine Art Verdauungsorgan dar, das sich zuerst durch die »Träumerei« der Mutter entwickele und das eine Art unbewusstes Organ des Bewusstseins darstelle, das beim Verarbeiten und Erkennen der äußeren Realität und der Gefühle helfe und letztlich Gedanken über die emotionalen Erfahrungen hervorbringe. Bions Antithese sei nicht zwischen Bewusstsein und Unbewusstem, sondern zwischen Wachzustand und Schlaf; daher sei der Traum ein Modus der Transformation, mit dessen Hilfe seelisches Material aufbewahrt werden könne.

»Wie das Unbewusste sind Träume intrapsychische und interperso-

nelle Mitteilungen und keine Konstruktionen, die zu deuten sind. Das Unbewusste stellt durch das Träumen neue Symbole und Bilder zur Verfügung, die Sinneserfahrungen in Gedanken transformieren. Weit davon entfernt, ein Resultat der Verdrängung zu sein, ist der Traum wie das Unbewusste eine Funktion, die Gefühle formt und aufbewahrt – eine Aktivität während des Wachzustands, die auf der subliminalen Ebene immer aktiv ist.« (de Masi 2003, S. 9)

Dieses emotionale Unbewusste »existiert« nun neben dem von Freud beschriebenen dynamischen Unbewussten, dessen Inhalte aus Konflikten und Beziehungswünschen bestehen. de Masi postuliert, dass das emotionale Unbewusste der »Container« des dynamischen Unbewussten sei, in dem sich die verschiedenen Instanzen einander beeinflussen; Ersteres habe die Funktion, Erkenntnisse verfügbar zu machen, ist in seinen Funktionen jedoch nicht erkennbar, während das dynamische Unbewusste bewusst gemacht werden könne.

Bezieht man diese Unterscheidung zwischen dem emotionalen und dem dynamischen Unbewussten auf die seelische Arbeit des analytischen Paares in der analytischen Situation, so gehen wir heute davon aus, dass hier zwei Personen in eine affektiv-kognitive Kommunikation eintreten, die vom emotionalen und dynamischen Unbewussten beider Personen gestaltet wird. Aus der Perspektive des dynamischen Unbewussten stellt die analytische Situation eine Versuchungs- und Versagenssituation dar, die unterschiedliche verinnerlichte Konflikt- und Beziehungsmuster mit ihren Wünschen, Ängsten und Abwehrformationen bei beiden Partnern der analytischen Situation mobilisiert; man kann allerdings davon ausgehen, dass der Analytiker seine eigenen Konfliktmuster besser kennt und vertrauter mit ihnen ist. Aus der Perspektive des emotionalen Unbewussten rückt das intersubjektive Erkenntnis- und Verstehensproblem der analytischen Situation ganz in den Vordergrund: Auf welche Weise kommen Patient und Analytiker zu einer emotionalen, verändernden Einsicht und wie ist überhaupt Erkennen und Verstehen der psychischen Realität möglich bzw. wie lässt sich das immer wieder dominierende Nicht- oder Missverstehen langsam durch Verstehen und Einsicht transformieren? Im Unterschied zur Alltagsbeziehung, in der eine komplexe Dynamik zwischen Bewusstsein, Vorbewusstem, dynamischem und emotionalem Unbewussten spontan wirksam ist, wird in der analytischen Situation durch die ritualisierte psychoanalytische Methode diese Dynamik beobachtbar und teilweise veränderbar. Die zentrale Differenz zwischen Analytiker und Analysand besteht darin, dass der Analytiker der »Hüter« der analytischen Methode ist, auch wenn er selbst vergleichbaren psychischen Prozessen wie sein Patient unterworfen ist. Als zentrales Kennzeichen dieser psychoanalytischen Methode als Weg der analytischen Erkenntnis wird von G. Schneider das Prinzip der Afokalität beschrieben, das in Konzepten der gleichschwebenden Aufmerksamkeit, der Reverie und der Bereitschaft zur Rollenübernahme beschrieben wurde, während er als Merkmale der Fokalität die Konzepte des Durcharbeitens, der Orientierung am Punkt der Dringlichkeit und der Orientierung am Fokalen beschreibt (Schneider 2003). R. Klüwer greift diese Überlegungen auf und beschreibt für die analytische Methode ein grundlegendes Spannungsfeld zwischen dem Afokalen und dem Fokalen, das er folgendermaßen zusammenfasst:

»Meine Überlegungen führen mich zur Formulierung von zwei gegenläufigen Aspekten der psychoanalytischen Methode: dem Assoziieren und dem Strukturieren. Sie erscheinen als die beiden Zentren dessen, was als das eigentlich Psychoanalytische gelten kann. Das erste Zentrum ist das de-konstruierende, Verbindungen-Auflösende der freien Assoziation und der ihr zuzuordnenden gleichschwebenden Aufmerksamkeit; das zweite das strukturierende, wie wir es exemplarisch im szenischen Verstehen (…) finden, dem die Formulierung konkreter Deutungen folgt.« (Klüwer 2005, S. 55)

Ich habe vorgeschlagen, als Kern der inneren Arbeitsweise des Analytikers – und als Ziel auch des analytischen Paares – eine Form von multipler Bifokalität anzusehen, die man als ein Oszillieren, ein In-der-Schwebe-Halten und Transformieren von verschiedenen Polaritäten betrachten könnte: hier ein Oszillieren zwischen Primär- und Sekundärprozess, zwischen Traumdenken und diskursivem Denken, zwischen Aktivität und Passivität, zwischen Loslassen und Festhalten usw. (Zwiebel 2004, 2007). Nach Klüwers Auffassung hat die Vernachlässigung des Fokalen in der Psychoanalyse auch dazu geführt, dass der Begriff des Durcharbeitens recht wenig ausgearbeitet worden sei; er formuliert, *»dass das Arbeiten mit einem Fokus nichts anderes ist als die Durcharbeitung des im Fokus formulierten Zusammenhangs«* (Klüwer 2005, S. 54).

Vor diesem Hintergrund könnte man noch einmal die von uns vorgeschlagene Differenzierung der seelischen Arbeit des analytischen Paares präzisieren, auch wenn die Zusammenhänge natürlich sehr komplex und verwickelt sind: Zuerst einmal stellt das Angebot der analytischen Situation einen Raum zum gemeinsamen »Träumen« dar, der vom emotionalen und dynamischen Unbewussten beider Partner der analytischen Situation generiert wird. Darüber hinaus stellt der Analytiker als »Hüter« der analytischen Methode und der analytischen Situation nicht nur sein Wissen zur Verfügung, sondern vor allem auch sein emotionales Unbewusstes, in dem er die unbewusst-affektive Kommunikation des Patienten aufnimmt und sich in einen »träumerischen Zustand« vergleichbar der Mutter mit ihrem Baby begibt, aus dem sich dann Gefühle und Gedanken entwickeln können, die die unbewusste emotionale Erfahrung repräsentieren oder mentalisieren. Diese seelische Arbeit des emotionalen Unbewussten ist **grundsätzlich** unbewusst, spontan und nicht kontrollier- und steuerbar. Sie steht aber in einer komplexen, dynamischen Wechselbeziehung nicht nur mit dem eigenen dynamischen Unbewussten und natürlich dem Vorbewussten und Bewusstsein, sondern auch mit denen des Analysanden. Vor allem diese seelische Arbeit des emotionalen Unbewussten möchte ich im Folgenden unter dem Begriff des Verarbeitens beschreiben. Ihr Ergebnis sind bewusstseinsfähige Vorstellungen, Bilder, Gefühle, Erinnerungen, die dann auf einer bewussteren Ebene weiter bearbeitet werden können, oft allerdings auch der Dynamik des konflikthaften, dynamischen Unbewussten unterworfen sind. Unter Verarbeiten verstehe ich also vor allem diese unbewusste und nicht bewusstseinsfähige Funktion des emotionalen Unbewussten; die auf diese Weise entstandenen vorbewussten und bewussten Repräsentanzen werden teilweise unter dem Einfluss von Verdrängung und anderen Abwehroperationen zu Inhalten des dynamischen Unbewussten. Nach der gegenwärtigen Auffassung sollte man dieses Weiterverarbeiten der vom emotionalen Unbewussten gebildeten Inhalte einschließlich des Fokussierens als Durcharbeiten bezeichnen, weil seine Inhalte unvermeidlich von Abwehroperationen gestaltet werden und zu normalen und pathologischen Kompromissbildungen beitragen, die als Wirkungen des dynamischen Unbewussten betrachtet werden. Das Durcharbeiten ist auf diese Weise eine differenziertere Form des Verarbeitens und ist aus klinischer Sicht eng mit dem Phänomen des Widerstandes verbunden und bleibt eine ständige Anforderung für Analysand und Analytiker: Erkenntnis und Veränderung werden unvermeidlich durch das konflikthafte dynamische Unbewusste infrage gestellt mit den entsprechenden und schmerzlich bekannten Folgen für die analytische Situation, die Alltagspraxis des Analysanden, aber auch die Behandlungspraxis des Analytikers. Aus diesen Gründen lässt sich auch für den Begriff des Durcharbeitens keine spezifische analytische Technik formulieren, da es als eine grundlegende, »vom Subjekt der Analyse zu leistende Arbeit« aufgefasst werden muss, die allerdings beide Subjekte der Analyse umfasst (siehe auch Sedler 1983). Als Nacharbeiten – hier greife ich einen Begriff von Klüwer auf – kann man das Verarbeiten und Durcharbeiten des analytischen Paares außerhalb der analytischen Sitzung auffassen. Dazu gehören nicht nur das Nachdenken, Protokollieren, Supervidieren und Publizieren der jeweiligen Sitzungen und Behandlungen, sondern auch Phänomene wie die Träume des analytischen Paares, in denen die »unverdauten« Erfahrungen der analytischen Situation vom emotionalen Unbewussten verarbeitet werden und in Form der erinnerten Träume dann auch weiter bearbeitet werden können (Zwiebel 2001).

An diesem Beispiel der Träume des analytischen Paares kann man die versuchte Differenzierung der verschiedenen seelischen Arbeitsformen noch einmal etwas deutlicher machen: Die nächtliche Traumaktivität zwischen den Sitzungen findet ja überwiegend unbewusst statt (die geträumten Träume nach Moser und v. Zeppelin 1996); nur ein kleiner Teil wird als erinnerter Traum erinnert, und nur einige davon wiederum werden »erzählt«. Die Träume, die sich im manifesten Inhalt auf die analytische Situation beziehen, sind deshalb von besonderem Interesse, weil man eine unmittelbare Reaktion auf das Geschehen der analytischen Situation vermuten darf. Das nächtliche Träumen selbst ist danach zuerst einmal ein Nacharbeiten (weil es außerhalb der analytischen Sitzung stattfindet), aber in der Form des unbewussten Verarbeitens durch das emotionale Unbewusste. Erst der erinnerte Traum als Repräsentation dieser unbewussten Verarbeitung eröffnet die Möglichkeit einer bewussteren Bearbeitung in Form von Assoziationen, Erinnerungen, Überlegungen, Erzählungen und Deutungen. Mit der Traumerzählung durch den Analysanden wird der Traum für das analytische

Paar bearbeitbar; der Analytiker wird seine Träume in der Regel für sich behalten, sie aber im Hintergrund seines Zuhörens in der Schwebe halten, um auf diese Weise bislang nicht verstandene Verbindungen entdecken zu können. Das Erinnern und Erzählen der Träume beruht damit sowohl auf der unbewussten Aktivität des emotionalen Unbewussten als auch auf der Aktivität des Vorbewussten und des dynamischen Unbewussten, was ich hier als Verarbeiten, Durcharbeiten und Nacharbeiten bezeichnet habe. Was die Arbeit des analytischen Paares betrifft, so könnte man formulieren, dass beide Partner in unterschiedlicher Intensität und Kapazität ihr emotionales Unbewusstes in Form der träumerischen Aktivität zum Verarbeiten, Durcharbeiten und Nacharbeiten einbringen; bei den unvermeidlich auftretenden »Arbeitsstörungen« könnte man sogar postulieren, dass der Analytiker die Träume des Analysanden oder dieser die Träume des Analytikers träumt, auch dies als Ausdruck der »gemeinsamen Arbeit« des analytischen Paares.

Über die innere Arbeitsweise des Analytikers als Beitrag zur Arbeit des analytischen Paares

In den bisherigen Überlegungen habe ich versucht, die psychische Arbeit des analytischen Paares zu beschreiben, wobei Gemeinsamkeiten und Unterschiede als auch die beiden Grundformen dieser seelischen Arbeit, nämlich das Verarbeiten der emotionalen Erfahrungen der analytischen Situation durch das emotionale Unbewusste und das Bearbeiten dieser Inhalte durch den Einfluss des dynamischen Unbewussten, zur Sprache kamen: Als »Hüter« der analytischen Situation und Methode übernimmt der Analytiker für diese die Verantwortung, obwohl er selbst der unbewussten Dynamik der analytischen Beziehung unterworfen ist. Es wurde vorgeschlagen, den Begriff des Durcharbeitens vor allem auf die Situationen zu beziehen, in denen Widerstände des analytischen Paares gegen Verstehen und Veränderungen innerhalb und außerhalb der analytischen Situation wirksam werden. Im Folgenden sollen noch einige weitere Überlegungen zum Beitrag des Analytikers zur »gemeinsamen Arbeit« des analytischen Paares diskutiert werden; die zentrale Frage bleibt nämlich immer wieder, auf welche Weise der Analytiker die analytische Situation bewahren und für sie auf professionelle Weise sorgen kann. Die kurz skizzierten Überlegungen sind eine Zusammenfassung einer eigenen Alltagstheorie.

Wie schon anfangs erwähnt, versuche ich jede analytische Sitzung mit der Haltung des »Anfänger-Geistes« zu beginnen, die wohl in gewisser Weise Freuds Beschreibung der gleichschwebenden Aufmerksamkeit oder Bions Empfehlung von »no memory, no desire, no understanding« entspricht. Als Hintergrund ist dennoch die Annahme einer **analytischen Position** wirksam, die ich in ihrem Kern als ein vielfältiges, widersprüchliches bipolares Spannungsfeld von »persönlichem Pol« und »technischem Pol« betrachte: Teilnehmende Beobachtung, Sich-Einlassen und Abstand-Nehmen, Assoziieren und Strukturieren, träumerisches und diskursives Denken, Passivität und Aktivität, Asymmetrie und Gegenseitigkeit, Zuhören und Interpretieren sind einige der wesentlichen Bipolaritäten, die vor allem in der Schwebe gehalten werden, um einseitige Polarisierungen zu vermeiden. Als Indikator für ein gelingendes In-der-Schwebe-Halten betrachte ich selbst eine milde Spannung und eine atmosphärische Qualität der analytischen Beziehung, die man als »lebendigen analytischen Kontakt« beschreiben könnte: Es ist so etwas wie eine wenn auch oft latente Übereinstimmung zwischen Analysand und Analytiker, dass es um »gemeinsame Arbeit« vor allem im Sinne des Verstehens unbewusster Bedeutungen mit dem Ziel einer inneren emotionalen Entwicklung des Analysanden geht. Diese spannungsvolle Oszillation und die Vermeidung von einseitigen Polarisierungen ist allerdings nicht willentlich herstellbar, sondern kann nur immer wieder zugelassen werden; neben dem im Hintergrund vorhandenen theoretischen und technischen Wissen des Analytikers (repräsentiert durch den »technischen Pol«) spielt die selbstreflexive Funktion im Sinne eines **»inneren Analytikers«** nach meiner Vorstellung für das Zulassen des In-der-Schwebe-Haltens die entscheidende Rolle: Sie ermöglicht die Wahrnehmung und Reflexion der jeweiligen Bewegungen in Richtung des »persönlichen Pols« und des »technischen Pols«, macht also die eigenen Assoziationen, Rollenübernahmen, Verwicklungen oder theoretischen und technischen Überlegungen transparenter. Mithilfe dieser selbstreflexiven Betrachtung gelingt es immer wieder, die Balance zwischen den multiplen Bipolaritäten herzustellen und vor allem die Ungewissheit, die mit den jeweiligen Bewegungen verbunden ist, zu tolerieren. Auf diese Weise entsteht ein innerer Raum, der sowohl intrapsychisch als auch intersubjektiv betrachtet werden kann. Ein treffendes Bild für diese Dynamik erscheint mir das von Gastgeber und Gast, in dem der Analytiker seinen inneren (und äußeren) Raum als Gastgeber seinem Analysanden-Gast zur Verfügung stellt, also bereit ist, den Analysanden in seiner inneren Welt aufzunehmen, sich ihm mit Interesse und Einfühlung zuzuwenden und mit seinen Gefühlen und Gedanken zu versorgen. Das Bild eines schwebenden, eines zu balancierenden Gleichgewichtes impliziert allerdings auch, dass es viele Abweichungen und Störungen geben kann und geben wird: Früher oder später kommt es zu Momenten, die ich zusammenfassend als **»problematische Situationen«** bezeichnen möchte: Die optimale Spannung geht verloren (entweder zu viel oder zu wenig), es entsteht kein »lebendiger analytischer Kontakt«, der innere Raum entwickelt sich nicht oder kollabiert, es kommt zu vorzeitigen Polarisierungen, die die rituelle Spontaneität (Hoffman 1998) gefährden. Diese »problematischen Situationen« manifestieren sich vor allem als Krisen des Verstehens, des Kontaktes und als unbewusste Inszenierungen oder »enactments«; sie sind grundsätzlich unvermeidbar, wenn auch nicht erwünscht (Treuerniet 1996), da sie die Gastgeber-Gast-Beziehung spannungsvoll, unerfreulich, frustrierend, ängstigend oder zu erregend werden lassen. Die seelische Arbeit des Analytikers als sein Beitrag zur Arbeit des analytischen Paares sehe ich darin, dass er bereit ist, diese »problematischen Situationen« zuzulassen, und immer wieder den Versuch macht, diese Krisen zu verarbeiten. Dies geschieht durch eine Form von **multipler Bifokalität** (auch einen Begriff von Thomä aufgreifend), die vor allem als eine bifokale Betrachtung von Innen und Außen, von Selbst und Objekt, von Vergangenheit und Gegenwart anzusehen ist. Beispielsweise wird die Inszenierung einer unbewussten Beziehungsstruktur durch die Rollenübernahme des Analytikers erst einmal anerkannt und benennbar, um dann auf ihre gegenseitige Bedingtheit und Entstehung untersucht zu werden: Dies geschieht vor allem mit einem von Baranger, Baranger und Moms beschriebenen »zweiten Blick« (Baranger, Baranger und Moms 1983), in dem man von der Nahsicht der »problematischen Situation« ausgeht und diese dann in Beziehung setzt zur Fernsicht der bisherigen Stunde, dem momentanen Stand der Analyse, mit der Vergangenheit des Analysanden, aber auch der eigenen Beteiligung; im Grunde handelt es sich um den Versuch, eine Entwirrung zwischen Innen und Außen, zwischen Selbst und Objekt, zwischen Fantasie und Wirklichkeit zu ermöglichen, immer mit dem Ziel, eine Einsicht in die unbewusste Wirklichkeit des Analysanden und damit die Einsichtigkeit des Analysanden zu fördern (Sugarman 2006; Zwiebel 2004). Dazu ist oft auch das beschriebene Nacharbeiten notwendig: Nicht selten bleibt am Ende der Stunde die »problematische Situation« bestehen, beim Protokollieren, beim Nachdenken mit dem Supervisor oder auch in den eigenen Träumen macht der Analytiker jedoch den Versuch, diese Krisen in Verstehen umzuwandeln. Diese Arbeit kann man fast immer auch als Durcharbeiten auffassen, da an den »problematischen Momenten« auch immer Widerstände des Analytikers beteiligt sind, also konflikthafte Anteile im Sinne von abgewehrten Wünschen und Ängsten eine Rolle spielen. Erst in den letzten Jahren ist mir noch deutlicher geworden, welche wichtige Rolle vor allem die unbewussten Ängste und Schuldgefühle in der analytischen Situation und an der Aufrechterhaltung der hier kurz skizzierten inneren Arbeitsweise des Analytikers spielen, und zwar vor allem aufgrund des bipolaren-bifokalen Spannungsfeldes und ihrer paradoxen Widersprüchlichkeit, dem Erleben von Ungewissheit und manchmal sogar Ausweglosigkeit. Von daher scheint es mir auch gerechtfertigt, von einer **phobischen Position** zu sprechen, die sich dann entwickelt, wenn sich aus unbewussten Ängsten, Schuld- und Schamgefühlen eine defensive Haltung gegenüber der analytischen Position, der selbstreflexiven Funktion des »inneren Analytikers« und der Verarbeitung bzw. Transformation von »problematischen Situationen« entwickelt. Diese phobische Position repräsentiert damit einen Widerstand gegenüber dieser inneren Arbeitsweise, gegenüber dem Versuch, diese multiple Bipolarität-Bifokalität in der Schwebe, in der Balance zu halten, und bedeutet gleichzeitig, sich in persönliche oder technische Positionen zu retten, was allerdings fast immer dysfunktional ist und der analytischen Arbeit wenig nützt. Dies bedeutet auch, dass der Analytiker von Stunde zu Stunde immer wieder den Mut aufbringen muss, sich der analytischen Situation zu stellen und seine seelische Arbeit in ihrer ganzen Spannung und Widersprüchlichkeit zu realisieren (siehe auch Quinodoz et al. 2006). Ich postuliere, dass der »durchschnittlich gute« Analytiker in seiner alltäglichen, realen analytischen Arbeit von Stunde zu Stunde mit seinen unterschiedlichen Analysanden und Patienten sich immer in diesem Spannungsfeld zwischen der Realisierung oder Aktualisierung seiner inneren Arbeitsweise und einer phobischen Einstellung aufhält; diese bezieht sich vor allem auf die Wirkungen des dynamischen Unbewussten (die Aktivierung unbewusster, verinnerlichter Konflikte), aber auch des emotionalen Unbewussten (nämlich die wechselnde Kapazität für träumerische Aktivität und Umwandlung der emotionalen Erfahrung in Denken). Daher postuliere ich, dass der Analytiker immer wieder vor allem seine phobische Position verarbeiten und durcharbeiten muss, das heißt, sich seiner Widerstände gegenüber der inneren Arbeitsweise bewusst zu werden, und zwar in der Sitzung selbst oder erst im Nacharbeiten. Eindrücklich sind die Erfahrungen, wenn man nach den Sitzungen beim Notieren der Stunde, das meiner Ansicht nach für das Durcharbeiten und Nacharbeiten absolut zwingend ist, plötzlich eine repetitive Inszenierung erkennt oder ein in der Stunde kollabierter innerer Raum plötzlich wieder verfügbar ist und man daran die Wirkung der Gegenwart des Analysanden und der analytischen Situation realisiert und dann auch reflektieren kann.

Diese Überlegungen zur phobischen Position als Ausdruck einer defensiven Haltung gegenüber der inneren Arbeitsweise des Analytikers verweisen auf eine grundsätzliche Problematik, die leider viel zu wenig diskutiert wird. Nach meinen Erfahrungen kann man die phobische Position als eine Art Schutzwall oder sogar Bastion gegenüber eigenen verletzlichen oder verwundbaren Bereichen der Persönlichkeit des Analytikers auffassen, die auch in der langen Ausbildung, der Lehranalyse und dem professionellen Leben nicht ausreichend »geheilt« worden sind. Je nach Kontext könnte man diese Verletzlichkeit des Analytikers aus der Perspektive einer Konfliktdynamik (z. B. ein aktivierbarer Aggressions-Schuld-Konflikt), aus der Perspektive des psychischen Raums als Ausdruck der Funktionalität des emotionalen Unbewussten (z. B. die Bedrohung des seelischen Containements durch die interaktive Matrix der analytischen Situation) oder aus der Perspektive der Identitätsproblematik (z. B. die bedrohte Fähigkeit, für den Analysanden ein »ausreichend schlechter Analytiker« zu sein) betrachten und diskutieren (Zwiebel 2007). Auch für den Analytiker bedeutet dies, dass er sich mit der Aufnahme der analytischen Beziehung und der Herstellung der analytischen Situation in eine für ihn potenziell gefährdende Situation begibt, auf die aus Selbstschutz mit den Widerständen einer phobischen Position reagiert werden kann. Wenn wir uns aber klarmachen, dass auch der Analytiker mit jeder neuen analytischen Arbeit seine eigenen konflikthaften, verletzlichen Seiten immer wieder zur Disposition stellt und immer auch ein Stück neu verarbeiten muss und damit auch eine eigene Entwicklung mithilfe der analytischen Arbeit mit seinen Analysanden durchmachen kann (Kantrowitz 2004), so gewinnt die Überlegung einer permanenten Durcharbeitung der eigenen Widerstände gegenüber der inneren Arbeitsweise eine wirklich zentrale Rolle. Daher würde ich sogar postulieren, dass der wichtigste Beitrag des Analytikers zur Arbeit mit seinen Patienten – bedingt durch die jeweils individuelle und spezifische Beziehungssituation mit jedem seiner Analysanden – das immer wieder neue Durcharbeiten der phobischen Position darstellt, die sich allerdings, wie schon angedeutet, in vielen verschiedenen Formen zeigen kann. Daher gewinnt der Begriff des Durcharbeitens eine besondere und spezifische Bedeutung, wenn man ihn auf den Beitrag des Analytikers zur psychischen Arbeit des analytischen Paares bezieht. Wesentlich bleibt dann, dass der Analytiker an der Intention festhält, die analytische Situation herzustellen, zu bewahren und zu beenden; dass er seine Aufmerksamkeit auf den bipolaren-bifokalen Aspekt der Arbeit richtet und dabei vor allem aufmerksam für die Manifestationen der phobischen Position bleibt und dass er unermüdlich den Versuch macht, die dabei gemachten emotionalen Erfahrungen zu verbalisieren. Sehr pointiert formuliert geht es dann aufseiten des Analytikers darum, die Ängste, Analytiker zu werden, zu sein und zu bleiben, immer wieder zu verarbeiten, durchzuarbeiten und nachzuarbeiten.

Kommentar aus der Sicht des Zen

In diesem Kapitel haben wir einen zentralen Aspekt der psychoanalytischen Arbeit beschrieben, der gegenwärtig in der modernen psychoanalytischen Praxis von vielen Autoren betont wird; allerdings ist noch einmal daran zu erinnern, dass es eine breite Diskussion über Theorie und unterschiedliche Behandlungsansätze gibt, die auch immer wieder die Frage nach einem »common ground« aufwerfen. Diese Überlegungen stellten also eine spezielle Perspektive dar, die allerdings von einer relativ großen Gruppe von Analytikern geteilt wird. Für die Frage der Beziehung von Zen und Psychoanalyse können wir nun potenziell zwei Blickrichtungen einnehmen: den Blick aus dieser hier beschriebenen psychoanalytischen Perspektive auf die Zen-Praxis und den Blick aus der Zen-Praxis auf diese psychoanalytische Praxis.

In dem ersten Fall sehen wir besonders deutliche Unterschiede: Die primäre Praxis in Form von Zazen und Achtsamkeit im Alltag findet allein statt; das gemeinsame Meditieren im Sesshin (im Sinne von intensiven Meditationstagen), die Beziehung zum Meister und die Einbindung innerhalb der Sangha ist dem praktisch nachgeordnet, auch wenn sie diesen Rahmen benötigt. Ein intersubjektiver Austausch, so wie er heute in der modernen Psychoanalyse konzipiert wird – im Sinne der beschriebenen seelischen Arbeit des analytischen Paares –, ist nicht intendiert. Das heißt allerdings nicht, dass der Praktizierende nicht seelische Arbeit leistet: Gerade die intensive meditative Praxis, vor allem auch in den Sesshins, erfordert eine vergleichbare seelische Arbeit vom Einzelnen, die wir hier als Verarbeiten, Durcharbeiten und Nacharbeiten beschrieben haben: Es werden oft intensive, vor allem auch leidvolle und negative Emotionen, möglicherweise auch reaktivierte traumatische Erfahrungen (z. B. von Getrenntheit, Verlassenheit, Hilflosigkeit, körperlichem Schmerz und Todesängsten) aktiviert, die der Einzelne jedoch überwiegend mit sich selbst »verarbeiten« muss. Auch die Aufhebungen von Verdrängungen etwa in Form von Reaktivierungen von Erinnerungen spielen eine Rolle, und man könnte dann auch von einem Durcharbeiten sprechen, wenn der Praktizierende sich damit immer wieder auseinandersetzt. Aber dies wird nicht explizit thematisiert, auch wenn der eine oder andere Aspekt mit dem Lehrer oder Meister besprochen werden kann. Der biografische Hintergrund bleibt aber in der Regel unbeleuchtet. Und natürlich wird das ganze theoretische Vokabular von Unbewusstem, seelischer Arbeit, Verdrängung, Intersubjektivität, innerer Arbeitsweise, analytischer Position etc. nicht verwendet, weil der Fokus im Zen auf anderen Aspekten liegt. Die Praxis des Zen zielt ja gerade auf einen Modus der Erfahrung, der vor oder jenseits aller konzeptuell-begrifflicher Formulierungen existiert oder realisiert werden soll. Aus den hier vorgelegten Beschreibungen lässt sich aber ableiten, dass für manche Praktizierende die Zen-Praxis eine massive Versagenssituation darstellt, die ihre Verarbeitungskapazität (im Sinne der Verarbeitung negativer Emotionen durch das emotionale

Unbewusste) übersteigt. Vermutlich meiden viele Menschen daher von sich aus eine solche Praxis; manche dekompensieren aber, wenn sie sich doch dieser intensiven Praxis zuwenden, oder brechen sie ab, wenn sie nicht »intersubjektiv« durch den Meister oder die Gruppe getragen werden. Unserem Eindruck nach sind sich viele Zen-Lehrer heute dieser Problematik eher bewusst und raten manchen ihrer Schüler von einer intensiven Praxis ab oder empfehlen ihnen vielleicht auch parallel eine Psychotherapie.

Die folgenden Ausführungen folgen einer Logik, die typisch ist für Zen: »Gezielt« wird auf das »höchste Ziel«, um dann von dort aus herabzusteigen in die Praxis und in das Herstellen guter Praxisbedingungen. (Dies weist auf zwei Praxisansätze hin, auf die wir hier aber nicht weiter eingehen wollen: plötzliche Erleuchtung und graduelle Erleuchtung.)

1. Aus der Sicht des Zen gibt es nichts, das verarbeitet, durchgearbeitet oder nachgearbeitet werden müsste. Im Rahmen unserer bisherigen Arbeit ist deutlich geworden, dass es aus der Sicht der Zen-Praxis einzig und allein immer nur um den jetzigen Augenblick geht und nur gehen kann. In diesem »jetzigen Augenblick« fällt alles zusammen, was mich und meine Lebensgeschichte konstituiert; dieser Augenblick benötigt keine »Bearbeitung«, es ist direktes Schauen und Erfahren der Wirklichkeit, der Welt, so wie sie ist, es ist die direkte Erfahrung von Soheit. Dies ist keine idealtypische Beschreibung, sondern für den Praktizierenden immer wieder erlebte Erfahrung, erst auf dem Sitzkissen und dann auch im Alltag.
2. Auch wenn es »nichts zu tun« gibt, gibt es dennoch »Praxis«: Aus der Sicht des Zen ist das »Ziel« der Praxis sozusagen das Ersteigen des »Gipfels«, den wir beschreiben könnten als »Erwachen« oder auch »tiefes Erkennen«. Angestrebt ist der direkte und kürzeste Weg hin zu diesem Gipfel. Nach dem »kosten« dieser Erfahrung dann beginnt ein Abstieg, bei dem es, auf der Basis tiefer Erfahrungen, um die Veränderung der Persönlichkeit geht. Jack Kornfield (2001) hat dies in seinen Buchtitel: After the Ecstasy, the Laundry: Nach der Ekstase kommt die Wäsche, schön beschrieben[38].

---

38 Jack Kornfiled: After the Ecstasy the Laundry: How the heart grows wise on the spiritual path.

Auf diesem Weg hinab in das »Dickicht des Alltags« beginnt der Praktizierende seine Persönlichkeit zu verändern und sie auszurichten an den Gelöbnissen und dem Achtfachen Pfad. Diese Richtschnur nun gibt einen wunderbaren Rahmen zu verarbeiten, durchzuarbeiten und nachzuarbeiten. Es ist die Entwicklung einer Persönlichkeit oder besser Person, die Weisheit und Mitgefühl in den Mittelpunkt ihres Lebens stellt.

3. Was nun sind die persönlichen Voraussetzungen für eine solche Praxis? Im Kapitel »Allein-Sein in der Gegenwart des Anderen« (III, 4.3) haben wir gesagt, dass der Zen-Praktizierende generell ein stabiles Selbst benötigt und die Fähigkeit, sich als sicher handelnde Person im Rahmen der jeweils gesellschaftlichen Bedingungen zu erleben. (Natürlich gibt es auch immer wieder Personen, die durch Zen in eine Psychose abrutschen, aber wohl nur wenige. Die anderen, denen Zen zu »nahe« kommt, brechen in der Regel aus Selbstschutz ab.) Dieses »stabile Selbst« ist die Grundlage für den Mut, sich auf Geisteszustände einzulassen, in denen es nicht um die Aufarbeitung der eigenen Lebensgeschichte geht, sondern um eine Durchlässigkeit und eine Art Auflösung aller festen Strukturen. Um sich diesem Prozess auszusetzen, sollte ein Praktizierender a) seine persönliche Geschichte relativ gut kennen, b) stabil genug sein, die Dekonstruktionstendenzen, die auf dem Kissen stattfinden, auszuhalten oder besser anzunehmen, und c) das Vertrauen haben, dass nach der Dekonstruktion eine Neukonstruktion oder besser eine Neukonstitution stattfindet mit entsprechenden Veränderungen, über die wir im Vorhinein überhaupt nichts aussagen können. Vertrauen in die Prozesse auf dem Sitzkissen ist entscheidend, denn nur mit Vertrauen lassen wir uns auf diese ja zum Teil beängstigenden Prozesse ein. (Siehe dazu auch: G. Weischede 2004)
4. Natürlich gibt es eine kontinuierliche »Begleitung« des Schülers durch den Meister, vorausgesetzt, dass eine solche Schüler-Meister-Beziehung von beiden Seiten eingegangen wird, was ja nicht selbstverständlich ist. Wie sieht nun diese Schüler-Meister-Beziehung aus?

Grundsätzlich müssen wir sagen, dass neben dem »Alleinsein« auf dem Sitzkissen das Verhältnis zum Meister ein tragendes und notwendiges für das Beschreiten des »Weges« ist.

Wenn der Analytiker der »Hüter« der analytischen Situation und Methode ist, dann ist der Meister der »Hüter des Weges«.

Hier erscheint es uns notwendig, unser westliches Verständnis von Lehrer näher anzuschauen. Grundsätzlich sind wir sehr stark geprägt von unserem Schulsystem, in dem die Lehrer uns in der Regel nur für einen bestimmten Zeitabschnitt begleiten und dann im Jahresrhythmus ausgewechselt werden. Dieses immer wieder Auswechseln der Lehrpersonen macht es eher schwer, einen tiefen persönlichen Kontakt zwischen Schüler und Lehrer herzustellen, ein Kontakt, der grundlegend ist für Lernen, für die wirkliche Übertragung von Wissen. Wir haben ein funktionales Verständnis von Wissensvermittlung und es ist darüber hinaus ein einseitiges: Vermittelt wird vom Lehrer zum Schüler. Wenn wir dann in einem vorgegebenen Zeitabschnitt alles zu Lernende aufgenommen haben, werden wir zum nächsten Lehrer weitervermittelt, eine Struktur, die sich dann auch in der Lehre oder an der Universität fortsetzt. Danach sind wir mehr oder weniger auf uns allein gestellt, wir sind lehrerlos. Nur selten gelingt es uns, einen Tutor zu finden, einen väterlichen Freund oder eine mütterliche Freundin, die uns mit Rat und Tat zur Seite steht.

Dieses Verhältnis ist ein für uns normales, in anderen Kulturen ist dies aber nicht so. In Japan ist es undenkbar, dass zum Beispiel ein Teemeister oder eine Teemeisterin, wenn sie dann »ausgelernt« haben, keinen Lehrer mehr benötigen. Der bisherige Lehrer bleibt natürlich der Lehrer, wenn dieser aber aus Altersgründen verstirbt, wird ein neuer Lehrer gesucht, und wenn im hohen Alter kein älterer mehr gefunden werden kann, kann der Lehrer auch ein jüngerer sein. Lehrer und Schüler lassen sich auf einen langen, oft auf einen lebenslangen Prozess ein. Dies ist auch charakteristisch für die Beziehung zwischen einem Zen-Meister und seinem Schüler. Natürlich ist die Beziehung ebenfalls eine Schüler-Lehrer-Beziehung, so wie wir sie hier im Westen kennen, mit ihrer Hierarchie und einem Wissens- und Erfahrungsvorsprung aufseiten des Lehrers. Aber im Laufe der Zeit wird aus dem Lehrer zunehmend ein Begleiter und ein Freund, der den Schüler für das ganze Leben begleitet, mal mehr, mal weniger intensiv. Baker Roshi hat diese Beziehung einmal beschrieben als »ultimative Freundschaft jenseits von Kommen und Gehen.« Für uns hier im Westen ist dies etwas sehr Ungewöhnliches, aus asiatischer Sicht etwas Notwendiges.

Die Basis oder auch Grundlage einer Beziehung zwischen einem buddhistischen Lehrer und seinem Schüler ist die der gemeinsamen Praxis. Was ist damit gemeint? Praxis bedeutet zum einen Mediationspraxis, zum anderen die Umsetzung der dort gemachten Erfahrung im Alltag. Hierbei ist der Lehrer sowohl Begleiter als auch Vorbild. Generell betrachtet ist die Meister-Schüler-Beziehung eine Lernsituation oder besser eine »weitere Sozialisation«, die nicht von der Familie oder der Gesellschaft geprägt und vorgegeben ist, sondern eine vom Schüler bewusst gewählte. Dabei begibt er sich in eine Tradition, die im Laufe von mehr als 2500 Jahren entwickelt wurde; hier haben Generationen von Praktizierenden ihre Erfahrungen und ihr Wissen eingebracht und der Meister ist nun die aktuelle ›Speerspitze‹ der Vermittlung dieser Tradition.

Der Meister führt den Schüler immer wieder an Grenzen, seien sie körperlicher Art, wie die des sehr frühen Aufstehens und der Befolgung eines rigorosen Stundenplans, der wenig bis keine »persönliche Zeit« lässt, oder geistig wie die Arbeit mit Kōans. Wir könnten diesen Prozess sehr wohl als »Lehrzeit« bezeichnen, vielleicht sogar als lebenslange Lehrzeit, die erst mit unserem Tod endet. Dieser lebenslange Lernprozess beginnt, wie Suzuki Roshi dies so schön beschreibt, mit dem Durchschreiten des »buddhistischen Nebels«. Wir setzen uns der Praxis immer wieder aus, und sie nässt und durchdringt uns dann wie ein feiner Nebel. Es ist ein allmähliches Eindringen der Praxis in unseren Alltag, eine allmähliche Transformation, bis wir fast unbemerkt von der Praxis durchtränkt sind.

5. In der Regel verstehen wir unter Lernen den absichtlichen Erwerb von Fähigkeiten, seien sie geistiger, körperlicher oder sozialer Art. Lernen kann aber auch beiläufig geschehen, und wir können uns Fähigkeiten individuell oder auch kollektiv aneignen. Es gibt viele Möglichkeiten des Lernens wie Lernen am Modell, Lernen an Situationen, Lernen durch Einsicht, Lernen durch Engagement. Lernen durch Handeln, Lernen durch Lehren, Lernen Lernen usw.

   Wie sieht diese Vermittlung nun im Zen praktisch aus? Idealerweise begegnen sich Meister und Schüler in einer monastischen

Struktur, die von einem festen Tagesablauf geprägt ist: frühes Aufstehen, regelmäßige Meditation, formales Oryoki-Essen,[39] Kōan-Arbeit, das Studium von Texten, Arbeit im und am Haus, Kochen, Verwaltung des Hauses. Oberflächlich betrachtet ist ein Großteil dieser Arbeit sogenannte Alltagsarbeit. Sie geschieht aber, im Gegensatz zum Alltag, in einem bestimmten Rahmen und in einem bestimmten Geisteszustand. Dabei steht die Achtsamkeit im Zentrum der Praxis, und idealerweise erinnert die klösterliche Struktur den Schüler immer wieder an diese seine Praxis[40]. Die Verkörperung dieser Struktur nun ist der Meister, er vermittelt im Kontakt mit den Schülern die Praxis, **er ist die Praxis.**

6. Im Folgenden möchten wir zwei Praktiken herausgreifen, die Aspekte der Schüler-Meister Beziehung näher beleuchten: das Lernen »am Modell« und Erfahrungen jenseits des dualistischen Denkens. Beim »Lernen am Modell« werden Lernvorgänge durch die Beobachtung von Vorbildern in Gang gesetzt; es wird daher als Beobachtungs- oder auch Nachahmungslernen bezeichnet. Wichtig ist hier die Qualität der Beziehung zwischen Modell (Meister) und Beobachter (Schüler) und die Motivation des Beobachters (Schüler). Meister und Schüler verbringen wie oben beschrieben sehr viel gemeinsame Zeit miteinander. In diesen gemeinsamen Zeiten werden Bewegungen und Abfolgen des Meisters genau vom Schüler beobachtet und studiert und immer wieder tätig nachgemacht. Der Schüler imitiert so lange, bis jede Bewegung vollständig »sitzt«. Im Zendo zum Beispiel sitzen Meister und Schüler in aufrechter Zazen-Haltung nebeneinander; es entsteht so ein Feld gemeinsamen Handelns, in dem Bewegungen parallel, ja fast im Gleichklang ablaufen. Der Schüler lernt so vom Meister jeden noch so kleinsten Ablauf, jede noch so kleinste Bewegung[41]. Übertragen werden in

39 »Ein Satz von ineinander passenden Essschalen, die Zen-Mönche oder -Nonnen bei ihrer Ordination erhalten … die zeremonielle Handhabung der Essschalen während der schweigend eingenommenen Mahlzeiten in einem Zen-Kloster…« Lexikon Buddhismus 1986, S. 273.
Ausführlicheres weiter unten im Text.

40 Zur Praxis der Achtsamkeit siehe Kapitel III, 1.

41 Natürlich entwickelt der Schüler nach einer so langen Zeit des Lernens nach und nach dann auch seinen eigenen »Stil«.

diesen Prozessen die körperliche Haltung, aber auch eine geistige: Der Geist des Zen, den Suzuki Roshi auch den »Großen Geistes« genannt hat, scheint immer durch. So wird zum Beispiel das gemeinsame Oryoki-Mahl, das in Ansätzen auch Teile der japanischen Teezeremonie beinhaltet, zum Tor und gleichzeitig zum Ausdruck eines Lebensgefühls, das Achtsamkeit, Konzentration, Genuss und Dankbarkeit zu etwas direkt Erlebtem machen.

Der zweite Aspekt des Lernens, den wir herausgreifen möchten, ist der des geistigen Trainings oder besser: Erfahrungen jenseits des dualistischen Denkens.

Im Zentrum vieler Zen-Traditionen steht die Arbeit mit Kōans. Kōans sind Aussagen, Fälle und Fragen, die mit dem Intellekt nicht zu lösen oder zu beantworten sind. Entsprechende »Antworten« liegen dann außerhalb oder besser vor der Sprache, sie sind direkt und somit vom Bewusstsein nicht behelligt[42]. Daher ist ein Kōan kein »Rätsel«, denn es ist mit dem Verstand nicht zu lösen, wir könnten fast sagen, dass für eine Antwort eine Art Sprung notwendig wird, ein Sprung auf eine andere Erfahrungsebene.

Um mit und an Kōans zu arbeiten, treffen sich Meister und Schüler in der Regel über einen längeren Zeitraum hinweg regelmäßig zum sogenannten Dokusan. Das Wort kommt aus dem Japanischen und meint: allein zu einem Höheren zu gehen. Hier präsentiert und demonstriert der Schüler sein Verständnis und sein Verstehen des Kōans. In diesem Rahmen kann der Schüler aber auch all seine Probleme mit der Übung und der Praxis des Zen vorbringen. Diese Treffen fordern große Offenheit und auch Ehrlichkeit sowohl auf der Seite des Schülers als auch der des Meisters; hier findet eine offene, direkte und spontane Begegnung zwischen zwei Personen statt.

Betonen wollen wir hier besonders, dass es sich zwar um eine direkte Begegnung zwischen zwei Personen handelt, darüber hinaus ist Dokusan auch ein wichtiges Element in der Schulung des Zen. Eine Schulung des Geistes, die diesen Geist sozusagen aus seiner eingefahrenen Bahn des Wahrnehmens, die in der Regel auf die Be-

42 Siehe hierzu Kapitel III, 3.2, wo wir uns ausführlich mit den Fünf Skandhas beschäftigt haben.

schreibung von Wirklichkeit reduziert ist, herauswirft hin zur direkten Erfahrung. Es ist für den Meister eine Herzensangelegenheit, dass »sein Schüler« diese tief greifenden Erfahrungen ebenso macht wie er selber. Dabei gibt er ihm jede Unterstützung, er nimmt ihm alles weg, was der direkten Erfahrung im Weg stehen könnte. Er ist geduldig und nachsichtig, wenn Widerstände auftauchen, und er ist ungeduldig und streng, wenn der Schüler in seiner Anstrengung nachlässt. Aber auch der Meister »wächst« an den »Fortschritten« des Schülers.

Meister und Schüler lernen sich in diesem jahrelangen Prozess natürlich sehr gut kennen. Sie entwickeln den »langen Körper«, in dem Übertragung auch jenseits von Sprache und Bewusstsein möglich wird. Mit dem »langen Körper« wird ein Feld beschrieben, das auch als gemeinsamer Praxis-Körper bezeichnet werden kann, ein Feld, das auch dann wirkt, wenn Meister und Schüler räumlich voneinander getrennt sind. Es ist nichts Geheimnisvolles, kennen wir es doch auch aus intensiven Beziehungen von wirklicher gegenseitiger Bezogenheit. Hier wird deutlich, dass über das Lernen am Modell und Erfahrungen jenseits des dualistischen Denkens hinaus es etwas gibt, das wir als Übertragung von Geist zu Geist und von Herz zu Herz, außerhalb jeglicher Schriften, bezeichnen können. Hier haben wir einen Prozess, bei dem es nicht um die Aufarbeitung der persönlichen Geschichte geht, sondern um das Schauen »hinter diese Geschichte«. Im Mittelpunkt steht nicht mehr die Person als »Maske«, nicht mehr die von uns immer wieder hergestellte, festgehaltene und geliebte Persönlichkeit, sondern der ungetäuschte Mensch in seiner ganzen Ursprünglichkeit, seiner Direktheit und Spontaneität.

7. Was nun wird nach langer Praxiszeit als Veränderung sichtbar? Die Einstellung zur Praxis und der Stellenwert der Praxis im Alltag: Eine spürbare Veränderung in der Praxis findet dann statt, wenn wir diese Praxis nicht mehr nur »für uns« tun, sondern zum Wohl aller. Hier beginnt sich das Selbst-zentrierte Verhalten aufzulösen zugunsten einer Verbesserung der gesamten uns umgebenden Bedingungen. Alvalokiteshvara, der Bodhisattva des Mitgefühls und des Erbarmens, ist ein Beispiel für diese Praxis: Er wird ikonografisch häufig dargestellt mit tausend Armen und Händen, in deren Hand-

flächen sich jeweils ein Auge befindet. Er repräsentiert den Wunsch, allen Wesen zu helfen. Eine weitere Veränderung tritt dann ein, wenn die Praxis so nährend geworden ist, dass sie ein fester Bestandteil, eine tragende Säule, unseres Lebens geworden ist. Eine wirklich tief greifende Veränderung hat allerdings dann stattgefunden, wenn wir die Dinge und die Welt so wahrnehmen, wie sie wirklich sind, wenn wir ungetäuscht durch unser Leben gehen und angemessen und »frei« auf Situationen reagieren, wenn wir das Gefühl von »Angekommensein« haben und unser Glück somit auf Dauer gestellt ist. Hier »erkennt« der Meister seinen Schüler und der Schüler seinen Meister. »Nur ein Buddha erkennt einen Buddha.« Dies ist in gewisser Weise schon ein Ende der Lehrzeit. Zu Ende ist eine solche Lehre aber nicht in Bezug auf die Beziehung zum Meister. Er bleibt weiterhin der Meister, der Lehrer, der Tutor, der (väterliche) Freund oder die (mütterliche) Freundin. Und vielleicht entwickelt sich ja eine ultimative Freundschaft jenseits von Kommen und Gehen.

Auf der Basis von Weisheit und Mitgefühl kann mit dem Meister und der Sangha zusammen der Achtfache Pfad praktiziert werden, aber auch die »Vier Unermesslichen« (Liebende Güte, Mitgefühl, Freude an der Freude anderer und Gleichmut) oder die »Sechs Vollkommenheiten« (Großzügigkeit, Disziplin, Geduld, Energie, Meditation und Weisheit).

Es sind wunderbare Orientierungshilfen, in Bezug auf ihre Umsetzung jedoch bedarf es eines Vorbildes, bedarf es einer Person, die diese Maßstäbe verwirklicht hat oder sich auf einem entsprechenden Weg befindet. Dazu ist der Lehrer oder Meister eine unbedingte Voraussetzung.

Mit dem Meister gemeinsam können wir uns gründlich studieren und uns dann vergessen: Wir lassen **alle** Ideen und Konzepte fallen, wir lassen Körper und Geist fallen. Dann erleben wir die zehntausend Dinge als nicht mehr getrennt von uns.

»Wenn (wir) alle Erscheinungen (Dharmas) als den Buddha-Dharma (denken), gibt es (Begriffe wie) Täuschung und Erwachen, Übung, Leben und Tod, Buddhas und Lebewesen.

Wenn (wir) die zehntausend Dinge (Dharmas) als von uns getrennt (wahrnehmen), gibt es keine Täuschung und kein Erwachen, keine Buddhas und keine Lebewesen, kein Leben und keinen Tod.

Die Buddha-Wahrheit ist von Anbeginn jenseits von Reich und Arm, und deshalb gibt es (Augenblick für Augenblick) Leben und Tod, Täuschung und Erwachen, Lebewesen und Buddhas.

Selbst wenn dies alles so ist, fallen die Blüten, obwohl wir es bedauern, und wächst das Unkraut, obwohl es uns nicht gefällt.« (Dogen 2001; Genjō Kōan, S. 57)

4.2 Die affektive Regulierung der therapeutischen Beziehung am Beispiel des Weinens

Einleitende Bemerkungen

Die affektive Regulierung der analytischen und therapeutischen Beziehung ist eine zentrale Thematik in der psychoanalytischen Arbeit. Am Beispiel des Weinens folgen dazu einige Überlegungen. Das Weinen als vielleicht *der* prototypische Affekt des Menschen überhaupt wird dabei als Leitfaden für eine Reflexion über die Affekte, ihre Regulierung und ihre zentrale Stellung innerhalb der therapeutischen bzw. analytischen Situation dienen. Dabei wird auch die dringliche klinische Frage nach überzeugenden positiven Indikatoren für eine förderliche therapeutische Arbeit auftauchen; nach meiner Erfahrung haben wir in unserer Alltagspraxis, vor allem in den langfristigen Psychotherapien und Psychoanalysen, oft erhebliche Schwierigkeiten, wirklich überzeugende Indikatoren für eine gelingende therapeutische Arbeit anzugeben, und werden manchmal auch nach langen Phasen von gravierenden Krisen und Stillständen überrascht, wenn nicht sogar entmutigt (siehe dazu auch das Kapitel »Gelingen und Scheitern«). Viele der Therapeuten und Analytiker halten in den expliziten und impliziten Theorien der Veränderung das Weinen wohl für einen solchen positiven Indikator. Als Hauptanliegen dieses Kapitels möchte ich zu zeigen versuchen, dass dies vielfach eine problematische oder zumindest eindimensionale Annahme ist, und werde daher eine Beschreibung für einen positiven therapeutischen Indikator vorschlagen, bei dem die affektive Regulierung und vor allem der »lebendige, analytische Kontakt« in der therapeutischen Beziehung eine zentrale Bedeutung hat. Die Wichtigkeit dieses

Kapitels zeigt sich aber auch in der Diskussion von Zen und Psychoanalyse, da im Zen ja die Analyse des Leidens eine zentrale Bedeutung hat und Leiden aus der Perspektive der Affekte als eine Form von konflikthaften oder negativen Affekten aufgefasst werden kann. Dazu werden wir am Ende des Kapitels noch einige Überlegungen vorstellen.

Aus der Perspektive des **Alltagswissens** ist für viele Menschen das Weinen sicherlich ein grundlegender Affekt, der allerdings ganz unterschiedliche emotionale Zustände ausdrücken kann: Trauer, Schmerz, Hilflosigkeit, Wut, Verzweiflung, aber auch Freude und Glück. Zum Alltagswissen gehört wohl auch die Vorstellung, dass Weinen ein kommunikatives Gefühl, bei kleinen Kindern sehr viel häufiger als bei Erwachsenen, ist und dass die Häufigkeit und die Art und Weise dieses Affektausdrucks typische individuelle und kulturelle Unterschiede aufweist: Danach weinen Frauen häufiger als Männer, drücken Südländer beispielsweise ihre Trauer direkter als Nordländer aus. Man geht wohl auch in der Regel davon aus, dass Weinen einen heilsamen Effekt haben kann, dass Weinen aber auch je nach Kontext als angemessen oder beschämend, als adäquat oder inadäquat aufgefasst wird – es gibt sozial akzeptierte Räume für das Weinen wie im Kinosaal, beim Therapeuten oder im Trauerfall, aber auch Taburäume, in denen das Weinen deplatziert wirkt. Auch kennt jeder die ganz unterschiedlichen Qualitäten des Weinens, das verzweifelt, still, unterdrückt, demonstrativ, ärgerlich und wütend sein kann. Und wer kennt nicht das plötzliche Hervorschießen der Tränen, etwa bei dem Hören von Normas »Casta Diva« – natürlich gesungen von Maria Callas – oder dem ansteckenden Charakter des Weinens bei einem anderen, wenn man sich dem kaum entziehen kann?

Als Therapeuten und Analytiker haben wir neben diesem Alltagswissen ein professionelles Wissen, das sich aus unseren theoretischen Modellen und der klinischen Erfahrungen mit den Patienten speist. Es wird heute zunehmend die Wichtigkeit betont, die eigene **professionelle Alltagstheorie** zu reflektieren und sich vor allem ihrer impliziten Elemente bewusst zu werden (W. Bohleber 2007; Zwiebel 2007). Man kann wohl davon ausgehen, dass sich viele Therapeuten der besonderen Bedeutung der Gefühle, der Affektivität der klinischen Arbeit bewusst sind, dass sie den Ausdruck *und* die Verarbeitung von Affekten als therapeutisch und heilsam ansehen, es also nicht bei einer rein kathartischen Wirkung bleiben darf[43]. Weinen wird in der Regel wohl eher als ein expressiver Affekt verstanden, der entwicklungspsychologisch durch reifere, strukturiertere Affekte ersetzt wird, eine Entwicklung, die man heute sehr viel genauer versteht. Aus der Fülle von klinischen Eindrücken entwickelt jeder einzelne Therapeut also innere Modelle, die eine Legierung aus der theoretischen Orientierung und seinen eigenen persönlichen und klinischen Erfahrungen darstellen: Weinen könnte danach beispielsweise mehr nach einem intrapsychischen Abfuhrmodell im Sinne eines aufgestauten oder unterdrückten Affektes aufgefasst werden (eine mögliche Metapher dafür wäre das »Meer aus Tränen«, das gestaut überfließen oder auch austrocknen kann) oder als interpersonelles Container- und Austauschmodell, in dem über Affektinduktion Gefühle bewahrt, verstanden und umgewandelt werden können. Danach könnte Weinen als ein positiver therapeutischer Indikator, aber auch als Widerstand gegen Veränderung und Einsicht oder sogar als Ausdruck eines Mangels (als mögliche Metapher »das Loch im Container«) betrachtet werden. Auch die eigene Affektivität spielt in diesen Erfahrungen und Modellen eine wichtige Rolle: Wer kennt nicht selbst die Situation, dass er von einer Schilderung eines Patienten und dem begleitenden Affekt so erfasst wird, dass einem selbst die Tränen in die Augen schießen? Und wird die professionelle Alltagstheorie nicht auch von Beispielen aus der Literatur beeinflusst, wenn man beispielsweise an den viel gelesenen Roman von Yalom »Und Nietzsche weinte« denkt, in dem ja nahegelegt wird, das Weinen als einen therapeutischen Durchbruch zu betrachten?

Diese wenigen Anmerkungen zeigen bereits die enorme Komplexität des Themas. Da wir uns heute viel deutlicher der Kluft zwischen unserem theoretisch generell verfügbaren Wissen und der realen therapeutischen Alltagspraxis von Stunde zu Stunde mit unseren Patienten

---

43 In ihrer Arbeit über »Die Veränderung von Träumen in psychoanalytischen Behandlungen« widmet S. Döll-Hentschker der Affektregulierung ein eigenes Kapitel. Sie beschreibt, dass in der empirischen Forschung die Emotionsunterdrückung bislang schwerpunktmäßig untersucht wurde und dass die negativen Folgen physiologischer Art (z. B. kardiovaskuläre Folgen) und psycho-sozialer Art (z. B. in Form von Inauthentizität, daraus folgender sozialer Isolation und Einsamkeit) eindeutig empirisch nachweisbar sind; man kann dies als einen wissenschaftlichen Beleg für eine alltagstheoretische Erfahrung betrachten (Döll-Hentschker 2008).

bewusst werden und der Mut bei vielen Analytikern und Therapeuten wächst, den Versuch zu machen, diese **reale klinische Alltagspraxis** möglichst offen zu schildern und zu reflektieren, wird dies auch eine Leitlinie meiner folgenden Überlegungen sein. Dazu ein kurzer Eindruck einer typischen, durchschnittlichen Praxiswoche: Von meinen sechs Patienten haben fünf wenigstens einmal in dieser Woche geweint; der sechste Patient hat in einer langen Behandlung bislang nie geweint, auch wenn er mehr und mehr seine Mechanismen versteht, die diese Affektabwehr bedingen. Von diesen Patienten waren drei am Beginn der Behandlung, die drei anderen in einem weit fortgeschrittenen Stadium: Im ersten Fall schien das Weinen Ausdruck einer beginnenden Übertragungsbeziehung zu sein, etwa dem Wunsch entsprechend, sich einem guten elterlichen Objekt anzuvertrauen, in den letzteren Fällen eher Ausdruck einer hoch ambivalenten Übertragung, in der die negativen Gefühle auch deutlich spürbar wurden. Meine eigenen Reaktionen auf das Weinen dieser verschiedenen Patienten waren keineswegs einheitlich: Erleichterung, Mitgefühl, Erstaunen, Irritation, ja sogar Befremden und manchmal auch ein leichtes Schuldgefühl, wenn die eigene empathische Resonanz gedämpft erschien. In einigen Situationen stellte sich ein Verständnis zwischen dem Affektausdruck und dem gerade geschilderten Thema (auch im Zusammenhang mit einem Traum) und der Interaktion zwischen dem Patienten und mir her. Hier hatte ich dann deutlich das Gefühl, dass ein therapeutischer Kontakt entstand, in dem ein wesentlicher Bereich der Problematik der Patienten berührt wurde; dies blieb aber in anderen Situationen aus. Mir fiel auch auf, dass ich in manchen Momenten das Weinen aufgriff und in das Gespräch mit einbezog, in anderen Momenten aber nicht.

Diese ersten, durchaus fragmentarischen Überlegungen erlauben jedoch ein erstes Resümee, das mit der psychoanalytischen Auffassung von der **Überdeterminiertheit** der seelischen Phänomene in Übereinstimmung steht: Glen Gabbard hat kürzlich diesen zentralen Gesichtspunkt von Freud noch einmal herausgearbeitet und dabei vor allem auch die Vieldeutigkeit und die damit verbundene, notwendige Fähigkeit des Analytikers betont, dieses komplexe Bedeutungsfeld nicht durch voreilige und vor allem eindimensionale Reduktionen einzuengen (Gabbard 2006). Danach wäre das Weinen ein universaler, basaler und häufig kommunikativer Affekt, über den zwar generelle Aussagen gemacht werden können, die jedoch in ihrer spezifischen Manifestation nur in der jeweils einzigartigen und individuellen Situation mit dem Patienten wirklich verstanden und beantwortet werden können. Ob es einen therapeutischen Fortschritt anzeigt, kann danach so generell nicht angenommen werden. Wenn Wissenschaft immer von der Beschreibung konkreter Erscheinungen ausgeht und bestimmte Regeln und Gesetzmäßigkeiten zu formulieren versucht, dann wird sie immer auch im Spannungsfeld zwischen spezifischen Gegebenheiten und Generalisierung verbleiben müssen. In diesem Sinne möchte ich im Folgenden im ersten Teil dieses Kapitels einige generelle und zusammenfassende Überlegungen zur Theorie der Affekte und vor allem der Affektregulierung vorstellen. Im zweiten Teil werde ich dann diese Befunde auf die affektive Beziehung in der therapeutischen Situation übertragen und dabei vor allem einen positiv formulierbaren Indikator für eine förderliche therapeutische Arbeit zu beschreiben versuchen. Bei allen diesen Reflexionen habe ich immer die enorme Kluft zwischen der Alltagspraxis unserer Arbeit von Stunde zu Stunde mit unseren Patienten – hier könnte man von der realtypischen Praxis sprechen – und dem generell verfügbaren theoretischen Wissen vor Augen – die idealtypische Praxis –, eine Kluft, die selbst starke Emotionen auslöst, die wir allerdings zulassen und verarbeiten müssen, um unsere Arbeit ausreichend kompetent durchführen zu können.

Bemerkungen zur Theorie der affektiven Regulierung

Döll-Hentschker gibt in ihrer eindrucksvollen Promotion einen Einblick in die gegenwärtig aktuellen psychologischen und psychoanalytischen **Affekttheorien** (Döll-Hentschker 2008). Sie betont, dass es eine Tendenz gibt, begrifflich Emotion und Affekt gleichzusetzen und von Gefühlen dann zu sprechen, wenn dies mit Selbstreflexivität verbunden ist. Emotionen oder Affekte lassen sich danach aus einem biologischen, evolutionspsychologischen, einem entwicklungspsychologischen und einem kognitiven Kontext heraus beschreiben. Es gibt offenbar eine biologische Verankerung der Affekte, auch wenn der Begriff von Basisaffekten nicht unumstritten ist. Angst ist diejenige Emotion, die die stärkste biologisch-evolutionäre Komponente hat und als Primäremotion gilt, während Scham und Schuldgefühl als sekundäre oder soziale Emotionen eingeschätzt werden. Die Funktion der Affekte wird als motivationale und/oder informationale eingeschätzt: sie sind also Manifestation von Wünschen und/oder gelten als Signale für den inneren Zustand des Subjekts. Als Auslöser für Affekte gelten bewusste und vor allem unbewusste Einschätzungsprozesse.

Wenn ich mich hier etwas länger mit den **psychoanalytischen Affekttheorien**[44] befassen werde, dann ist vorauszuschicken, dass es bislang keine allgemein akzeptierte psychoanalytische Affekttheorie gibt. Vor allem bleibt der Zusammenhang zwischen Trieb- und Affekttheorie umstritten. Brenner hat vielleicht am klarsten den Freud'schen Gesichtspunkt dargestellt (Brenner 1986): Triebe sind nach seiner Vorstellung Verallgemeinerungen, die sich aus der psychoanalytischen Erforschung der Wünsche in der psychoanalytischen Situation ergeben; diese Triebe drängen die Psyche zur Aktivität und sind der eigentliche Motor der menschlichen Motivation. Sie werden bekanntlich in libidinöse und aggressive Triebe unterschieden. Es wird zwischen dem Trieb (als einer Generalisierung oder einem Konstrukt) und der Triebrepräsentanz, also dem manifesten, bewussten Wunsch, unterschieden; hier ergibt sich dann die Verbindung mit der Affekttheorie: Affekte sind danach komplexe psychische Phänomene, die aus Empfindungen oder Gefühlen von Lust und Unlust und spezifischen Vorstellungen bestehen: Entsprechend dem Lust- und Unlustprinzip könnte man auch sagen, dass unser Wünschen aus einem Streben nach positiven Affekten und einem Vermeiden von negativen Affekten besteht. Dies stimmt im Übrigen überein mit den Beobachtungen aus buddhistischer Sicht. Das tendenzielle Anhaften an bestimmten Affekten, in der Regel den positiven, führt, wie wir an anderer Stelle erarbeitet haben, zu Leiden. Alle Affekte »gleich« zu werten ist ein erstrebenswertes »Praxisziel«. »*Der höchste Weg ist nicht schwierig für diejenigen, die keine Vorlieben haben. Wenn beides, Liebe und Hass, vergangen sind, wird alles klar*

44 Döll-Hentschker widmet in ihrer Arbeit ein ganzes Kapitel den psychoanalytischen Affekttheorien und beschreibt dabei die Entwicklung bei Freud und bei den postfreudianischen Autoren. Sie betont, dass es keine allgemein anerkannte Affekttheorie gibt und dass die Beziehungen zwischen Trieb und Affekt nach wie vor ungeklärt sind. Er gäbe jedoch eine Tendenz, Triebe und Affekte als voneinander unabhängige und doch miteinander in Wechselwirkung stehende Motivations- und Regulationssysteme zu konzipieren (Döll-Hentschker 2008, S. 173).

und unverhüllt. Die kleinste Unterscheidung allerdings trennt Himmel und Erde unendlich weit voneinander. Wenn du das Verlangen hast, die Wahrheit zu sehen, dann hege keine Anschauungen für oder gegen etwas. Das Leiden des Geistes ist es, das Geliebte dem Ungeliebten vorzuziehen.« (Sengtsan: Hsin Hsin Ming: Die Meißelschrift vom Glauben an den Geist in: Weischede 2006, S. 155) Dieses Streben entsteht aus dem körperlich-unbewussten Teil der Person und repräsentiert sich partiell im Bewusstsein als Trieb- und Affektrepräsentanz. In der klassischen psychoanalytischen Theorie stehen die konflikthaften Wünsche, Wünsche also, die mit negativen Emotionen wie Angst, Scham und Schuldgefühl gekoppelt sind, ganz im Zentrum der Aufmerksamkeit: Das von Malan formulierte **Konfliktdreieck** fasst diese Dynamik zwischen Wunsch, Angst und Abwehr präzise zusammen (Malan 1979). Das Modell des verinnerlichten unbewussten Konfliktes beschreibt seine Entstehung als Verinnerlichung von früheren Objektbeziehungen, bei denen aus äußeren und inneren Gründen spezifische Wünsche – hier vor allem die »unsterblichen« Kindheitswünsche (Mertens 1999) – mit negativen Affekten verknüpft wurden – also vor allem Angst, Scham und Schuldgefühle – und so der Verdrängung und anderen Abwehrmechanismen zum Opfer fielen, bis sie als »Wiederkehr der Verdrängung« sich symptomatisch manifestieren (Müller-Pozzi 1992). In diesem Sinne könnte man auch das Konfliktdreieck als innere Orientierung für den praktizierenden Therapeuten folgendermaßen umformulieren: Welches ist die heimlich gewünschte Beziehung des Patienten, welches ist die daraus resultierende befürchtete Beziehung und welches die aus einem Kompromiss der beiden gerade genannten realisierte, manifeste Beziehung – und dies nicht nur in der Übertragung zum Therapeuten, sondern auch in den realen, aktuellen Objektbeziehungen und den kindlichen Objektbeziehungen? Es sei hier darauf hingewiesen, dass in diesem Modell ein impliziter Regulierungskontext angesprochen ist: Es wird angenommen, dass das Subjekt in einer Form von Selbstregulierung seine Wünsche, seine negativen Affekte und deren Kontrolle ausbalanciert. Symptomatik entwickelt sich nach dieser Vorstellung, wenn die Selbstregulierung diese Balance aus äußeren oder inneren Gründen nicht mehr aufrechterhalten kann.

Diese äußerst knappe Zusammenfassung einer klassischen Grundfigur psychoanalytischer Konzeptualisierung macht deutlich, dass die

Affekte oder Emotionen im Zentrum der psychoanalytischen Arbeit stehen – auch wenn man von der psychoanalytischen Behandlung gern als »Redekur« spricht und dies eine scheinbare Betonung des Nachdenkens bedeutet –, dass man von einer intrapsychischen und in dem Kontext der Übertragung und Gegenübertragung auch von einer interpersonellen affektiven Regulierung ausgeht, die das therapeutische Beziehungsgeschehen gestalten. Plassmann kommt in seiner Arbeit über die Beziehung von Psychoanalyse und EMDR zu ähnlichen Formulierungen, wenn er in das Zentrum der therapeutischen Arbeit die Transformation von negativen Emotionen stellt und sogar von einem emotiozentrischen Prinzip in der klinischen Arbeit spricht, da die Emotionen dem Bewusstsein vorausgehen: Das Fühlen ist danach das Primäre, dann erst kommt das Gedachte (Plassmann 2006). Dies wird in den Fünf Skandhas bestätigt: Nach den Gefühlen kommen die Wahrnehmungen, die Impulse und das Bewusstsein (siehe Kapitel III, 3.2 »Über das Selbst«). Wenn man diese bisherigen Überlegungen jedoch auf das Phänomen des Weinens bezieht, wird deutlich, dass vor allem auch für das klinische Verständnis und die klinische Beurteilung des Weinens hier noch kein ausreichender Hintergrund geschaffen worden ist: Bei den konflikthaften Affekten handelt es sich meist um Angst, Scham und Schuldgefühl, die jedoch oft als sogenannte unbewusste Emotionen extrapoliert werden müssen, während ja das Weinen ein manifester, wenn auch vieldeutiger Affektausdruck ist. Daher erscheint mir ein nochmaliger Anlauf zur Vertiefung und Differenzierung der bisherigen Überlegungen notwendig. Dabei werde ich mich auf zwei Autoren berufen, die als Psychoanalytiker unter Einbeziehung anderer Forschungsansätze eine Differenzierung der Affekttheorien ermöglicht haben: Mark Solms durch den neurobiologischen Gesichtspunkt und Ullrich Moser, der bekannte Züricher Psychoanalytiker, durch die Verbindung von Psychoanalyse, Kognitionspsychologie, künstlicher Intelligenzforschung, Neurobiologie und Entwicklungspsychologie. Man könnte natürlich auch einige der viel diskutierten post-freudianischen Autoren wie Bion, Ferro, Ogden, Fonagy, de Masi heranziehen, bei denen es im Prinzip auch um zentrale Fragen der affektiv-kognitiven Entwicklung geht, also um die Frage, wie sich das Fühlen in Denken umwandelt bzw. sich das Fühlen im Denken ausdrückt.

Für Solms ist der zentrale Ausgangspunkt, dass Affekte immer von somatischen Reaktionen begleitet sind, es also eine subjektive und eine objektive Seite gibt; das Weinen könnte hier sogar als exemplarisch angesehen werden: Das Weinen drückt einen inneren, subjektiven Zustand aus und manifestiert sich gleichzeitig als somatischer Ausdruck in Form der Tränen. Nach Freud hat das Bewusstsein zwei Wahrnehmungsflächen, nämlich nach innen und nach außen, wobei der Körper sowohl von außen als auch von innen her wahrgenommen werden kann: Danach spricht man ja auch von sinnlicher und psychischer Realität oder von körperlichen und seelischen Wahrnehmungen. Die psychoanalytische Erforschung befasst sich mit den seelischen Wahrnehmungen, der psychischen Realität, wobei hier das Unbewusste eine zentrale Rolle spielt: Die unbewussten Prozesse, die den Bewusstseinsphänomenen zugrunde liegen, kann man sich je nach der eingenommenen Perspektive als somatische oder als seelische Vorgänge vorstellen. Solms macht hier die Kant'sche philosophische Prämisse deutlich: Der Körper als »Ding an sich«, das sich nur über seine Phänomene manifestiert und an sich unerkennbar bleibt, sodass wir immer nur ein Modell, eine Konstruktion der äußeren und inneren Wirklichkeit haben können. Zwischen der Realität an sich und unseren Wahrnehmungen dieser Realität ist der Sinnesapparat eingeschaltet. Unsere psychischen Erfahrungen sind also Phänomene, die auf etwas Unbekanntes und Unerkennbares zurückgehen, das aber immer im Körper wurzelt. **Die Affekte werden als subjektives Gefühl auf der inneren Bewusstseinsoberfläche wahrgenommen und müssen als Widerspiegelungen realer Ereignisse im unbewussten Bereich betrachtet werden** (siehe hierzu auch die Überlegungen zu den Vijñānas in Kapitel III, 3.4 »Zur Bedeutung des Leidens«). Geht man also von einer deskriptiven Beschreibung unbewusster Prozesse aus, dann sind sowohl die körperlichen als auch die seelischen Vorgänge (je nach Außen- oder Innenperspektive) unerkannt und teilweise auch unerkennbar. »Das Affektgeschehen spielt sich innerhalb einer komplexen kausalen Matrix ab, die sowohl innere als auch äußere Vorgänge einschließt.« (Solms, S. 493–494) Entscheidend bleibt, dass die psychischen und die somatischen Erscheinungsformen des Affektes zweierlei Repräsentationsweisen desselben zugrunde liegenden Geschehens sind und dass der innere Vorgang, den wir Affekt nennen, auf beiden Wahrnehmungsoberflächen gleichzeitig registriert wird: als Emotion auf der inneren

Bewusstseinsoberfläche, als körperliches Phänomen auf der äußeren Bewusstseinsoberfläche. Dieser Punkt erscheint zentral für das Verständnis des Weinens. Wir beobachten es bei uns selbst sowohl auf der inneren (als Trauer, Schmerz, Wut) als auch auf der äußeren Bewusstseinsoberfläche (als Tränenfluss, als verändertes Atmen und andere sekretorische Erscheinungen), und wir können das Weinen eben aus diesen beiden Perspektiven untersuchen. Aus der psychologischen Perspektive ist das Weinen Ausdruck unseres unbewussten Selbst, da das Weinen selbst nur ein phänomenaler Ausdruck eines dahinter liegenden unbewussten psychischen Geschehens ist. Und die Schlussfolgerung von Solms: »So wie das Sehen, das Hören, Körperempfindungen, Geschmack und Geruch die primären Sinnesmodalitäten sind, in denen wir die objektive Außenwelt, die materielle Realität wahrnehmen, so ist der Affekt die primäre Sinnesmodalität zur Wahrnehmung der subjektiven Innenwelt, der psychischen Realität.« (Solms, S. 495) Aus buddhistischer Sicht wird diese Trennung allerdings nicht gemacht: Jeder Kontakt ist **immer** auch verknüpft mit einem »Grundgefühl«: Etwas ist angenehm, etwas ist unangenehm und etwas ist weder angenehm noch unangenehm. Ausführlicher dargelegt haben wir dies bei der Beschreibung der Skandhas im Kapitel »Über das Selbst«, aber auch weiter unten im Text. Diese Überlegungen machen noch einmal deutlich, warum den Affekten in der Psychoanalyse ein solch zentraler Stellenwert eingeräumt wird. Sie stellen das primäre Sinnesorgan des Subjektiven und damit des unbewussten Selbst dar, sodass man von den **Affekten auch als »Botschaften des Unbewussten«** sprechen könnte. Von daher ist auch nachvollziehbar, dass das Weinen als sichtbarer, expressiver und kommunikativer Affekt eine solche Bedeutung für den Therapeuten und Analytiker bekommt, da ja andere Affekte wie Scham, Schuld und Neid oft nicht so deutlich erkennbar sind. Für Solms stellen die Affekte und damit auch das Weinen emotionale Phänomene dar, die auf etwas anderes verweisen, auf einen »realen Sachverhalt«, die man psychologisch, aber auch physiologisch untersuchen kann. Das Gehirn, das organische Substrat des psychischen Apparates, nimmt mit dem Neo-Cortex die äußere Welt wahr, während es mit dem limbischen System die innere Welt registriert: Die Untersuchung des Gehirns und die analytische Situation stellen zwei Zugänge zum gleichen »realen Sachverhalt«, der unbewussten Wirklichkeit des Menschen, dar. Wie vielleicht bekannt ist, hat Solms auch in verschiedenen anderen Arbeiten eine starke Übereinstimmung zwischen den Freud'schen Grundannahmen und den modernen neurobiologischen Befunden postuliert und vor allem am Beispiel der Traumtheorie eindrücklich belegt. Am Beispiel der Libidotheorie beschreibt er neurobiologische Befunde, die von einem allgemeinen Wunschsystem, das der Neurobiologe Panksepp als SEEKING-System bezeichnet, ausgeht, das ein positiv zielgerichtetes System ist, das mit dem Verlangen nach Sexualität, Nahrung, Wärme, Wissen etc. verbunden ist. Hierzu noch einmal ein Zitat von Solms, das die besondere Stellung des Affektiven eindrücklich betont: »*Angetrieben von einem allgemeinen Wunschsystem, erkunden wir interagierend die Welt auf der blinden Suche nach Objekten und Erfahrungen, die unsere ständig andrängenden Bedürfnisse zu befriedigen vermögen. Die Bedürfnisse werden durch chemische Botenstoffe erzeugt, die aus vielfältigen homöostatischen Physiologien, der Expression unserer biologischen Existenz, hervorgehen. Die Erfolge und Misserfolge dieser endlosen Suche werden durch die Bewusstseinsfunktion reguliert, deren oberste Aufgabe es ist, Gefühle der Lust und Unlust zu produzieren* (oder: zu registrieren? R. Z.), *die wiederum mit denjenigen Objekten assoziiert werden, die am besten geeignet sind, sie hervorzurufen. Diese Objekte und Erfahrungen bilden das Material des repräsentationalen Gedächtnissystems, das das gewaltige Volumen des unter dem Schädeldach liegenden Cortexes ausfüllt. Das Wissen um die Welt, das in diesen Repräsentationen encodiert ist, wird zur Kontrolle der Gelüste benutzt, die uns allererst mit ihnen in Kontakt gebracht haben. Dieser Kontrollfunktion dienen insbesondere die inhibitorischen Fähigkeiten jener kortikalen Region … die Präfrontallappen.*« (Solms 2006, S. 848) In diesem sehr dichten Zitat, das gleichsam ein Welt- und Menschenbild einschließt, spielen die zentralen Affekte von Lust und Unlust ebenso eine zentrale Rolle wie ihre Entwicklung, Regulierung und schließlich auch ihre Kontrolle. Die Affekte werden dabei eher mit dem unbewussten Selbst, ihre Regulierung mit dem Bewusstseinssystem assoziiert. Wünsche oder Bedürfnisse, die damit gekoppelten Affekte von Lust und Unlust, ihr Eingebettetsein in sich entwickelnde Objektbeziehungen und die Regulierung durch das Gedächtnis und verschiedene Kontrollfunktionen könnte man generell auch auf das Weinen beziehen: Danach gehörte zum Verständnis des Weinens immer das Wunschsystem, die begleitenden positiven oder meist negativen Emotionen, die Relation zum Objekt in Gegenwart, Vergangenheit und Zukunft und ein kontrollierender Aspekt, der sich auf die Selbst- und/oder Objektkontrolle bezieht. In jedem Fall wird die tiefe Verankerung des Menschen in seiner Körperlichkeit betont, die sich vielleicht prototypisch in dem Phänomen des Weinens manifestiert. Falls man so weit gehen könnte, jedes Weinen auf den Ur-Affekt des ersten Schreis des Neugeborenen zurückzuführen, das die Sehnsucht nach einer ungetrennten, harmonischen und vollkommenen Welt ebenso zum Ausdruck bringt wie den Schmerz, die Angst, die Wut und die Verzweiflung über den Verlust dieser ungestörten Welt und den gleichzeitigen Appell an den Anderen, diese verlorene Welt wiederherzustellen, dann wäre dies der Versuch einer Übersetzung des Solms-Zitats auf das Thema des Weinens.

Für ein weiteres klinisches Verständnis des Weinens sind allerdings neuere Befunde zur **Affektentwicklung**, wie sie beispielsweise Moser und v. Zeppelin beschrieben und diskutiert haben, von großer Wichtigkeit (Moser und v. Zeppelin 1996). Ich fasse hier nur einige der wichtigsten Überlegungen zusammen:

1. Affektentwicklung ist weitgehend mit der Entwicklung von Affektregulierung gleichzusetzen.
2. Es ist zwischen affektiver Eigen- und Fremdregulierung zu unterscheiden. Die Fremdregulierung wird auch als direkte oder interpersonelle Regulierung beschrieben, in der es um frühe, expressive Affekte geht, die in der realen Beziehung zwischen Kind und Pflegeperson auftreten; die Anwesenheit der realen Person ist absolut zwingend. Diese expressiven Affekte werden auch als kommunikative Affekte beschrieben (beispielsweise Ärger, Furcht, Scham und Verachtung), weil ihre Bedeutung dahin geht, die Pflegeperson so zu beeinflussen, dass das gestörte Selbstempfinden wiederhergestellt wird.
3. Die affektive Eigenregulierung wird durch eine Verinnerlichung dieser realen, direkten affektiven Beziehung möglich. Diese Verinnerlichung kann man auch als eine komplexe Vernetzung von affektiven und kognitiven Strukturen verstehen, die Moser insgesamt als Kognifizierung bezeichnet. Die affektive Regulierung durch die Pflegeperson wird zunehmend durch innere Modelle ersetzt, die

schließlich zu einer wirksamen, inneren Affektregulierung oder Affektkontrolle führen. Es entsteht mit anderen Worten eine Welt der Repräsentanzen aus Selbst, Objekt und affektiver Verbindung, in der Affekte auch in Abwesenheit des Anderen simuliert und reguliert werden können. Man könnte auch von einem verinnerlichten Beziehungsgefühl sprechen, das unterschiedliche Qualitäten haben kann: funktional (oder narzisstisch), resonant (oder symbiotisch) und responsiv (oder objektal). Für die normale Entwicklung könnte man eine Balance von affektiver Eigenregulierung und Fremdregulierung postulieren und ebenso eine Balance für die verschiedenen Qualitäten des Beziehungsgefühls. Dies gilt wohl auch für das emotionale Leben von erwachsenen Personen.

4. Aus der Sicht der kognitiven Entwicklung geht die Entwicklung von der affektiven Fremdregulierung zur affektiven Eigenregulierung mit der Entwicklung eines zunehmend differenzierten Denkens Hand in Hand. Dies wird heute zunehmend unter dem Begriff der Mentalisierung zusammengefasst. Ich erwähne hier nur die beiden Formen, die als Situationstheorie und als Repräsentationstheorie beschrieben werden. In der Situationstheorie geht es um eine Form des präkonzeptuellen und konkretistischen Denkens, bei dem es noch kein verinnerlichtes Beziehungsgefühl gibt und die Anwesenheit des Objektes für die Regulierung der Bedürfnisse des Kindes absolut notwendig ist. Das konkretistische Denken unterscheidet nicht zwischen dem Abbild und der realen Beziehung. Die Regulierung der Beziehung geht über das Verhalten und vor allem über Affektinduktion; in einem anderen Theoriemodell wird dies als projektive Identifizierung bezeichnet. In der sich daran anschließenden Repräsentationstheorie wird die Stufe des konzeptuellen Denkens erreicht, in der klar zwischen innen und außen unterschieden werden kann, eine innere Welt entsteht und sich das Kind Selbst und Objekt in verschiedenen Situationen vorstellen kann, die nicht mehr unmittelbar an das konkrete Erleben gebunden sind. Es kann zwischen Abbild und der konkreten Beziehung unterschieden werden, und zwar durch die Entstehung einer inneren, mentalen Welt, in der durch simulierte Interaktionen die Affekte generiert und kontrolliert werden können. Hier entsteht das schon erwähnte innere Beziehungsgefühl, das nicht ständig durch Zeichen

des Geliebtwerdens und der Selbstbestätigung genährt werden muss. Entscheidend ist, dass negative Emotionen durch diese verinnerlichten Beziehungsmuster gedämpft und kontrolliert werden können, auch ohne die ständige Präsenz des Objektes; Angst und Spannung werden beispielsweise durch Fantasien absorbiert. Hier entstehen dann die sekundären oder auch strukturellen Affekte wie Schuldgefühl, Schamgefühl oder antizipierende Angst, die eine Art inneres Bezugssystem darstellen, das vor allem zu einer höheren Autonomie des Selbstwertsystems führt[45].

5. Wir gehen heute davon aus, dass mütterliche und väterliche Affektspiegelung, Feinfühligkeit, das Bindungsmuster der Eltern und ihre Fähigkeit zur Mentalisierung wichtige Einflüsse auf die Fähigkeit zur Affektregulierung des Säuglings und Kleinkindes haben.

Obwohl es sich hier um eine verdichtete Zusammenfassung dieser sehr komplexen Phänomene handelt, ist für das Thema des Weinens doch wohl deutlich geworden, dass wir hier vor allem einen Beleg für die Überdeterminiertheit dieses seelischen Phänomens finden. Ganz gleich, mit welcher spezifischen theoretischen Orientierung wir uns diesem Phänomen nähern, müssen wir eine Vielzahl von verschiedenen Faktoren, Elementen und Bedingungen berücksichtigen. Die Beziehung zu den Wünschen habe ich deutlich betont, und damit auch zum unbewussten Selbst. Die Verbindung zur Entwicklung des Affektsystems ist sicherlich deutlich geworden und die damit verknüpfte Bedeutung des Selbstgefühls und seiner Regulierung. Das Weinen ist in diesem Sinne als Information zu verstehen, das aber ganz verschiedene innere mentale Zustände repräsentieren kann. Dabei ist der kommunikative Aspekt von großer Wichtigkeit. Betrachtet man diese überaus komplexe Determiniertheit des Weinens, kann man schon theoretisch daraus schließen, dass Weinen wohl kaum an sich als der wesentliche, positive Indikator für einen günstig verlaufenden Therapieprozess angesehen werden kann. Daher möchte ich nun im zweiten Teil dieses Kapitels die bisherigen Überlegungen auf die konkrete therapeutische Situation übertragen und versuche dabei einen positiven Indikator für eine

45 Es sei hier noch einmal betont, dass es sich hier um eine äußerst knappe Zusammenfassung handelt. Für ein vertieftes Studium sei auf die komplexe Arbeit von Moser und v. Zeppelin (1996) und von Döll-Hentschker (2008) verwiesen.

gut verlaufende therapeutische Arbeit zu formulieren, der der ungeheuren Komplexität unserer klinischen Arbeit vielleicht eher gerecht wird.

Über die affektive Regulierung in der therapeutischen Situation

Wenn ich im Folgenden von der therapeutischen Situation spreche, gehe ich aus 1.) von meiner Erfahrung als Psychoanalytiker; 2.) von der Überlegung, dass es in allen psychotherapeutischen Situationen einige grundlegende Elemente gibt, die notwendige Bestandteile einer professionellen Praxis sind; 3.) von der Einzigartigkeit jeder einzelnen therapeutischen Begegnung, die nur begrenzt beschreibbar und generalisierbar ist; und 4.) von der Notwendigkeit, die realtypische Alltagspraxis zu beschreiben und der verständlichen Neigung zu widerstehen, idealtypische oder auch utopische Modelle zu entwerfen. Dann lässt sich schnell zeigen, dass man in der Tat die Affektregulierung als eines der zentralen expliziten oder auch impliziten Modelle der alltäglichen klinischen Arbeit ansehen kann. Denken wir beispielsweise an die **Konzeptualisierung der seelischen Probleme** der Patienten: Diese suchen therapeutische Hilfe, weil negative Emotionen ihr Leben zu dominieren begonnen haben. Ihr Leiden, wie immer sie selbst und wir es definieren, ist grundlegend von diesen negativen Emotionen geprägt – als Ängste, Zwänge, Depressionen, körperliche Beschwerden und Schmerzen, Beziehungsunglück etc. – Emotionen, die sie selbst nicht mehr in den Griff bekommen oder aus sich selbst heraus verändern können. Wenn wir uns noch einmal an das Zitat von Solms erinnern, kann man sagen, dass die Patienten mit ihrem libidinösen Streben als Ausdruck ihrer Körperlichkeit in einem sehr umfassenden Sinn gescheitert sind und anstatt des ersehnten Glücks vor allem Unglück, Unbehagen, Schmerzen, Verzweiflung, Wiederholungszwang etc. erleben. In dem Versuch, in der klinischen Psychotherapie dieses seelische Leiden der Menschen zu konzeptualisieren und zu kategorisieren, sind in den letzten Jahrzehnten erhebliche Fortschritte gemacht worden. Neben dem klassischen Neurosemodell, dessen zentrale Grundfigur der verinnerlichte, unbewusste Konflikt ist – mit der Angst und dem Schuldgefühl als zentraler Regulator für die Verdrängungen der kindlichen Wünsche –, gewinnt die Beschreibung von sogenannten »Frühstörungen«

eine zunehmend wichtige Rolle. Bei dieser Gruppe von Patienten, die heute den größeren Teil der therapeutischen und psychoanalytischen Praxen ausmachen, liegen frühe Mangelerfahrungen ihrem Leiden zugrunde, die als Bindungsstörung, Beziehungstrauma, fehlende Affektspiegelung, traumatische Objektverluste, aggressive oder sexuelle Grenzüberschreitungen, gravierende Pathologie der Eltern etc. in Verbund mit konstitutionellen Faktoren im jeweiligen Einzelfall in den Vordergrund treten. Die Folgen sind vor allem auch strukturelle Defizite der affektiv-kognitiven Entwicklung, etwa die mangelnde Eigenregulierung der Affekte, das Persistieren der Situationstheorie mit dem präkonzeptuellen und konkretistischen Denken, die Schwierigkeiten, ein stabiles Selbstgefühl der Sicherheit ohne die Präsenz eines Objektes herzustellen etc. Sehr vereinfacht könnte man in dem ersten Fall des klassischen Konfliktmodells von einer emotionalen Funktionsstörung durch Verdrängung, in dem zweiten Fall von einer Störung, die durch den Mangel und die Deprivation elementarer Bedürfnisse nach Nähe, Affektspiegelung, Bindung und Anerkennung bedingt ist, sprechen. Als therapeutisches Ziel für die erste Gruppe lässt sich nach wie vor das Bewusstmachen der verdrängten Wünsche und Affekte formulieren, für die zweite Gruppe aber die Erweiterung ihrer inneren Fähigkeit, vor allem negative Erfahrungen zu repräsentieren und zu verarbeiten. Dies beschreibt beispielsweise Ogden in einer Reihe von Arbeiten als die »Unfähigkeit zu träumen«, wobei er das nächtliche und wache Träumen im Sinne von Bion als seelische Arbeit, nämlich die Verarbeitung von emotionalen Erfahrungen, konzipiert. Nach seiner Auffassung kommen viele Patienten zur Analyse und vielleicht auch zur Therapie, weil sie ihre emotionalen Erfahrungen nicht »träumen« können (Ogden 2004). de Masi kommt zu einer ähnlichen Auffassung, wenn er eine Unterscheidung zwischen dem dynamischen Unbewussten, das durch die verdrängten Inhalte konstituiert wird, und dem emotionalen Unbewussten macht, das metaphorisch als Ort der seelischen Arbeit, der Umwandlung von rohen, sinnlich geprägten Emotionen in Bilder, Vorstellungen, Erzählungen, aufgefasst werden kann (de Masi 2003). Auch U. Moser hat aus der Perspektive der Affektregulierung sehr differenziert das Syndrom einer Frühstörung beschrieben, das vor allem in der Unfähigkeit besteht, eine psychoanalytische Mikrowelt zu entwickeln (die Unfähigkeit, diese zu träumen, wahrscheinlich aufgrund eines gestörten emotionalen Unbewussten) und dem Beharren auf einer Regulierung der direkten Beziehung nach dem Modell des präkonzeptuellen Denkens der Situationstheorie (Moser 2001). Für das Thema des Weinens könnte man versuchsweise Folgendes formulieren: In der ersten Gruppe der Patienten käme es darauf an, das unterdrückte Weinen zu befreien, um auf diese Weise den unterdrückten Schmerz und die unterdrückten Wünsche zu »erlösen«, in der zweiten Gruppe käme es überhaupt erst einmal darauf an, Bilder, Vorstellungen und Erzählungen für den expressiven Affekt der Verzweiflung über die nie erlebten Resonanz- oder Empathieerfahrungen zu entwickeln. In dem ersten Fall könnte man das auftretende Weinen in der therapeutischen Situation durchaus als einen positiven Indikator für eine gelingende therapeutische Arbeit ansehen, im zweiten Fall vielleicht sogar das Aufhören des Weinens und die Entstehung von inneren Bildern im Sinne der Kognifizierung der Affekte als ein solcher Indikator betrachtet werden. Allerdings erscheint es mir für den durchschnittlichen Patienten in meiner eigenen Praxis sinnvoll, von einem Kontinuum zwischen diesen beiden Problemstrukturen auszugehen, die oft miteinander verzahnt sind, die auch mit der jeweiligen äußeren und inneren Lebenssituation in ihrer Gewichtung schwanken können und je nach aktueller Dringlichkeit unterschiedliche behandlungspraktische Antworten des Therapeuten erfordern. Es erscheint zudem ziemlich gesichert, dass die meisten Therapeuten und Analytiker sich nicht sehr wesentlich in ihren Problemstrukturen von den beschriebenen Patienten unterscheiden – zumindest was den mittleren Bereich des postulierten Kontinuums und die innere Situation vor Aufnahme der Ausbildung betrifft.

Wie gestaltet sich nun unter diesen grob skizzierten Vorannahmen die jeweilige, realtypische therapeutische Situation? Für die psychoanalytische Arbeit gehen wir heute sehr viel mehr als früher von dem intersubjektiven, bipersonalen Charakter der analytischen Situation aus: Die therapeutische Begegnung stellt sich immer als eine Beziehung oder auch Beziehungsfeld zwischen zwei Subjekten dar, die auch ganz entscheidend von ihren Affekten bestimmt werden. Trotz dieser grundlegenden Gegenseitigkeit ergibt sich natürlich eine professionell notwendige Asymmetrie, die vor allem in der Fähigkeit des Therapeuten oder Analytikers besteht, als Hüter der therapeutischen Situation einen Rahmen und Raum für veränderte, verändernde, förderliche emotionale Erfahrungen und Einsichten zu schaffen. **Alles entscheidend ist die Generierung eines sicheren Ortes, der die Exploration und die Verarbeitung der Emotionalität ermöglicht.** Die wesentliche Frage ist dabei immer wieder, welche basalen Elemente es dem Therapeuten ermöglichen, diese Funktion zu erfüllen. Im Folgenden möchte ich dazu nochmals meine eigene Alltagstheorie ansprechen, die zwar aus der analytischen Erfahrung entwickelt worden ist, aber unter Modifikationen wohl auch für andere therapeutische Settings anwendbar ist (siehe auch das Kapitel über die psychische Arbeit des analytischen Paares, Kapitel III, 4.1). Danach lassen sich fünf Elemente differenzieren, die allerdings eng miteinander verbunden und nicht als konsekutiv aufzufassen sind. Bei allen diesen Elementen spielen die Affekte, ihre Kognifizierung und die Regulierung eine entscheidende Rolle. Diese Elemente sind

1. die analytisch-therapeutische Position, oder auch allgemeiner die therapeutische Position;
2. die selbstreflexiven Funktionen im Sinne eines »inneren Analytikers«;
3. das Zulassen und Erkennen von »problematischen Situationen«;
4. ihre Umwandlung durch multiple Bifokalität;
5. und schließlich das Durcharbeiten der phobischen Position.

Diese fünf Komponenten der inneren Arbeitsweise sind im Kapitel III, 4.1 genauer beschrieben.

Über den lebendigen analytischen Kontakt

Es ist nach den bisherigen Überlegungen sicherlich nachvollziehbar, dass die Affekte als Indikatoren auch für die Beurteilung der Qualität der therapeutischen Arbeit so einen wichtigen Stellenwert bekommen haben. Dies wird in der schon erwähnten Arbeit von Döll-Hentschker noch einmal eindrücklich betont. In Auswertungen von früheren Arbeiten von Leuzinger-Bohleber beschreibt sie insgesamt acht Indikatoren als Hinweise für gelungene Psychoanalysen:

- eine Flexibilisierung der Beziehungsschemata und affektiven Schemata;

- eine größere Varianz von inneren Modellen;
- größere Handlungsflexibilität;
- eine bessere Affektregulierung;
- eine Zunahme der Affektvarianz und Intensität;
- das emotionale Einlassen nimmt zu;
- die Akzeptanz für verschiedene Affekte nimmt zu;
- und die Kompetenz im Problemlösen nimmt deutlich zu (Döll-Hentschker 2008, S. 231; Leuzinger-Bohleber 1995).

Man erkennt in dieser Beschreibung die eindrückliche Priorität des Affektiven. Aber letzten Endes bleibt eine Generalisierung im Einzelfall und für eine spezifische therapeutische Situation schwierig, weil in dem einen Fall der größere emotionale Ausdruck ebenso eine positive Veränderung wie in dem anderen Fall eine stärkere Affektkontrolle und der damit verbundenen Fähigkeit, das emotional Erlebte zu reflektieren und zu bedenken, anzeigen kann. Und dies könnte man wahrscheinlich auch und gerade für das Weinen vermuten: So wie der Therapeut manchmal erleichtert ist, wenn der Patient sein Weinen als Ausdruck bislang abgewehrter Affekte zulassen kann, so ist er manchmal auch resigniert, wenn das Weinen in konstanter Weise persistiert und sich nicht in eine Form des differenzierteren Erlebens und Reflektierens umwandelt. In einem Versuch, im Rahmen meiner eigenen Alltagstheorie einen positiven Indikator für eine förderliche analytisch-therapeutische Arbeit zu finden, habe ich den Vorschlag gemacht, von einem »**lebendigen, analytischen Kontakt**« als Ausdruck einer emotionalen Bewegung in der Beziehung zu sprechen, der die drei wichtigen Aspekte anspricht, die auch in den Modellen der affektiv-kognitiven Entwicklung als wesentlich angesehen werden: »lebendig« steht hier für ein offeneres, flexibleres und echteres Erleben der Emotionen und Gefühle (und dies gilt natürlich vor allem auch für die negativen Affekte), »analytisch« für das Eingebettet-Sein dieser Gefühle in eine kognitive Struktur (als Erinnerung, Reaktion auf ein Ereignis, im Rahmen der Übertragungsbeziehung, als Reflexion etc.) und »Kontakt« für eine Verbindung mit einem Beziehungsgefühl, das vor allem die therapeutische Beziehung, aber auch andere, signifikante Beziehungen betrifft (siehe auch Zwiebel 2004).

Betrachtungen aus der Sicht des Zen

Im Kapitel »Allein-Sein in der Gegenwart des Anderen« haben wir vom Alleinsein gesprochen als einer Methode, in der der Patient mit sich und seinen Einfällen und Gefühlen erst einmal allein ist und auf das der Analytiker (erst einmal) mit Schweigen reagiert. Diese Phasen des Allein-Seins werden letztendlich jedoch sprachlich aufgelöst und führen so durch Bewusstwerdung zur Einsicht und Befreiung. Denn die auftauchenden Affekte werden dabei eher mit dem unbewussten Selbst, ihre Regulierung mit dem Bewusstseinssystem assoziiert. Aber auch im Zazen, ob nun allein oder in der Gruppe (Sangha) durchgeführt, ist der Praktizierende mit seinen Affekten allein. Lediglich im Treffen mit dem Meister oder Lehrer gibt es einen Austausch über die im Zazen gemachten Erfahrungen. Wir könnten sagen, dass diese besondere Form des Allein-Seins eine wesentliche Voraussetzung dafür ist, dass ein Studium des Selbst und der Affekte – und zwar vor allem *der* Seiten, die dem Patienten oder Übenden nicht so leicht zugänglich sind – überhaupt möglich wird und zu bestimmten, auf andere Weise nicht zugänglichen Erfahrungen und Einsichten führen kann. Des Weiteren hatten wir postuliert, dass tiefe Erkenntnis und Befreiung (die Welt so zu sehen, wie sie wirklich ist) aus der Sicht des Zen letztendlich nur allein möglich ist. Wir betonen dies hier, weil Zen ein Selbststudium ist; sich selbst zu studieren ist *die* Grundlage überhaupt für den Zen-Weg. Was bedeutet dies nun für die Affekte?

Wir haben im Laufe der Entwicklung unseres Themas immer wieder betont, dass das Studium unseres Geistes voraussetzt, dass wir zwischen dem Geist und seinen Inhalten unterscheiden können. Der Geist ist nicht identisch mit seinen Inhalten. Dies ist eine nicht selbstverständliche Einsicht, halten wir doch in der Regel unsere Gedanken für unseren Geist. Die Trennung versetzt uns in die Lage, zum einen die Geistesinhalte und zum anderen den Geist selber zu studieren. Die gleiche Methode können wir nun auf das Studium unserer Gefühle anwenden. Bei der Beschreibung der Fünf Skandhas hatten wir gesagt, dass der allererste Kontakt mit einem Objekt noch im nichtsprachlichen oder besser im vorsprachlichen Bereich stattfindet. Mit diesem Kontakt gehen aus buddhistischer Sicht die drei »Grundgefühle« von angenehm, unangenehm oder weder angenehm noch unangenehm einher. Diese

Grundgefühle sind so eng mit dem ersten Kontakt verknüpft und laufen so schnell ab, dass eine Trennung kaum möglich ist: Kontakt und Gefühl können hier noch als eine Einheit betrachtet werden[46].

Das Studium der Skandhas setzt die Fähigkeit des Praktizierenden voraus, diesen natürlicherweise sehr schnellen Prozess vom ersten Kontakt bis hin zum Bewusstsein zu verlangsamen und ihn letztendlich an jeder Stelle anhalten zu können. Alles, was wir nun als Gefühlsregungen im weiteren Verlauf der Skandhas erleben, fällt aus buddhistischer Sicht in die Kategorie der Emotionen. Diese Gefühlsregungen bzw. Emotionen zeichnen sich eben dadurch aus, dass sie vermischt sind mit Assoziationen und Bildern. Dieser Prozess beginnt im dritten Skandha, dem der Wahrnehmung, wo wir dem wahrgenommenen Objekt einen Namen geben, und setzt sich fort im vierten Skandha, wo das Objekt mit Impulsen aus unserer Vergangenheit und unseren Erfahrungen »belegt« wird. Es beginnen Bilder, Assoziationen, Assoziationsketten und Emotionen aufzusteigen, die alle auf unseren Erfahrungen basieren. Emotionen sind die drei »Grundgefühle«, durchdrungen und belegt von unseren Erfahrungen und unserer Geschichte. Wichtig nun ist, dass wir diese Emotionen, genauso wie die oben beschriebenen Geistesinhalte, studieren: Wir untersuchen sie auf ihren Ursprung hin, wir untersuchen, welche Emotionen ihnen vorangegangen sind, und wir schauen, wohin sie sich entwickeln. Sie werden betrachtet als Prozesse, die einen Anfang und ein Ende haben, die kommen und auch wieder gehen. Dies setzt einen Beobachter voraus, der genau hinschaut und sich mit den Emotionen **nicht** identifiziert. Emotionen werden so erst einmal zu reinen Objekten des Studiums. Auf dem Sitzkissen lassen wir uns ganz und gar von den Emotionen ergreifen und gleichzeitig beobachten und studieren wir sie. Wir wollen sie nicht verändern oder loswerden, wir betrachten sie vielmehr als weitere interessante Studienobjekte aus dem großen Raum unseres Lebens.

Wie aber nun gehen wir im Zazen, das ja die Grundlage der Zen-Praxis ist, mit den körperlichen Emotionen um? In der Regel sind dies unangenehme Reaktionen auf zeitlich langes Stillsitzen wie z. B.

---

46 Diese enge Verknüpfung entstammt möglicherweise unseren biologischen Impulsen, eine neue Lage erst einmal daraufhin zu untersuchen, ob sie gefährlich ist oder nicht, ein für das reine Überleben sicherlich sinnvolle Fähigkeit.

Schmerzen in den Knien, den Schultern, dem Nacken und dem Rücken. Darüber hinaus sind diese schmerzhaften körperlichen Prozesse oft verknüpft mit entsprechenden emotionalen Reaktionen. Abgesehen davon, dass solche Sitzhaltungen auch einer gewissen Einübung und eines gewissen Trainings bedürfen, gehen wir mit ihnen ähnlich um wie mit den Gefühlen und Emotionen: wir beobachten und studieren sie. Wir geben den Schmerzen ihren Raum, und wenn wir es schaffen, sie ganz zuzulassen, erleben wir immer wieder ihre Auflösung und damit einhergehend eine körperliche und oft auch eine emotionale Befreiung; dies wird wie eine Auflösung von (zum Teil sehr alten) Blockaden erlebt. Diese Prozesse setzen Durchhaltevermögen und ein hohes Maß an Bereitschaft voraus, um durch die Schmerzen »hindurch zu sitzen«.

Das bisher Beschriebene berührt die Ebene der Meditation, des wachen und achtsamen Sitzens auf dem Kissen. Wie nun gehen wir mit den Emotionen im Alltag um? Wissend um all die oben genannten Einsichten, lassen wir auch hier die Emotionen zu, lassen uns ganz ergreifen, halten aber dann, und das ist entscheidend, für einen Augenblick inne. Es findet innerlich eine kurze Distanzierung statt, wir machen eine kurze Pause und können uns hier entscheiden, wie wir mit den Emotionen umgehen wollen: Wollen wir sie direkt und unvermittelt leben, wollen wir sie zurückhaltend zum Ausdruck bringen, oder wollen wir ihnen überhaupt keinen Ausdruck geben. In keinem Fall negieren wir sie, wir geben ihnen allerdings eine Form, die wir bewusst beeinflussen wollen.

Dies ist *eine* Art und Weise, mit ihnen umzugehen. Eine weitere Art ist die des spontanen Agierens als situationsangemessenes Handeln. Was ist damit gemeint?

Wir hatten bei der Beschreibung der Skandhas herausgearbeitet, dass im Prozess vom ersten Kontakt mit einem Objekt bis hin zum Bewusstsein Täuschungen stattfinden, Täuschungen, die dazu führen, dass wir uns als »Person« mit einem entsprechenden »Selbst« wahrnehmen, denen wir Dauer und eine Art Festigkeit zubilligen. Wir hatten im Detail beschrieben, wie wir diese Täuschungen immer wieder aufs Neue herstellen. Wir können nun mit ziemlicher Sicherheit davon ausgehen, dass im Laufe einer längeren Zen-Praxis diese Täuschungen zunehmend weniger werden und somit auch die Emotionen und Affekte zunehmend direkter und weniger von Assoziationen, Gefühlen und Gedanken durchsetzt sind. Mit anderen Worten: Wir werden zunehmend spontaner in unserem Ausdruck und handeln somit auch der jeweiligen Situation entsprechend angemessener. Es entsteht ein spontaner und sehr lebendiger direkter Ausdruck unseres jeweiligen Befindens. Wir, und auch unsere Umgebung, erleben uns als authentisch, offen und spontan.

4.3 Allein-Sein in der Gegenwart des Anderen: Die Praxis des lebendigen analytischen Kontaktes[47]

Einleitende Bemerkungen

In dem folgenden Kapitel geht es um einen spezifischen Aspekt der analytischen Situation und Beziehung, der als charakteristisch für sie angesehen werden kann. Ging es in Kapitel III, 4.1 um die seelische Arbeit des analytischen Paares, so liegt jetzt der Schwerpunkt auf dem Phänomen des Allein-Seins in der Gegenwart des Anderen als einen besonderen Modus der Beziehung. Dabei geht es vor allem um folgende drei Überlegungen:

1. Alleinsein in der Gegenwart des Patienten ist eine zentrale Fähigkeit des Analytikers, die das eigene Allein-Sein und das Allein-Lassen des Patienten umfasst. Diese Fähigkeit ist eine Voraussetzung für die Entwicklung der inneren Arbeitsweise des Analytikers, die ich hier aus der Sicht des »abwartenden Zuhörens«, wie es S. Heenen-Wolf beschrieben hat, zusammenfassen möchte (Heenen-Wolf 2008).
2. Diese Fähigkeit ist wegen der sich entwickelnden Übertragungs-Gegenübertragungsdynamik bzw. verschiedener Widerstände des analytischen Paares recht störanfällig. Ich postuliere, dass man einige der Voraussetzungen für die Toleranz des Allein-Seins in der Gegenwart des Anderen aus der Sicht der Affektregulierung, der Mentalisierung und des Beziehungsgefühls näher beschreiben kann.

---

47 Eine modifizierte Version des ersten Teils dieses Kapitels wurde auf der DGPT-Tagung 2008 in Bonn vorgetragen (R. Z.).

In dieser Arbeit werde ich mich dabei auf die Situation des Analytikers konzentrieren.

3. Die mit dieser besonderen Beziehung verbundenen Gefühle von Isolation, Einsamkeit und Versagung werden durch Momente der Verbundenheit und Gegenseitigkeit tolerabel, die ich als »lebendigen, analytischen Kontakt« beschrieben habe (Zwiebel 2007). Es handelt sich dabei um eine besondere Form des **Getrennt- und Miteinander-Seins,** das seelisches Wachstum ermöglichen kann. Winnicotts berühmte Arbeit »Die Fähigkeit zum Allein-Sein« betont auf einzigartige Weise das Paradox, das er im Rahmen der frühen Beziehung zwischen Mutter und Säugling beschreibt und auch für die analytische Beziehung gilt: *»Die Grundlage der Fähigkeit, allein zu sein, ist also ein Paradoxon; es ist die Erfahrung, allein zu sein, während jemand anderes anwesend ist.«* (Winnicott 1993, S. 38) Es könnte sein, dass diese hier vorgelegten Überlegungen für den Leser, der mit der analytischen Methode nicht vertraut ist, nicht leicht nachvollziehbar sind. Da sich der Text an Therapeuten, Analytiker und an dem Thema von »Zen und Psychoanalyse« interessierte Laien richtet, versuche ich einen mittleren Weg zu finden, der die Dinge nicht zu sehr vereinfacht und doch die Komplexität der analytisch-therapeutischen Arbeit noch zu vermitteln vermag. Daher habe ich auch ein kurzes klinisches Beispiel verwendet, das allerdings nur als eine Illustration gedacht ist und keineswegs den Anspruch hat, die »lebendige Wirklichkeit« der beschriebenen klinischen Situation wiederzugeben (die in Wirklichkeit viel komplexer war). Der Bezug zum Zen und zum Thema unseres Buches zeigt sich vor allem in dem Versuch, einen zentralen Aspekt der analytischen Praxis so konkret wie möglich darzustellen (siehe dazu auch die abschließenden Bemerkungen dieses Kapitels).

Ein klinisches Beispiel

Mein Patient, erst seit einigen Monaten in 3-stündiger Analyse im Liegen, klingelt kurz und knapp fünf Minuten vor der vereinbarten Zeit. Während ich den Türdrücker betätige und er im Flur vor dem Warteraum Platz nimmt, sitze ich noch am Schreibtisch, ordne einige Dinge und denke kurz an die letzte Stunde, in der es dem Patienten schlecht ging, und denke für einen Moment über die Art seines Klingelns nach.

Pünktlich gehe ich dann hinaus, um ihn zu begrüßen und ihn ins Behandlungszimmer zu begleiten. Mir selbst fällt bei dieser Begrüßung nichts Besonderes auf. Nachdem der Patient sich auf die Couch gelegt hat und ich mich in den Sessel dahinter gesetzt habe, beginnt ein kurzes gemeinsames Schweigen. Schneller als sonst erwähnt der Patient als Erstes die Begrüßungsszene: Er habe das Gefühl gehabt, ich hätte meine Hand schnell zurückgezogen, so, als wollte ich eigentlich nichts mit ihm zu tun haben. Dies löse in ihm ein Gefühl aus, dass er sich noch isolierter fühle, als er es ohnehin schon sei. Er spricht auch an, dass dies mit der doch recht merkwürdigen Situation hier in Verbindung stehe. Er spreche mit mir, was vielleicht auch etwas übertrieben ausgedrückt sei, denn ich sei zwar anwesend und höre ihm zu, aber gleichzeitig sei ich doch auch nicht anwesend, vielleicht in gewisser Weise nur »virtuell« da. So fühle er sich allein, wie er sich auch sonst im Leben fühle. Ihm fällt die letzte Begegnung mit dem Vater ein, den er neulich auf dem Bahnhof abholte: Dieser kam ihm viel kleiner als in seiner Vorstellung vor, er hatte den Impuls, ihn zu umarmen, aber dann kam es doch zu einer eher förmlichen Begrüßung per Handdruck. Während ich den Worten des Patienten lausche, die ich hier natürlich zusammengefasst wiedergebe, beschleicht mich ein leichtes Unbehagen, weil ich mich daran erinnere, dass mir der Händedruck des Patienten von allem Anfang an aufgefallen war: ein warmer, weicher und freundlicher, aber auch in gewisser Weise langer, festhaltender Griff, dem ich mich vielleicht heute wirklich, mir allerdings in dem Moment nicht bewusst, zu entwinden versucht hatte. In dem Nachsinnen an die heutige Begrüßung muss ich dem Patienten innerlich zustimmen, wahrscheinlich habe ich mich tatsächlich seinem »Zugriff« etwas entzogen. Zu dem leichten Unbehagen, ich könnte ihn vielleicht wirklich »zurückgewiesen« haben, kommt jetzt die weitere Spannung hinzu, wie diese Beobachtung und die Assoziationen des Patienten sich weiterentwickeln werden.

Ein Spezifikum der analytischen Beziehung: Allein-Sein in der Gegenwart des Patienten

Ich werde den weiteren Verlauf der Stunde nicht kommentieren. Es geht mir in diesem Kapitel um die Fähigkeit des Analytikers zum Allein-Sein in der Gegenwart des Patienten, das vielleicht als **das** Spezifikum der analytischen Methode und analytischen Beziehung aus einer objektpsychologischen Perspektive anzusehen ist. Betrachten wir noch einmal mit etwas Abstand die geschilderte Anfangsszene: Zu Beginn der Stunde erwarte ich den Patienten, und er wartet auf mich – dies könnte man in Anlehnung an T. Starks wichtige Arbeit über die masturbatorische Position als Situation 1 bezeichnen (Th. Stark 2005). Diese Situation 1 ist u. a. durch ein Allein-Sein in der konkreten Abwesenheit des Anderen gekennzeichnet, auch wenn man davon ausgehen kann, dass beide Partner des analytischen Paares schon innerlich miteinander beschäftigt sind. Als Situation 2 möchte ich die Begrüßung und die Begleitung in das Behandlungszimmer bezeichnen, wobei es sich um eine eher konventionelle Alltagssituation handelt: Es ist ein Miteinander-Sein in der Gegenwart des Anderen (siehe auch die Untersuchungen von U. Streeck 2002 a, b). Die Situation 3 beginnt, wenn beide Teilnehmer ihre jeweilige räumliche Position eingenommen haben, der Patient in der Regel auf der Couch, der Analytiker in seinem Sessel. Dieser erste Moment der 3. Situation erscheint mir von einer besonderen Bedeutung. Viele Analytiker werden sicherlich auch immer wieder die Erfahrung machen, dass diese ersten Momente der 3. Situation manchmal besonders eindrücklich sind, gerade weil einem selbst immer wieder das Besondere der analytischen Situation bewusst wird. Im Kern handelt es sich darum, dass beide Partner des analytisches Paares relativ abrupt in eine Situation hineingeraten, die man tatsächlich mit dem Motto des Titels dieses Kapitels »Allein-Sein in der Gegenwart des Anderen« bezeichnen könnte. Der konventionelle Alltagskontakt der Begrüßung bricht ab, und es entsteht eine Situation, die besonders im klassischen Setting durch das Liegen des Patienten, den fehlenden Blickkontakt, die asymmetrische Struktur und die Grundregel, eine starke Verunsicherung und Labilisierung durch die Aufhebung des konventionellen Rahmens von Alltagsbeziehungen mit sich bringen kann. Bekanntlich kann dies für manche Patienten eine enorme Belastung, ja ein schwerer Schock sein, der sie für viele Stunden zum Schweigen bringt oder die analytische Arbeit überhaupt verhindern wird. Ich gehe aber auch davon aus, dass der Analytiker selbst immer wieder mit einem gewissen Unbehagen, wenn nicht sogar Erschrecken auf diesen Moment reagiert, obwohl er davon überzeugt ist, dass die Qualität dieses Momentes, dieses Allein-Sein in der Gegenwart des Patienten, für eine fruchtbare, seelisches Wachstum ermöglichende analytische Arbeit absolut notwendig ist. Immer wieder besteht jedoch auch die Möglichkeit, dass wir selbst das affektive Grundgefühl dieses Momentes überspielen und das Unbehagliche dieser Situation sowohl für uns als auch für den Patienten nicht ausreichend wahrnehmen. In dem genannten klinischen Beispiel spricht der Patient den Übergang von Situation 2 zu Situation 3 direkt an und formuliert das erste Mal seine Schwierigkeit mit der analytischen Situation, für die er doch erstaunlich präzise das Besondere erfasst, nämlich die widersprüchliche Natur der Anwesenheit des Analytikers[48].

Konzentriert man sich einmal etwas genauer auf diese besondere Situation, die gerade zu Beginn jeder Sitzung so besonders nahe und erlebbar wird, dann erkennt man, wie viel davon abhängt, ob sich diese 3. Situation ausdehnen, differenzieren, verlebendigen kann oder ob sie immer wieder vermieden oder generell abgewehrt wird. Ich denke an eigene Patienten, die eine Reihe von Strategien entwickeln, die diesen Kern der analytischen Beziehung zu umgehen versuchen: Ein Patient, der überhaupt kein Schweigen zu Beginn erträgt, sondern sofort mit einem unendlichen Strom von Erzählungen und Einfällen beginnt, die vor allem auch die Funktion haben, mich zu fesseln und zu begeistern, und um damit sein Gefühl des Allein-Seins nicht aufkommen zu lassen; eine andere Patientin, die schon mein abwartendes Zuhören nach ganz kurzer Zeit als eine Feindseligkeit meinerseits interpretiert und nun selbst ins Schweigen verfällt oder mich heftig attackiert für mein vermeintliches Desinteresse und fehlendes Einfühlungsvermögen in ihre Not mit den Stunden. Und mein geschilderter Patient formuliert sehr deutlich sein Unbehagen über diese Situation, die sein Gefühl des Allein-Seins verstärkt, er aber auch deutlich macht – dies wird im weiteren Verlauf der Stunde noch klarer –, welche Reaktionen diese Situa-

48 Bei manchen Lesern mag die Frage auftauchen, warum denn überhaupt dieses besondere Setting des Couch-Arrangements noch praktiziert wird und ob es nicht längst »veraltet« sei. An dieser Stelle möchte ich nur erwähnen, dass dieses Setting natürlich auf einer Vereinbarung mit dem Patienten beruht, also Ausdruck einer partnerschaftlichen Vereinbarung ist, auch wenn zu Beginn noch nicht abzusehen ist, wie der Patient diese ungewöhnliche, dem Alltag so ferne Situation aufnehmen und verarbeiten wird. Die vielen Witze gerade über dieses Arrangement scheinen u. a. aber zu belegen, dass mit diesem Setting ganz besondere Gefühle und Ängste verbunden sind.

tion bei ihm mobilisiert, die wahrscheinlich auch für viele andere Patienten typisch ist: entweder sich anzupassen oder zu unterwerfen (nämlich an die ungewöhnliche analytische Situation), ohne wirklich die Gefühle, die mit dieser Situation verbunden sind, zu klären, oder aber zu kämpfen und den Versuch zu machen, den Analytiker aus seinem »abwartenden Zuhören« zu bringen. Aber auch wir Analytiker reagieren immer wieder auf diese Situation, selbst wenn wir durch unsere habitualisierte professionelle Einstellung mit ihr vertraut sind und es gelernt haben, sie auf funktionelle Weise zu handhaben. In Wirklichkeit trägt uns das Experten-Wissen in der konkreten Begegnung mit dem Patienten nur begrenzt, da wir immer von Stunde zu Stunde mit der affektiven Regulierung des eigenen Allein-Seins und des Allein-Lassens des Patienten konfrontiert sind, das im Grunde eine verantwortliche, professionelle Entscheidung von Moment zu Moment erfordert. Hier mag sich das Gefühl des Allein-Seins in ein tieferes Gefühl der Einsamkeit verdichten, vor allem wenn die hilfreichen inneren Objekte wie die Theorie der Technik oder die großen Vorbilder unserer analytischen Arbeit nicht aktivierbar oder sich als wenig unterstützend erweisen. In dem konkreten Beispiel hatte ich geschildert, wie ich nach wenigen Worten des Patienten in eine leichte Spannung geriet, die sicherlich auch damit zusammenhing, dass ich mein Allein-Sein und meine Verantwortung spürte, die mit diesem vielleicht gemeinsamen »enactment« der Begrüßung verbunden war. Wie groß ist die Neigung, diesen Moment konzeptuell auf den Begriff zu bringen – etwa die homosexuelle Verführung oder Versuchung –, und wie schwer ist es, diese spannungsvollen Momente der Ungewissheit, des Nicht-Wissens als Ausdruck eines »Anfänger-Geistes« zuzulassen und zu tolerieren. Widmen wir uns aber mit etwas mehr Muße diesem Beginn der Situation 3, dann werden wir immer deutlicher merken, wie in diesen Anfangssituationen oft die Weichen für die Stunde gestellt werden, manchmal in Richtung einer Vertiefung dieser besonderen, einzigartigen Beziehungssituation oder aber auch in Richtung ihrer Vermeidung und Verhinderung.

Aus allen diesen angedeuteten Überlegungen lässt sich wohl schließen, dass sowohl der Patient als auch der Analytiker gegenüber dieser Situation 3 einen gewissen Widerstand entwickeln werden und im Grunde alles davon abhängt, ob dieser Widerstand erkennbar, reflektiert und transformiert wird oder agiert und damit die weitere Entwicklung dieses potenziell kreativen Raums des Allein-Seins in Gegenwart des Anderen verhindert wird. Das Widersprüchliche dieser Situation hängt wohl auch damit zusammen, dass es sich um eine doppelte Bewegung bei beiden Partnern handelt: das Allein-Sein und damit das Für-sich-Sein und gleichzeitig das Allein-Lassen des Anderen zu realisieren, zu erleben und zu tolerieren; denn beide Bewegungen können je nach ihrer unbewussten Bedeutung mit spezifischen, vor allem auch negativen Affekten verbunden sein: im ersten Fall wohl vor allem Gefühle der Getrenntheit, Einsamkeit oder sogar Verlassenheit, im zweiten Fall vor allem mit Schuldgefühlen, was man dem Anderen mit dem Allein-Lassen antut. Daher spielen Trennungsangst und Trennungsschuld in der analytischen Situation eine so überragende Rolle – und dies eben auch beim Analytiker. Quinodoz hat das überzeugend gezeigt (Quinodoz 1993).

Kurze Diskussion der Theoriebausteine

Im Folgenden werde ich mich etwas genauer mit der Frage zu beschäftigen versuchen, wie sich diese besonderen Momente des Allein-Seins in der Gegenwart des Patienten entwickeln, ausdehnen, vertiefen und verlebendigen, welche Voraussetzungen aufseiten des Analytikers also zu dieser Entwicklung beitragen können: der Aspekt seiner **Affektregulierung[49], seines repräsentationalen Denkens und das Muster seines Beziehungsgefühls[50]**. Dazu an dieser Stelle einige kurze theoretische Überlegungen, die eine Einordnung der klinischen Erfahrungen ermöglichen mögen. Ich möchte daran erinnern, dass die Bedeutung der Affektentwicklung und der Affektregulierung auch in der psychoanalytischen Diskussion in den letzten Jahren zunehmend beachtet wird, wenn nicht sogar in den Vordergrund rückt (Döll-Hentschker 2008; Moser und v. Zeppelin 1996). Dabei wird aus entwicklungspsychologischer Sicht die Affektentwicklung weitgehend mit der Affektregulierung gleichgesetzt. Die Unterscheidung zwischen affektiver

---

49 Affekte werden hier als Oberbegriff für Emotion, Gefühle, Empfindungen etc. beschrieben.

50 Diese Überlegungen haben wir in dem Kapitel über die Regulierung der Affekte in der therapeutischen Beziehung beschrieben (siehe III, 4.2).

Eigen- und Fremdregulierung erscheint dabei von besonderer Wichtigkeit: Die Fremdregulierung wird auch als direkte oder interpersonelle Regulierung beschrieben, in der es um frühe, expressive Affekte geht, die in der realen Beziehung zwischen Kind und Pflegeperson – aber dann auch in späteren Beziehungen – auftreten; die Anwesenheit der realen Person für den Umgang mit Affekten ist absolut zwingend. Die weitere affektive Regulierung wird durch eine Verinnerlichung dieser realen, direkten affektiven Beziehung möglich. Diese Verinnerlichung kann man auch als eine komplexe Vernetzung von affektiven und kognitiven Strukturen verstehen, die Moser und v. Zeppelin als Kognifizierung bezeichnet (Moser und v. Zeppelin 1996); in Winnicotts auf M. Klein beruhende Terminologie würde man wohl auch von der Entwicklung »guter, innerer Objekte« sprechen. Die affektive Regulierung durch die Pflegeperson – oder den Analytiker in der analytischen Situation – wird zunehmend durch innere Modelle ersetzt, die schließlich zu einer wirksamen, inneren Affektregulierung oder Affektkontrolle führen. Es entsteht mit anderen Worten eine Welt der Repräsentanzen aus Selbst, Objekt und affektiver Verbindung, in der Affekte auch in Abwesenheit des Anderen simuliert und reguliert werden können. Man könnte dann auch mit Moser und v. Zeppelin von einem verinnerlichten Beziehungsgefühl sprechen, das unterschiedliche Qualitäten haben kann: funktional (oder narzisstisch), resonant (oder symbiotisch) und responsiv (oder objektal). Für die normale Entwicklung und auch das emotionale Leben der erwachsenen Person könnte man eine Balance von affektiver Eigen- und Fremdregulierung und ebenso eine situative Balance für die verschiedenen Qualitäten des Beziehungsgefühls postulieren. Aus der Sicht der kognitiven Entwicklung geht der Schritt von der affektiven Fremdregulierung zur affektiven Eigenregulierung mit der Entwicklung eines zunehmend differenzierten Denkens Hand in Hand. Bekanntlich wird dies heute zunehmend unter dem Begriff der Mentalisierung zusammengefasst. Ich erwähne hier nur die beiden Formen, die als »Situationstheorie« und als »Repräsentationstheorie« beschrieben werden. In der Situationstheorie geht es um eine Form des präkonzeptuellen und konkretistischen Denkens, bei dem es noch kein verinnerlichtes Beziehungsgefühl gibt und die Anwesenheit des Objektes für die Regulierung der Bedürfnisse des Kindes absolut notwendig ist. Das konkretistische Denken unterscheidet nicht zwischen dem

Abbild und der realen Beziehung. In der darauf aufbauenden Repräsentationstheorie wird die Stufe des konzeptuellen Denkens erreicht, in der klar zwischen innen und außen unterschieden werden kann, eine innere Welt entsteht und sich das Kind Selbst und Objekt in verschiedenen Situationen vorstellen kann, die nicht mehr unmittelbar an das konkrete Erleben gebunden sind. Es kann zwischen Abbild und der konkreten Beziehung unterschieden werden, und zwar durch die Entstehung dieser inneren, mentalen Welt, in der durch simulierte Interaktionen die Affekte generiert und kontrolliert werden können. Hier entsteht das schon erwähnte innere Beziehungsgefühl, das nicht ständig durch Zeichen des Geliebtwerdens und der Selbstbestätigung genährt werden muss. Entscheidend ist, dass negative Emotionen durch diese verinnerlichten Beziehungsmuster gedämpft und kontrolliert werden können, auch ohne die ständige Präsenz des Objektes; Angst und Spannung – und in unserem Zusammenhang vor allem Trennungsangst – werden beispielsweise durch Fantasien absorbiert (siehe die detaillierte Diskussion bei U. Moser und I. von Zeppelin 1996). Schließlich gehen wir heute davon aus, dass mütterliche und väterliche Affektspiegelung, Feinfühligkeit, das Bindungsmuster der Eltern und ihre Fähigkeit zur Mentalisierung wichtige Einflüsse auf die Fähigkeit zur Affektregulierung und ihre Kognifizierung des Säuglings und des Kleinkindes haben. Dies entspricht wohl der Formulierung von Winnicott, dass *»in Anwesenheit eines anderen allein zu sein, … in einem sehr frühem Stadium erlebt werden (kann), wenn die Unreife des Ichs durch Ich-Unterstützung von der Mutter natürlicherweise ausgeglichen wird«* (Winnicott 1993, S. 41).

Für ein Verständnis der Entwicklung der Situation 3 sind also nach meiner Auffassung die kurz angeschnittenen Aspekte der Affektregulierung, der Mentalisierung und des verinnerlichten Beziehungsgefühls auch aufseiten des Analytikers von besonderer Bedeutung. Um unsere Funktion des »abwartenden Zuhörens« zu ermöglichen, entwickeln wir eine Fähigkeit, in Gegenwart des Patienten allein zu sein: Die Voraussetzungen dafür sind aus der Sicht der Affektregulierung die Möglichkeit, die mit dem »abwartenden Zuhören« auftauchenden Affekte überwiegend selbst zu regulieren; aus der Sicht der Situations- und Repräsentationstheorie das unmittelbar Erlebte und Gehörte konkret wahrzunehmen und aufzufassen, dies aber auch als Repräsentationen zu verstehen, die auf anderes verweisen. Mit Repräsentationen kann man im Sinne des Als-ob spielen und vor allem im Sinne der Reflexion Verbindungen zwischen dem Erlebten und dem Gedachten herstellen. Aus der Sicht des Beziehungsgefühls geht es vor allem um eine Balance zwischen den drei erwähnten Beziehungsmodi. Wie ich weiter unten noch genauer ausführen möchte, geht es dabei vor allem um das Spannungsfeld von Getrenntheit und Bezogenheit, das letztlich nicht auflösbar ist. Wenn diese verschiedenen Regulierungen gelingen, entsteht eine besondere **Qualität der Präsenz,** die eben von der momentanen Emotionalität, der Balance zwischen konkretistischem und reflexivem Denken und der Balance der verschiedenen Komponenten des Beziehungsgefühls abhängen. Allerdings machen Analytiker immer wieder die Erfahrung, dass diese Qualität der analytischen Präsenz keine Selbstverständlichkeit ist, sondern immer wieder erarbeitet werden muss. Der Kontext dieser Überlegungen impliziert ja das »abwartende Zuhören«, das eigene Allein-Sein und das Allein-Lassen des Patienten, was mit negativen Affekten wie Angst und Schuldgefühl verbunden sein kann; diese müssen reguliert und kontrolliert werden, was u. a. mit den postulierten Voraussetzungen verbunden ist: der Verinnerlichung der analytischen Methode, einer ausreichenden Eigenregulierung der Affekte und einem balancierten, verinnerlichten Beziehungsgefühl. Und natürlich trägt der Patient mit seiner Persönlichkeit, seinen Übertragungen und der Art und Weise, wie er den Analytiker behandelt, entscheidend zu dieser Fähigkeit und den Schwierigkeiten der Regulierung bei. Es wurde schon gesagt, dass es Patienten gibt, die das »abwartende Zuhören« kaum ertragen; für andere bedeutet dies die Bestätigung der Nicht-Existenz des Analytikers als eigenständiger Person, eine für sie wesentliche Voraussetzung, die analytische Situation überhaupt zu ertragen – der Analytiker ist somit eigentlich abwesend oder sogar annihiliert. Vermutlich kann man aber davon ausgehen, dass die meisten Patienten der spezifischen analytischen Haltung gegenüber ambivalent sein werden und doch auch zumindest unbewusst den Wunsch nach einem »abwartend zuhörenden« Analytiker haben, der ihnen ja damit auch die entsprechende Autonomie und Freiheit einräumt, das zu fühlen und zu denken, was ihnen in den Sinn kommt, und selbst zu entscheiden, was sie sagen wollen oder nicht. Daher kann man davon ausgehen, dass die Patienten sich einen Analytiker wünschen, der ihre grundlegende Freiheit erkennt und ermöglicht – ihnen das Allein-Sein zutraut und sie auch allein lässt –, und sie gleichzeitig dies beim Analytiker bekämpfen und ihn aus dieser seiner Rolle und Funktion zu drängen versuchen, bis sie selbst die innere Befreiung erleben und ertragen können. Dies äußert sich vor allem darin, den eigenen, freien Einfällen in Form von Fantasien, Erinnerungen und Gefühlen Raum zu geben und sie auch zu verbalisieren. Daher gehe ich in meiner eigenen klinischen Arbeit primär davon aus, dass die Erfahrung eines Analytikers, der selbst dieses Allein-Sein und das Allein-Lassen zulassen, tolerieren und leben kann, für den Patienten außerordentlich bedeutsam ist.

Über das abwartende Zuhören des Analytikers

Mir scheint, dass zwischen der Fähigkeit, in der Gegenwart des Patienten allein zu sein, und dem »abwartenden Zuhören« als einer zentralen Funktion der inneren Arbeitsweise des Analytikers eine komplexe Wechselbeziehung im Sinne einer gegenseitigen Verstärkung besteht. Dazu noch einige Gedanken über das »abwartende Zuhören«, das nach meiner Erfahrung doch eine recht schwierige und immer wieder störbare Funktion, wenn nicht sogar Kunst ist. Heenen-Wolf hat in einer Arbeit von der »kleinen Metapsychologie« des analytischen Zuhörens gesprochen. Sie geht dabei von folgenden Postulaten aus: »abwartendes Zuhören« des Analytikers löst die Äußerung von Ideenketten oder freien Assoziationen beim Patienten aus, die wiederum Rückwirkung auf den Sprechenden haben; abwartendes Zuhören verweist den Patienten auf Latentes oder Unbewusstes, das den Ideenketten zugrunde liegt; abwartendes Zuhören im analytischen Rahmen stellt unbewusst ein Äquivalent der frühen Mutter-Kind-Beziehung dar und bahnt die Fähigkeit, in Gegenwart der Mutter (des Analytikers) allein zu sein, und abwartendes Zuhören ermöglicht dem Patienten einen Subjektivierungsprozess, in dem Erlebtes mit der inneren Realität in Verbindung gebracht wird (Heenen-Wolf 2008, S. 12). Während Heenen-Wolf keinen Zweifel an dem großen Wert des abwartenden Zuhörens des Analytikers hat und dies auch klinisch eindrücklich belegt, fragt sie am Ende, warum wir als Analytiker dennoch immer wieder zu viel reden. Sie schreibt: *»Meine Erfahrungen als Supervisorin von jungen, aber auch weniger jungen Therapeuten und Analytikern konfrontie-*

ren mich immer wieder mit dem Phänomen, wie groß die Versuchung scheint, mit dem Patienten in eine Gesprächssituation zu gleiten, aus dem einfachen Grund, ***dass abwartendes Zuhören vom Therapeuten selbst als unzureichend empfunden wird, dieser vielmehr dem Patienten möglichst rasch neue Sichtweisen anbieten will.*** *Er interveniert und versperrt damit dem unbewussten Denken des Patienten die notwendige Zeit, damit die Dinge zum Vorschein kommen können. Dann befinden sich Patient und Analytiker im Widerstand gegen unbewusste Kommunikation zwischen ihnen. Bollas meint, dass eine überraschend große Anzahl von Therapeuten nicht offen ist »für die Sequenzlogik und (sie) verpassen die Methode der freien Assoziation total. Sie können dies selbst ganz einfach feststellen, wenn Sie analytische Schriften lesen und darauf achten, wie selten die Sequenzlogik erwähnt wird.«* (Heenen-Wolf 2008, S. 19) Auch wenn man diesem Befund zustimmen kann, so bleibt doch die zentrale Frage, warum es vielen von uns immer wieder so schwer ist, einfach ausreichend lange zuzuhören. Insbesondere ist hier der herauszuhebende Satz und die Formulierung: Das abwartende Zuhören wird als »unzureichend« empfunden und es ginge darum, dem Patienten möglichst »rasch neue Sichtweisen« anzubieten, zu betonen. Beide Formulierungen bedürfen weiterer Exploration, gerade weil sie so treffend sind. In der ersten Formulierung des »unzureichenden« ist etwas von der Qualität des »abwartenden Zuhörens« ausgedrückt, als sei dies zu wenig. Hiermit wird ein quantitativer und ein qualitativer Faktor angesprochen: Es fehlt etwas, oder die Qualität des Zuhörens ist nicht ausreichend. Beide Aspekte haben allerdings einen realen Hintergrund: Die Qualität des »abwartenden Zuhörens« kann in der Tat ganz unterschiedlich sein, vor allem, was die psychische An- bzw. Abwesenheit des Analytikers betrifft. In einer anderen Arbeit habe ich selbst den Versuch gemacht, die Voraussetzung des analytischen, »abwartenden Zuhörens« im Sinne der inneren Arbeitsweise des Analytikers zu beschreiben, die man als Ausdruck der analytischen Professionalität auffassen kann. Verweisen möchte ich hier auf die verwendeten Alltagsmodelle der analytisch-therapeutischen Position, des »inneren Analytikers«, der problematischen Momente, des bifokalen Denkens und der phobischen Position (Zwiebel 2007). Auch kann das »abwartende Zuhören« quantitativ zu kurz, aber auch zu lang sein, worauf insbesondere Klüwer hingewiesen hat (Klüwer 2006). Als Analytiker ist man also ständig mit diesen beiden, oft nicht eindeutig zu beantwortenden Fragen nach der Quantität und der Qualität des »abwartenden Zuhörens« konfrontiert. Diese qualitative und quantitative Einschätzung dazu hängt letzten Endes nur vom Analytiker selbst ab, liegt ganz in seiner eigenen Verantwortung. Dies gilt für die Momente der klinischen Situation, aber auch für die generelle Einschätzung, ob bei dem jeweiligen Patienten dieses »abwartende Zuhören« wirklich eine förderliche, die seelische Entwicklung voranbringende Haltung ist oder sogar kontraproduktiv und schädliche Entwicklungen in Gang setzen kann. Was sind also einige der Voraussetzungen, damit es dem Analytiker gelingt, eine genügend gute Form des »abwartenden Zuhörens« zu entwickeln? Hier müsste man genauer über die Erfahrungen der eigenen Ausbildung, die theoretischen Modelle, die eigenen klinischen Erfahrungen, aktuelle, situative Lebensphasen und vor allem auch die eigenen, ungelösten strukturellen oder konflikthaften Seiten der eigenen Persönlichkeit diskutieren; nur der letzte Problembereich sei hier kurz thematisiert.

Eine kleine Metapsychologie des »abwartenden Zuhörens«, wie dies Heenen-Wolf formuliert, würde dann vor allem den intrapsychischen, konfliktorientierten Kontext fokussieren. Unter dem topografischen Gesichtspunkt ist dieses Zuhören unter dem Aspekt der bewussten, vorbewussten und unbewussten Funktionen zu diskutieren. In diesem Sinne richtet sich das »abwartende Zuhören« auf das »Unbewusste«, die Ideenketten, wie dies Bollas beschreibt, in denen Verdrängtes oder »Noch-nicht-Gedachtes« sich manifestieren kann. Dies entspräche auch der Fähigkeit, zwischen dem diskursiven und dem träumerischen Denken zu oszillieren, so wie ich es etwa mit dem Arbeitsmodell des »inneren Analytikers« beschrieben habe. Es geht aber auch darum, wie man selbst unbewusst die analytische Situation und das »abwartende Zuhören« erlebt: als sadistischen oder masochistischen Akt, als sexuelle Verführung, als Verlassen, als Rache, als Bestrafung etc. Unter dem dynamischen Gesichtspunkt kämen vor allem die Wünsche, Ängste und Abwehrprozesse und die entsprechenden normalen oder auch pathologischen Kompromissbildungen in den Fokus der Überlegung. Unter diesem Gesichtspunkt ist das »abwartende Zuhören« immer kompromisshaft, drückt also auch die Wünsche und Ängste des Analytikers aus. Das Zuhören, die Wahrnehmung, Beobachtung und sein Denken spiegelt also seine Wünsche, Ängste und Abwehroperationen. Im Zentrum steht nach meiner Erfahrung, dass sich in dem »abwartenden Zuhören« auch libidinöse und aggressive Wünsche und Impulse ausdrücken können, die auf einer emotionalen Ebene als Versuchung und Versagung erlebt werden. Unter dem ökonomischen Aspekt würde man vor allem die Stärke der ausgelösten Affekte diskutieren; und unter dem strukturellen Gesichtspunkt würde man auf die Ich- und Über-Ich-Faktoren beim »abwartenden Zuhören« achten, etwa die Rolle der Schuldgefühle, die mit dem Allein-Lassen des Patienten oder die Toleranz für die Versagung und der Isolation des Analytikers durch das »abwartende Zuhören« verbunden sind. Und natürlich auch die Ich-Funktionen: Kann das Ich ausreichend Angst und Spannung tolerieren, die mit dieser Form des Zuhörens verbunden sind? Hier könnte man auch die »negativ capability« erwähnen, die ja darin besteht, das Nicht-Wissen, das auch mit dem »abwartenden Zuhören« verbunden sind, zu tolerieren und die Hoffnung aufrechtzuerhalten, dass sich Verstehen und Bedeutung noch zeigen werden.

Isolation versus Bezogenheit

Welche Anforderungen damit an den Analytiker gestellt werden, verdeutlicht noch einmal eine grundlegende Bemerkung von Bion zu dieser Frage. Er fragt, wovon die emotionale Erfahrung einer bestimmten analytischen Sitzung abhängt, um als Psychoanalyse und als nichts anderes betrachtet zu werden. Welches der konstituierenden Elemente legt die psychoanalytische Spezifität einer solchen Erfahrung fest? Grinberg et al. kommentieren dazu Bions Auffassung: *»(Bion) unterstreicht insbesondere unter ihren emotionalen Besonderheiten die Atmosphäre der Entbehrung (Deprivation), der Isolation und der Einsamkeit, in der sich beide Beteiligten befinden müssen. Entbehrung resultiert notwendigerweise aus dem Widerstand des Analytikers gegen jeden Impuls, Wünsche des Patienten oder eigene zu befriedigen, ebenso wie aus dem Widerstand des Patienten gegen seine Neigung zu handeln. Sowohl Analytiker als auch Patient leiden unter einem Gefühl der Isolation, weil eine bestimmte Art von Verantwortung weder geteilt noch delegiert werden kann. Einsamkeit taucht auf, wenn sich der Patient bei der Beschäftigung mit dem Objekt der Nachforschung – seiner psychischen Realität – verlassen fühlt …«* (Grinberg et al., S. 125 – 126)

Auch Bion betont also die affektive Komponente der analytischen Situation, streicht dabei allerdings sehr stark die Elemente von Versagung, Isolation und Einsamkeit für beide Teilnehmer des analytischen Paares heraus. Vielleicht könnte man alle diese Aspekte unter dem Begriff des Verzichts subsumieren: Verzicht auf Wunscherfüllungen, Gemeinsamkeit und Kontakt. Mir scheint dies ein sehr düsteres Bild der Psychoanalyse zu zeichnen. Ich glaube, dass Bion hier nur einen, wenn auch besonders wichtigen Pol der analytischen Situation beschreibt, den Pol der Versagung, des Allein-Seins und des Verzichts, der in der Tat als ein Motor des subjektiven Entwicklungsprozesses betrachtet werden kann. Der andere, ebenso notwendige Pol besteht in der Entstehung eines »lebendigen, analytischen Kontaktes«, den ich selbst als einen positiven Indikator für eine förderliche analytisch-therapeutische Arbeit und als eine nicht nur erlaubte, sondern zumindest gelegentlich notwendige professionelle Befriedigung verstehe (Zwiebel 2008). Ich kann mir nicht vorstellen, wie man ausschließlich in der Versagung, der Isolation und der Einsamkeit in der Begegnung mit dem Analysanden arbeiten kann. Mit dem Begriff des »lebendigen, analytischen Kontaktes« versuche ich als Ausdruck einer emotionalen Bewegung und Begegnung in der analytischen Beziehung drei Aspekte anzusprechen, die auch in den Modellen der affektiv-kognitiven Entwicklung, wie sie weiter oben beschrieben wurden (Affektregulierung, reflexiver Modus und Beziehungsgefühl), als wesentlich angesehen werden: »lebendig« steht hier für ein offeneres, flexibleres und echteres Erleben der Emotionen und Gefühle (und dies gilt natürlich insbesondere für die negativen Gefühle), »analytisch« für das Eingebettet-Sein dieser Gefühle in eine kognitive Struktur (letztlich also das Verstehen des unmittelbar Erlebten) und »Kontakt« für eine Verbindung mit einem Beziehungsgefühl, das vor allem die analytische Beziehung, aber auch andere, signifikante Beziehungen betrifft. Vielleicht entspricht dies in manchen Aspekten den »moments of meeting« der Bostoner Study-Group um D. Stern (Stern et al. 2002); in jedem Fall handelt es sich um ein intersubjektives bzw. interpersonelles Geschehen, das wahrscheinlich einem elementaren Bedürfnis jedes Menschen entspricht, sich in seinem innersten Erleben, in seiner Subjektivität anerkannt zu fühlen.

Das erwähnte Fallbeispiel hinterließ eine milde professionelle Befriedigung, weil es im späteren Verlauf der Sitzung gelungen war, die

Anfangsszene in einen ersten, verstehenden Kontext zu stellen. Der weitere Verlauf der analytischen Arbeit mit dem Patienten scheint diese Einschätzung zu bestätigen: Der Patient sprach kürzlich darüber, dass er meine Anwesenheit zwar deutlich spüre, ich ihm aber durch mein »abwartendes Zuhören« gerade einen Raum für sein eigenes emotionales Erleben eröffne. Der Beitrag des Analytikers ist danach vor allem die Qualität seines »abwartenden Zuhörens« und die daraus folgenden Interventionen. Die Kunst des Analytikers besteht wohl gerade darin, dem gesamten Geschehen in der analytischen Situation, also dem Duktus der Assoziationen des Patienten und den eigenen, zu folgen, die emotionale Bewegung zu spüren und zu erfassen und dies schließlich in Worte zu fassen, was mit der Möglichkeit verbunden ist, den inneren Erlebnisraum des Patienten zu öffnen oder zu erweitern. Damit ist wohl auch die wesentliche Paradoxie der analytischen Arbeit und des analytischen Paares angesprochen: das Nebeneinander, das Nacheinander und das Durchdrungen-Sein von Getrenntheit, Isolation, Verzicht und vielleicht auch Einsamkeit und Momente der Begegnung als Ausdruck einer Verbundenheit und Bezogenheit, die vor allem gegenseitige Anerkennung und emotionales Verstehen manifestiert.

Kommentar aus dem Zen-Kontext

Dieses Kapitel versucht vor allem, die besondere innere Beziehungs-Situation des Analytikers zu beschreiben. Offenbar entwickelt nicht nur der Patient oder Analysand, sondern auch der Analytiker gegen diese ungewöhnliche analytisch-therapeutische Situation Widerstände, die vor allem auch mit den mobilisierten Gefühlen in Verbindung stehen. Aus einer Perspektive des Zen – wenn man überhaupt die Logik des analytischen Settings und des ganzen Verfahrens akzeptiert – erscheint dies allerdings nicht so überraschend. Auch die Praxis des Zen, wie wir sie ja detailliert beschrieben haben, hat doch einige sehr ungewöhnliche Aspekte. Man denke nur an das berühmte Bild des stundenlang vor der Wand meditierenden Mönchs, das aus einer alltagspraktischen Wahrnehmung mehr als befremdlich wirkt, falls man nicht die Logik dieser Anordnung kennt. Insofern könnte man den Rahmen von Zazen und den Rahmen der analytischen Situation durchaus vergleichen: Es handelt sich um eine kontrollierte Versuchsanordnung, die eine Art

Laborsituation ermöglicht, in der der Patient, das analytische Paar, der Meditierende sein »Selbst« zu studieren versucht. Dieser Punkt erscheint uns sehr wichtig: Wie der Zen-Meister Dogen schon vor vielen Jahrhunderten davon sprach, dass die Praxis des Buddhismus ein Studium des Selbst sei, so hat auch Freud die psychoanalytische Methode als ein Forschungsinstrument zur Erforschung der psychischen Realität des Patienten – oder des unbewussten Selbst – angesehen. Er sprach davon, dass Forschen und Heilen nicht voneinander zu trennen sind, auch wenn die Psychoanalyse als Anwendung in ihrer späteren Entwicklung immer mehr als therapeutisches Verfahren betrachtet wurde. Wenn sich also der Patient auf die Couch legt, um sich ganz seinem inneren Erleben in der Gegenwart eines Anderen zuzuwenden und es zu erforschen, so setzt sich der Meditierende beim Zazen vor eine weiße Wand, um ebenfalls die Eindrücke der Außenwelt möglichst gering zu halten und sich ganz der eigenen Mentalität zuzuwenden. Der zentrale Aspekt scheint in der Tat dieses »Allein-Sein« zu sein: ohne jetzt alle Differenzen detailliert diskutieren zu wollen, leuchtet doch in beiden Methoden die Paradoxie des Allein-Seins auf: in der analytischen Situation ist der Patient mit sich und seinen Einfällen und Gefühlen erst einmal allein, auch wenn der Analytiker als Person präsent ist, er aber eben nicht in einem alltäglichen Sinne antwortet und reagiert – er schweigt lange Zeit oder wie es hier beschrieben wurde: er hört »abwartend« zu. Zazen wird entweder tatsächlich ganz allein praktiziert oder aber in einer Gruppe, etwa wie im Sesshin, bei dem die Übenden miteinander »sitzen«, aber auch in den Pausen nicht miteinander sprechen oder sich über ihre Erfahrungen austauschen. Lediglich im Treffen mit dem Meister gibt es einen kurzen Austausch über die im Zazen gemachten Erfahrungen. Man könnte sagen, dass die Paradoxie gerade darin besteht, dass diese besondere Form des Allein-Seins eine wesentliche Voraussetzung dafür ist, dass ein Studium des Selbst – und zwar vor allem der Seiten, die dem Patienten oder Übenden nicht so leicht zugänglich sind – überhaupt möglich wird und zu bestimmten, auf andere Weise nicht zugänglichen Erfahrungen und Einsichten führen kann. In der Psychoanalyse sind es vor allem die unbewussten Beziehungskonflikte, die Ausdruck des unbewussten subjektiven und sexuellen Selbst sind, in der Zen-Praxis die Realisierung eines non-dualen Bewusstseinszustandes, der als Möglichkeit, als Potenzial, immer schon gegeben ist, in der jeweiligen Situation aber immer wieder aufs Neue realisiert werden muss, weil er im Alltagsbewusstsein verdunkelt ist. Allerdings ist das Schweigen im Zen natürlich sehr viel radikaler: Die Stille ist geradezu ein Kennzeichen der Praxis, weil diese zu einem Gewahrsein führen kann, das **vor** allem konzeptuellen Denken situiert ist. In der psychoanalytischen Situation werden das Allein-Sein und das Schweigen des Analytikers durch das Sprechen gemildert – in Form der freien Einfälle des Patienten und der Interventionen und Deutungen des Analytikers. Das Allein-Sein und das Allein-Lassen dient also einem Ziel und ist kein Selbstzweck; Das Ziel im Fall der analytischen Situation ist die emotionale Einsicht in die Natur der inneren Konflikte, wie sie sich in der Kindheit, im realen Leben und der Beziehung zum Analytiker entwickelt haben und entwickeln. Sie finden schließlich einen sprachlichen Ausdruck, etwa wenn der Analysand eine Verbindung zwischen seiner familiären Kindheitssituation und seinen gegenwärtigen Lebensproblemen formulieren kann. Das Ziel der Zen-Praxis dagegen ist das Erkennen der eigenen, »wahren Natur« des Selbst, also vor allem der »Leerheit« des Selbst.

Wir werden in diesem Kapitel nicht ausführlicher auf die problematischen Seiten der Zen-Praxis und der psychoanalytischen Praxis eingehen können. Die Ziele des Studiums des Selbst können insofern »pervertiert« werden, als die jeweilige Methode gerade als Kompensation bzw. Stabilisierung einer problematischen inneren Situation benutzt wird: Der Zen-Übende flüchtet sich in das Allein-Sein der Praxis, weil er sich den Beziehungskonflikten in seinem realen Leben nicht mehr gewachsen fühlt, oder der Patient sucht in der therapeutischen Situation einen Ort, an dem er seine unerträglichen Affekte »abladen« kann, ohne aber wirklich ein Interesse an der Selbsterkenntnis zu entwickeln.

Diese Paradoxie des Allein-Seins und Allein-Lassens stellt an die Patienten, an die Übenden, aber auch an den Analytiker erhebliche Anforderungen. Wirft man noch einmal einen Blick aus der psychoanalytischen Perspektive auf die Zen-Praxis, so lassen sich noch einige weiterführende Gedanken formulieren. Das Allein-Sein und Allein-Lassen mobilisiert nicht selten heftige Emotionen oder Affekte, die durch das Gefühl der Getrenntheit, der Isolation und des Verzichts mobilisiert werden. Es wird im Zusammenhang von Zen eher selten diskutiert, welche Fähigkeit der Übende entwickeln muss, um diese aufkommenden Emotionen zu bewahren und mit ihnen zu »arbeiten«. In der Regel bleibt er ja mit seinen Affekten allein, während in der analytischen Situation der Analytiker als Anderer diese Affekte empathisch aufnimmt, spiegelt und sprachlich zu vermitteln versucht. Insofern gleicht der Analytiker oder Therapeut in gewisser Weise wirklich einer frühen Elternfigur, die in der Entwicklung des Kindes genau diese Funktion der Affektspiegelung ausübt. In der psychoanalytischen Praxis dienen also der Rahmen der Analyse und vor allem die Beziehung zum Analytiker als ein aufnehmender Raum, in dem die auftauchenden Affekte gehalten und teilweise transformiert werden können. In der Zen-Praxis ist dies die Beziehung zum Lehrer oder Meister und die Beziehung zur Gruppe sowie der strikte Rahmen der meditativen Arbeit, die eine Affektregulierung und eine Affekttoleranz ermöglicht. Die größte Nähe zwischen analytischer und Zen-Praxis besteht wohl darin, dass es im Grunde um ein **Studium des leidenden Selbst** geht: Sehr viele Menschen haben in ihrem Leben eine Neigung entwickelt, dem Leiden aus dem Wege zu gehen und möglichst wenig zu leiden, was aber paradoxerweise gerade zu vielfältigen symptomatischen Reaktionen (Depressionen, Ängste, Phobien etc.) führt. Hier werden sie ermutigt, sich in eine Situation zu begeben, die sie unweigerlich mit leidvollen Erfahren konfrontieren wird – angefangen eben mit der Konfrontation der Getrenntheit und den damit verbundenen Gefühlen der Einsamkeit, der Trennungsangst etc. – und in der sie ermutigt werden, dieses Leiden auszuhalten, zu untersuchen und auf diese Weise zu einer sonst nicht erreichbaren Erkenntnis zu kommen. Sowohl Zen als auch die Psychoanalyse gehen allerdings davon aus, dass diese Form der Erkenntnis, die dem Leiden abgerungen wird, einen inneren Transformationsprozess in Gang setzt, der letztlich einen Weg in Richtung größerer innerer Freiheit, aber auch einer Überwindung existenzieller Ängste verspricht. Von daher spielen die Faktoren des Leidensdrucks und der Motivation in beiden Wegen eine so große Rolle, wie wir schon mehrfach betont haben: Ohne einen wirklichen Wunsch nach Erkenntnis und Selbsterkenntnis wird sich kaum jemand auf diesen langen Prozess einlassen.

Die Beschreibungen der Affektregulierung, der Repräsentationstheorie und des Beziehungsgefühls sind in diesem Kapitel sehr kondensiert und abstrakt. Wie würde sich dieses näher beschreiben lassen, wenn wir dies auf die Praxis des Zen und vor allem auf das Zazen beziehen würden? Wie schon angedeutet, kommt es auch im Zazen zu einer Mobilisierung emotionaler Reaktionen, die der Übende allerdings selbst regulieren muss, während in der analytischen Situation der Analytiker einen Teil der Affektregulierung übernimmt oder sogar übernehmen muss, etwa wenn die Affekte besonders intensiv und quälend werden. Nicht selten ist diese Fremdregulierung überhaupt die Voraussetzung dafür, dass sich der Patient seinen eigenen Einfällen gegenüber öffnen kann. Insofern ist für den Zen-Übenden ein gewisses Maß an verinnerlichter Affektregulierung die Voraussetzung für eine erfolgreiche Praxis.

Im Folgenden wollen wir noch einmal auf das repräsentationale Denken zurückkommen. Dieser Aspekt der Zenpraxis erscheint uns von großer Bedeutung, beleuchtet er doch, wie die Meditierenden die Realisierung des »Augenblicks« immer wieder verpassen. Bezogen auf die Besonderheiten der »Theorie des Geistes« könnten wir für die Praxis des Zazen das Folgende sagen: Vor allem der Anfänger, aber sicherlich auch der erfahrene Praktizierende wird immer wieder bemerken, wie es in der Meditation zu einer Aktivierung des repräsentationalen Denkens kommt. Das repräsentationale Denken ist etwas, zu dem wir im Zazen immer wieder »zurückkehren« und dadurch einen möglichen »Durchbruch« verhindern; wir kehren zurück zu unseren alten Denk-Verhaltensweisen, es ist wie ein Rückzug ins Gewohnte: Als ob das Selbst sich vor der eigenen »Leere« fürchtet, greift es auf Gedanken, Erinnerungen, Vorstellungen, Planungen zurück, die ja alle nicht präsent im Sinne des realen, gegenwärtigen Momentes sind, sondern innere Repräsentanzen früherer Erfahrungen. Die vorgeschlagenen Übungen im Zazen – also das Zählen des Atems, die Beobachtung des Ein- und Ausatems – bringen den Übenden immer wieder in die Präsenz zurück, die in den unmittelbaren, konkreten Wahrnehmungen des Körpers und der direkten Umgebung – etwa der Geräusche, Gerüche etc. – beruht. So gesehen könnte man die Praxis des Zazen auch als eine Verschiebung des Gleichgewichts vom repräsentationalen Modus zum situationstheoretischen Modus betrachten. Der Übende wird also für die Zeit des Zazen ganz »konkretistisch«, indem er sich in das versenkt, was sich unmittelbar präsentiert: der Atem, das Körpergefühl, die Affekte, die Wahrnehmungen der Umgebung; aber auch die Repräsentationen in Form der Erinnerungen und Planungen werden registriert und immer wieder freigegeben. In gewisser Weise könnte man auch sagen, dass der Fluss zwischen Präsentationen der Situationstheorie und Repräsentationen des reflexiven Modus durchlässiger wird. Dies wäre eine etwas andere Beschreibung für die Fähigkeit, die Welt und sich selbst mehr so wahrzunehmen, wie diese »wirklich« sind.

Zusammenfassend können wir Folgendes festhalten: In Bezug auf das Allein-Sein in der psychoanalytischen Situation ist letztendlich die tragende Beziehung zwischen Patient und Analytiker der entscheidende Faktor in Bezug auf Veränderung und Heilung. Phasen des Allein-Seins, die sowohl der Analytiker als auch der Patient – oftmals auch als schwierig erlebt – durchlaufen, haben natürlich eine wichtige Funktion, werden letztendlich jedoch sprachlich aufgelöst und führen so durch Bewusstwerdung zur Einsicht und Befreiung. Im Zen ist das Alleinsein **der** entscheidende Faktor auf dem Weg zur Erkenntnis und Befreiung, ja es scheint fast so, dass Befreiung (die Welt so zu sehen, wie sie wirklich ist) nur allein möglich ist. Dabei ist das »gemeinsame Allein-Sein« das Kennzeichen der Sangha, in der ihre Mitglieder zusammen in der Meditationshalle Zazen sitzen, dabei jeder aber für sich allein ist. Diese Meditationsanordnung selber macht deutlich, wie wir alle durchs Leben gehen, jeder für sich allein, aber immer in Verbundenheit. Wichtig ist hier die Betonung von Verbundenheit, denn durch das gemeinsame Sitzen und Schweigen entsteht eine Atmosphäre von Nähe und Verbundenheit, die jenseits von Erklärungen liegt, eine Ebene nicht greifbarer, aber wirkender Gefühle. Oft beschreiben Sesshinteilnehmer dieses Phänomen – nach sieben Tagen intensiven Meditierens – als ein tiefes Kennenlernen aller Teilnehmer, speziell aber der direkten Nachbarn, obwohl während der ganzen Zeit geschwiegen wurde. Dieser Prozess hat etwas Geheimnisvolles, nicht Erklärbares, aber Wirksames. (Aus der Sicht der neueren Ergebnisse der Neurobiologie spielen hier vielleicht die Spiegelneurone eine wichtige Rolle.)

Oft entwickeln wir in solchen Situationen auch starke Gefühle des Mitfühlens. Einer von uns erinnert sich an eine eindrückliche Situation während eines langen und schmerzvollen Sesshins, als er inmitten einer qualvollen Sitzperiode, während er sich immer mehr auf die Schmerzen im Rücken konzentrierte und nur noch auf ihr Aufhören wartete, plötzlich »realisierte«, dass ja alle seine Mit-Praktizierenden ähnliche und vergleichbare Schmerzen haben mochten: Er realisierte also, dass er mit seinen Schmerzen nicht allein war, und spürte sofort auch etwas mehr Mitgefühl mit ihnen. Dies können wir als ein Beispiel für ein resonant-symbiotisches Beziehungsgefühl sehen, in dem die Gleichheit der Gefühle, das Miteinander und die Verbundenheit betont und erlebt wird. So betrachtet können wir die Sangha als eine Gruppe beschreiben, die eine Art »containment« für die auftauchenden, schwierigen Emotionen darstellt. Sie hilft Probleme und Schwierigkeiten (gemeinsam) zu halten und gibt Unterstützung und Kraft, sie zu meistern. Der Sangha kommt somit eine sehr wichtige Rolle im Rahmen gemeinsamer Praxis zu.

Welche Rolle nun spielt der Meister in diesem Zusammenhang? Der Meister ist für den allein Meditierenden so etwas wie ein Ankerpunkt oder Leuchtturm in der See der Auflösung aller Konzepte und Durchlöcherung aller Strukturen. Das Dokussan, so hatten wir an anderer Stelle gesagt, ist nun nicht das Erklären und Bewusstmachen der jeweiligen Probleme und Schwierigkeiten, sondern das Immer-wieder-darauf-Hinweisen, dass es nicht um vermittelte Erfahrungen geht, sondern um direktes Erleben. Das Treffen von Schüler und Meister ist das Angekommen-Sein in der gemeinsamen Situation oder weist zumindest in diese Richtung. Für den Praktizierenden ist der Meister sowohl ein Haltepunkt als auch eine andauernde Herausforderung, ist es ihm doch nicht möglich, der Tendenz nachzugeben, seine Ansichten und Erfahrungen zu einer festen Struktur werden zu lassen. Immer wieder macht ihm der Meister deutlich, dass wirkliches Erkennen nur jenseits von Konzepten möglich ist, mit einem Wort: Alles ist immer in Veränderung, alles ist leer. Dies zu verwirklichen ist aber, aus der Sicht des Zen, in seiner letzten Konsequenz nur allein möglich. Hier ist der Praktizierende allein, aber nicht einsam, denn Einsamkeit bedeutet nicht in Kontakt zu sein, Allein-Sein aber ist gleichzeitige Verbundenheit.

4.4 Gelingen und Scheitern: Dilemmata heutiger psychoanalytischer Praxis[51]

Einleitende Bemerkungen

Freuds einzigartige Schöpfung der Psychoanalyse gipfelt wohl vor allem in der Entdeckung und Beschreibung der Traumpsychologie, der Funktionsweise unbewusster Prozesse, der Rolle der infantilen Sexualität und der analytischen Situation. In Letzterer spiegelt sich die Art und Weise, wie wir als Menschen existieren, sodass man diese auch als eine Laborsituation zum Studium der menschlichen Grundverfassung ansehen könnte. Wenn wir im Folgenden einige Gedanken zur Dynamik von Gelingen und Scheitern formulieren, kann man von einer engen Wechselbeziehung zwischen Phänomenen der analytischen Praxis und dem außeranalytischen Leben ausgehen: Gelingen und Scheitern sind dann, wie auf einen zweiten Blick erkennbar wird, im gewöhnlichen Leben ständige Begleiter aller Menschen, sei es im Großen der grundsätzlichen Lebensbewältigung oder im Kleinen des alltäglichen Lebens. Daher ist es nicht verwunderlich, dass wir gerade als Analytiker in unserer klinischen Praxis ständig mit diesen Fragen konfrontiert sind: Es ist jedenfalls mein Eindruck, dass die Frage und der Zweifel über Gelingen oder Scheitern unserer Arbeit ein ständiger Begleiter in der inneren Welt des Analytikers ist. Im Übrigen ist zu bedenken, dass die meisten unserer Analysanden ja gerade zu uns kommen, weil sie sich als gescheitert erleben oder auch tatsächlich gescheitert sind. Sie tragen ihr Scheitern mit einer Hoffnung auf eine Wandlung zum Besseren in die analytische Situation und Beziehung, selbst wenn das Scheitern zu ihrer Identität geworden ist. Dies ist die Chance, aber auch das Risiko der analytischen Arbeit. Dies verschärft noch einmal die Dynamik von Gelingen und Scheitern: sei es im »Kleinen« der jeweiligen analytischen Sitzung (gelingt ein momentanes Verständnis, ist eine förderliche Deutung, eine »gute« Stunde möglich), sei es im »Großen« (gelingt die Analyse als Ganzes, kann sich die Dynamik von Scheitern und Gelingen zum Positiven wandeln). Im Folgenden wollen wir folgende Themen näher diskutieren:

---

51 Eine modifizierte Version des ersten Teils dieses Kapitels wurde auf der DPV-Tagung 2008 in Bad Homburg vorgetragen (R. Z.).

1. Die Dynamik von Gelingen und Scheitern steht in einem Spannungsfeld von polarisierender Dichotomie (»entweder-oder«) und Komplementarität (»sowohl-als-auch«). Im Sinne einer »Philosophie der Komplementarität«, wie es Wurmser formuliert und detailliert ausführt (Wurmser 1987, S. 16), gehören Gelingen und Scheitern/Misslingen wie die zwei Seiten einer Medaille zusammen und bedingen einander auf oft schwer durchschaubare Art und Weise. Es werden einige Überlegungen zur Komplementarität[52] vorgestellt und die These entwickelt, dass die kontinuierliche Umwandlung von dichotomen/polarisierendem Denken in komplementäres Denken einen Kern der seelischen Arbeit des Analytikers bzw. des analytischen Paares ausmacht.
2. Diese Transformation als gleichsam permanente Arbeitsanforderung führt immer wieder in Situationen, die der Analytiker als **Dilemmata** erlebt oder so bezeichnet. In seinem Bedeutungshof tauchen auch Begriffe wie Paradoxie, Antinomie und Aporie auf. Es ist zu fragen, ob der analytischen Situation und analytischen Beziehung zwar ein grundlegendes Dilemma inhärent zu sein scheint, das aber durch einen transformativen Akt von dichotomen zum komplementären Denken immer wieder überwunden werden kann. Erst wenn dieser Akt scheitert, können echte Dilemmata entstehen, die man dann vielleicht im Sinne von Schneider als Aporie bezeichnen könnte (Schneider 2006). In der vorschnellen Benennung von Dilemmata könnten sich defensive Haltungen verbergen, die sich im Sinne einer Konfliktvermeidung ungünstig auf die analytische Arbeit auswirken. Echte Dilemmata lassen sich nicht technisch bewältigen, sondern nur durch einen kreativen Akt, der einzigartig ist und jegliche technische Machbarkeit überschreitet, umwandeln: Das Risiko des Scheiterns bleibt aber inhärent.

---

52 Der Begriff der Komplementarität taucht gelegentlich in den psychoanalytischen Diskussionen auf: Vielleicht am bekanntesten ist Rackers Beschreibung einer konkordanten und komplementären Identifizierung bzw. die darauf aufbauende konkordante und komplementäre Gegenübertragung; bei dieser identifiziert sich der Analytiker mit einem inneren Objekt des Analysanden (Racker 2002, S. 155 ff.). In vielen anderen Arbeiten wird bei vergleichbaren Beschreibungen auch von Dialektik gesprochen; dieser Punkt wird später noch einmal aufgegriffen.

3. Inwieweit diese Überlegungen unsere **heutige analytische Praxis** in besonderer Weise betreffen, möchte ich abschließend in einem dritten Punkt kurz ansprechen. Ohne einen wirklich fundierten Vergleich zwischen der heutigen und der vergangenen psychoanalytischen Praxis leisten zu können, möchte ich – ausgehend von Freuds Arbeit »Endliche und unendliche Analyse« (Freud 1937) – einige Bemerkungen zum gesellschaftlichen, wissenschaftlichen und innerpsychoanalytischen Wandel machen, mit dem auch veränderte Bedingungen für die Etablierung der analytischen Praxis gegeben sind. Es ist meine abschließende These, dass gerade dieser Wandel und die damit verbundenen Belastungen, aber auch Möglichkeiten das komplementäre Denken notwendig machen, um die Chancen der Weiterentwicklung einer professionellen analytischen Praxis zu nutzen.

Von der Dichotomie zur Komplementarität

Ich schlage vor, die analytische Praxis unter dem besonderen Gesichtspunkt von Gelingen und Scheitern aus einer komplementären Perspektive zu betrachten. Wie ist dies zu verstehen? Auf einer klinischen Ebene bedeutet dies, dass viele analytischen Verläufe im Ganzen die beiden Seiten der Medaille zeigen: Manches gelingt und manches scheitert, in durchaus unterschiedlicher Mischung und aus jeweils anderen Perspektiven betrachtet, mit einer unterschiedlichen Gewichtung; dass »schlechte Stunden« oft die Vorboten von »guten, gelungenen Stunden« sind oder »problematische Rahmenbedingungen« eine positive Entwicklung hervorbringen oder »fehlerhafte Deutungen« eine emotionale Einsicht vorbereiten helfen. Das Scheitern wird so ein Baustein, eine Mit-Bedingung oder Voraussetzung für ein späteres Gelingen. Etwas salopp könnte man auch fragen: Geht es nicht darum, immer besser zu scheitern, um dadurch auch ein Stück gescheiter zu werden? Auf einer mehr theoretischen Ebene erweist sich Komplementarität allerdings als ein sehr schwieriges und komplexes Konzept – vielleicht einer der Gründe, warum J. Scharff diesen Begriff meidet und lieber vom »Widersprüchlich-Zusammengehörigen« spricht (J. Scharff 2008). Komplementarität spielt bekanntlich in der Philosophie (z. B. im Daoismus als durchgehendes Prinzip), in der Physik (das von N. Bohr beschriebene Komplementaritätsprinzip), in der Psychosomatik (als Beziehung von Körper und Seele), in der Kommunikationstheorie als Zusammenspiel zweier Verhaltensmuster (z.B. von Schüler und Lehrer) und in der Biologie als Phänomen von Schlüssel und Schloss eine wichtige Rolle. Definitionsgemäß geht es um das Zusammengehören scheinbar widersprüchlicher, sich aber ergänzender Eigenschaften eines Objektes. Komplementäre Eigenschaften gehören zusammen, sofern sie dasselbe Objekt betreffen; sie schließen sich einander aus, als sie nicht räumlich oder zeitlich zusammentreffen können. Bezogen auf die Dynamik von Gelingen und Scheitern, wäre das »Objekt« dann die Qualität der analytischen Arbeit, bei der zwar am gleichen Ort und zur gleichen Zeit nicht die Gegensätze von Gelingen und Misslingen überwunden werden – eine fehlerhafte Deutung ist in dem Moment ebenso falsch, wie eine Rahmenverletzung problematisch ist –, aber diese Gegensätze können sich in ihrer wechselseitigen Bedingtheit an anderem Ort und zu einer anderen Zeit zeigen: etwa wenn die »falsche« Deutung zur Voraussetzung für ein besseres Verstehen der unbewussten Wirklichkeit des Patienten wird. Eine etwas andere Definition würde Komplementarität[53] als den Versuch beschreiben, ein Phänomen mit mindestens zwei Modellen zu erklären, die sich möglicherweise widersprechen oder ausschließen, aber das Phänomen umfassender und genauer zu verstehen helfen. Wiederum auf die analytische Situation bezogen, würde dies mehr den grundsätzlichen Wahrnehmungs-

53 In einer soziologischen Untersuchung von Jokisch wird das Konzept der Komplementarität als »mächtiger« angesehen als die Konzepte der Dialektik und der Paradoxie. Das Theorem der Komplementarität geht auf N. Bohr zurück, der dies als Schlüsselbegriff der Quantenphysik beschrieben hat. Jokisch schreibt: »Es handelt sich erstens dabei immer um zwei Sachverhalte, die aufeinander bezogen werden. Dabei sind sie zweitens dann komplementär, wenn sie ko-existent sind: um zu verstehen, worum es beim ersten Sachverhalt geht, muss man den zweiten Sachverhalt hinzuziehen, aber um diesen zweiten Sachverhalt ebenfalls zu verstehen, muss man den ersten Sachverhalt wiederum konsultieren. Mit anderen Worten, man muss beide Sachverhalte aufeinander beziehen und sie sich gegenseitig erläutern lassen. Man versteht sie also nur dadurch, dass sie sich selbst gegenseitig erklären. Drittens schließen die Sachverhalte in dem Sinne einander aus, in dem zwei Etwasse, die zusammengehören, nicht zusammen auftreten können. Es kann somit über beide Sachverhalte nicht gleichzeitig verfügt oder entschieden werden. Komplementarität soll bedeuten: Zwei elementare Aussagen heißen komplementär, wenn sie nicht gleichzeitig entschieden werden können.« (R. Jokisch 2008)

und Erkenntnisprozess des Analytikers oder des analytischen Paares in den Blickpunkt rücken: Die auftauchenden Phänomene werden dann aus mindestens zwei verschiedenen Perspektiven oder mithilfe verschiedener Modelle zu verstehen oder zu erklären versucht, die sich teilweise widersprechen oder auszuschließen scheinen. Als eine solche Komplementarität könnte man wohl die für die psychoanalytische Arbeit zentralen Gegensätze von bewusst und unbewusst, innen und außen, seelisch und körperlich, jetzt und früher, spontan und rituell, Selbst und Objekt etc. ansehen. Diese Komplementarität als wechselseitige Bedingtheit im Verstehen der Wirklichkeit des analytischen Paares zu erkennen, würde ich als eines der wesentlichen Ziele der analytischen Arbeit beschreiben.

In diesem Sinne verstehe ich auch Wurmsers Bemühungen, die Beziehung zwischen Konflikt und Komplementarität in seinen Arbeiten immer wieder zu thematisieren. So schreibt er beispielsweise: »*Wieder und wieder die einander scheinbar widersprechenden und doch zutiefst bedingenden Gesichtspunkte zu vereinen – z. B. den des intrapsychischen Verstehens gegenüber dem der mitmenschbezogenen Kommunikation … oder … die Bedeutung der Übertragung gegenüber der Bedeutung der genetischen Konstruktion; oder das Erlebnishafte in der Beziehung gegenüber dem Wert der Erkenntnis als therapeutische Grundfaktoren; oder die analytische Situation gegenüber Erleben und Handeln außerhalb.*« (Wurmser 1987, S. 16) Oder an anderer Stelle: »*Jenseits des Wissens um die Konflikte liegt daher die Kenntnis der tiefen Komplementarität. Und diese Komplementarität gegensätzlicher Wahrheiten, die nach Versöhnung drängen und diese doch nie ganz finden, spiegelt sich in den Konflikten der Neurose. Der Zwang zur Wiederholung und die Brüche im Inneren des Einzelnen sind Versuche, über die Konflikte hinaus zu den großen lebensimmanenten Komplementaritäten zu gelangen, doch immer wieder daran zu scheitern.*« (Wurmser 1987, S. 338) Wurmsers Werk, das erkennbar von daoistischem Denken beeinflusst ist, zählt noch weitere Komplementaritäten auf wie Konflikt und Defekt, Behandlung und Erziehung und Deutung und Suggestion. Zwei Gesichtspunkte erscheinen mir in dem hier herausgestellten Zusammenhang von Gelingen und Scheitern besonders bedeutsam: zum einen die stärkere Betonung einer Prozessontologie gegenüber einer Substanzontologie, wie es Möller in seiner Studie über den Taoismus beschreibt (Möller, S. 99); danach betrachten wir auch in der Psychoanalyse mehr die Funktionen und die Prozesse in der analytischen Situation: Gelingen und Scheitern wandeln sich dann von einer eher essenzialistischen Betrachtung – das ist eine schlechte oder falsche Deutung, diese Analyse ist gescheitert oder gelungen, ich bin ein unfähiger oder fähiger Analytiker – in eine funktionelle Betrachtung, nach der man die jeweilige Situation und die Handlungsweise des analytischen Paares als für die seelische Arbeit als förderlich, nicht förderlich oder sogar schädlich betrachtet. Zum anderen die in der Psychoanalyse so wichtige Frage nach der Wahrheit, für die Wurmser neben den bekannten Modellen der Wahrheit – die Korrespondenztheorie, die pragmatische Theorie und die Kohärenztheorie – ein viertes, übergreifendes Wahrheitsverständnis postuliert, das der Komplementarität: Wahrheit ist nicht durch Absolutsetzung einer Methode, eines Kriteriums oder eines Begriffsgerüstes zu erfassen, sondern ist immer vielfach, schillernd, mehrdeutig und vielschichtig. Beide Gesichtspunkte machen aber sogleich deutlich, warum es auch für den Analytiker keineswegs selbstverständlich ist, zu einer solchen Haltung zu gelangen: Diese prozessontologische Auffassung und die Komplementarität von Wahrheit unterläuft das Bedürfnis nach Sicherheit und Gewissheiten und löst damit fast unvermeidlich einen Widerstand gegenüber diesem Kern psychoanalytischen Denkens aus. Dass es keinen festen Grund oder Boden gibt, auf den man mit absoluter Sicherheit ruhen kann, wird nicht selten als eigenverantwortlicher Mangel erlebt, der von Angst, Scham und Schuldgefühl begleitet ist. Es wird noch kurz anzusprechen sein, dass aus diesem Grund der Affekttoleranz und Affektregulierung vor allem auch des Analytikers für eine Umwandlung von polarisierendem in komplementäres Denken eine so überragende Rolle zuzuschreiben ist[54].

---

54 Der Begriff der Komplementarität bleibt jedoch insgesamt vielschichtig, da er doch oft unscharf und in unterschiedlichen Kontexten verwendet wird: manchmal eher im Sinne von sich ergänzenden, manchmal mehr im Sinne von sich ausschließenden Gegensätzen. Es erscheint auch wichtig, immer wieder zwischen der unmittelbaren klinischen Erfahrung und der theoretischen Ebene der Kategorisierung zu unterscheiden: Gelingen und Scheitern kann sich auf die klinische Ebene, aber auch auf die Ebene des Versuchs, diese Erfahrung zu konzeptualisieren, beziehen. Dieses Kapitel bezieht sich vor allem auf die Erfahrung des Analytikers und seine innere Arbeitsweise in der analytischen Situation. Die Beziehung zur Theorie der Dialektik ist aus philosophischer Sicht sehr komplex. Wandschneider spricht in seinem Buch über die »Theorie der

Wie lassen sich diese doch recht abstrakten Überlegungen besser veranschaulichen? Es sei hier noch einmal betont, dass es primär nicht um eine begriffliche Diskussion geht, sondern um eine Beschreibung klinischer Erfahrungen, die relativ bewusstseinsnah das Erleben und Denken des Analysanden und des Analytikers nicht selten zentral bestimmen. Die Gefahr eines vorschnellen Sprungs von der klinischen Beschreibung in eine begriffliche Formulierung (wie hier mit dem Begriff der Komplementarität) ist sicherlich gegeben; es muss hier offen bleiben, ob die »Theorie der Dialektik« für die Diskussion unseres Themas angemessener wäre (Landes 2009; Wandschneider 1995). Gehen wir daher einmal davon aus, dass in der analytischen Situation vom analytischen Paar seelische Arbeit geleistet wird: Im Verständnis von Bollas ist dies das Freud'sche Paar des frei assoziierenden Analysanden und des mit gleichschwebender Aufmerksamkeit zuhörenden Analytikers (Bollas 2006). Bereits hier konstellieren sich die Polaritäten von äußerem, festem Rahmen und innerer Offenheit und Unstrukturiertheit der analytischen Sitzung, die sich dann in der besonderen Kommunikationsstruktur von Reden und abwartendem Zuhören noch einmal konkretisiert. Bekanntlich werden diese scheinbaren Gegensätze nicht nur von Analysanden oft als sehr konflikthaft erlebt und dabei aber ihre Komplementarität übersehen: Der sichere Rahmen ist eine Vorbedingung für ein basales Sicherheitsgefühl des analytischen Paares, das ein emotionales Involvement überhaupt erst ermöglicht. Das Gleiche kann man für die Dynamik von Reden und Schweigen annehmen: Das Schweigen des Analytikers, sein abwartendes Zuhören – seine Fähigkeit, in der Gegenwart des Patienten allein zu sein (Heenen-Wolf 2008, Kapitel III, 4.2) – sind eine Voraussetzung dafür, dass der Analysand sich seinen freien Einfällen und seinem spontanen Erleben gegenüber öffnen kann. Rahmen und emotionale Bewegung bzw. Schweigen und Reden werden so als wechselseitige Bedingtheit, als In- und Miteinander-Sein verstanden, die zur Grundlage der seelischen Arbeit des analytischen Paares werden. Bekanntlich kommt es aber bereits hier oft

---

Dialektik« von einem Komplementaritätsprinzip, das er an der Dualität von Sein und Nicht-Sein exemplifiziert. Wenn ich Wandschneider richtig verstehe, ist das Komplementaritätsprinzip ein Element der dialektischen Synthese, die die zusammengehörenden Gegensätze überwindet (Wandschneider 1996; Landis, persönliche Mitteilung).

zu intensiven Auseinandersetzungen, die eine förderliche Arbeit infrage stellen können: Insofern könnte man auch von einer positiven Komplementarität sprechen, wenn die förderlichen Faktoren wirksam werden, und von negativer Komplementarität, wenn diese sich als konflikthafte und polarisierende Gegensätze negativ und zerstörend auswirken. Dies sind dann kämpferische »Entweder-oder«-Situationen, wie sie etwa J. Benjamin für die Täter-Opfer-Dynamik beschreibt (J. Benjamin 2004).

Betrachten wir nun noch einmal genauer den Beitrag des Analytikers, den er zur seelischen Arbeit des analytischen Paares leistet. In einigen früheren Arbeiten habe ich von der inneren Arbeitsweise des Analytikers gesprochen und diese im Sinne einer professionellen Alltagstheorie zu präzisieren versucht (Zwiebel 2004, 2007). Als Kern der Funktionen und Haltungen in der jeweiligen, aktuellen Sitzung könnte man von einer analytisch-therapeutischen Position des Analytikers sprechen, die sich in multiple Bipolaritäten differenzieren lässt, die ich zusammenfassend ähnlich wie I. Z. Hoffman als »persönlichen Pol« und »technischen Pol« zu beschreiben versuche (I. Z. Hoffman 1998; Zwiebel 2007). Es handelt sich um einen Versuch, die Funktion der gleichschwebenden Aufmerksamkeit auf eine mikropsychologische Weise aufzufächern und ihre Komplexität zu verdeutlichen. Die Bipolaritäten von teilnehmender Beobachtung und Assoziieren und Fokussieren – letzteren Punkt hat Klüwer kürzlich als zentrales Merkmal der analytischen Methode herausgestellt (Klüwer 2006) – können verdeutlichen, was mit der Umwandlung von konflikthafter Polarisierung in komplementäres Verstehen gemeint ist. Der Begriff der »teilnehmenden Beobachtung« beschreibt die beiden Pole der »Teilnahme« im Sinne einer empathischen Identifizierung, eines emotionalen Involvements, wie es sich in dem unmittelbaren Erleben des Analytikers manifestiert, und dem abstandnehmenden Pol der »Beobachtung«, in dem vor allem durch eine selbstreflexive Bewegung eine Distanzierung vom unmittelbaren Geschehen ermöglicht wird. Ich habe postuliert, dass der Analytiker permanent zwischen diesen beiden Polen oszilliert und sie auf diese Weise in der Schwebe hält, ohne den einen Pol permanent zu favorisieren und damit den anderen Pol zu negieren oder abzuspalten. Dies entspricht einer komplementären Auffassung, indem der »persönliche Pol« der Teilnahme als eine Voraussetzung dafür betrachtet wird, dass zu einem anderen Zeitpunkt der »technische Pol« aktiviert wird, der ein Verstehen des Erlebten einleiten kann. Da das eigentliche psychoanalytische Objekt die unbewusste Wirklichkeit des Analysanden ist und diese nicht mit sinnlichen Mitteln – d.h. also z.B. reiner Beobachtung – erfasst werden kann, bedarf es der Aktivität der eigenen unbewussten Wirklichkeit des Analytikers, um mit der unbewussten Wirklichkeit des Analysanden in Kontakt zu kommen. Ohne diese persönliche, teilnehmende Bewegung würde sich der Analysand auch kaum dem Analytiker gegenüber öffnen können. Man kann also davon ausgehen, dass die persönliche Teilnahme des Analytikers im Sinne der gegenseitigen Bedingtheit den Selbsterforschungsprozess des Analysanden ebenso ermöglicht, wie es die Voraussetzung für ein distanzierendes Abstandnehmen des Analytikers ist, indem er die eigenen emotionalen Erfahrungen reflektieren kann. Beide Pole verhalten sich dann wie Vordergrund und Hintergrund oder, wie ich eingangs schon geschrieben hatte, wie die beiden Seiten einer Medaille[55]. Etwas Ähnliches lässt sich auch für die Bipolarität von Assoziieren und Fokussieren beschreiben; auch sie sind komplementär zu verstehen, und Klüwer hat auf die Einseitigkeit der Betonung des Assoziierens eindringlich hingewiesen: Das Assoziieren ist eine wesentliche Voraussetzung dafür – und zwar die des Analysanden und des Analytikers –, dass es dem Analytiker möglich wird, einen Aspekt des Gesprochenen und Erlebten herauszugreifen und in einer Deutung zu formulieren, um dann diese Erkenntnis auch zu erinnern und gegebenenfalls wieder aufzugreifen. Assoziieren und Fokussieren wie auch die teilnehmende Beobachtung stehen also in einer wechselseitigen Bedingtheit, die einen emotionalen Beziehungs- und Verstehensprozess des analytischen Paares ermöglicht. Mit diesen Überlegungen wird angenommen, dass der Beitrag des Analytikers zur seelischen Arbeit des analytischen Paares dann als förderlich angenommen werden kann, wenn es ihm gelingt, die Komplementarität der analytisch-therapeutischen Position zu realisieren, und er sich nicht dauerhaft in polarisierende Positionen flüchtet oder verstrickt; dies bedeutet aber auch, wie J. Scharff es formuliert, das Sich-Einlassen oder »das Verwicklungsgeschehen in einer methodischen Wendung als eine Basis des

55 Es gibt also eine ständig oszillierende Balance zwischen Miterleben und Reflektieren im Sinne einer komplementären Vordergrund-Hintergrund-Beziehung.

psychoanalytischen Prozesses zu betrachten« (Scharff 2008, S. 8). Oder anders formuliert: Das Scheitern der optimalen, oszillierenden Balance wird zur Grundlage des Gelingens eines Verstehens der unbewussten Wirklichkeit des analytischen Paares.

Im Folgenden werde ich diese Überlegungen mit einer kurzen klinischen Illustration beleuchten: Es handelt sich um einen älteren Patienten in dreistündiger Psychoanalyse im Liegen, noch in der Anfangsphase; er kommt wegen Beziehungsschwierigkeiten, hat aber auch eine mittelschwere, körperliche Erkrankung, die bei Beginn der Analyse eher zum Stillstand gekommen war. Ich hatte die Freitags-Stunde absagen müssen, er selbst sagte über das Wochenende die folgende Montag-Stunde wegen einer Verpflichtung mit seiner kleinen Tochter ab. In der Stunde berichtet er zuerst darüber, dass es ihm körperlich wieder etwas besser ginge (in seinem letzten Urlaub war es zu einem Aufflackern der Krankheit gekommen), und kommt dann auf ein Treffen am Wochenende mit dem Vater zu sprechen, worüber er sich relativ ausführlich äußert. Vor allem sei ihm eine Eigenart des Vaters aufgefallen, ihn nämlich eindringlich, wenn nicht sogar übergriffig am Arm zu packen und dabei negativ und entwertend über andere Leute zu sprechen. Ihm fallen die früheren körperlichen Kontakte mit seinen Eltern ein, die Ausklammerung der Sexualität, der fehlende körperliche Kontakt zwischen den Eltern, bis zu einer Szene, als er die Eltern offenbar beim Verkehr überraschte und dass ihm von je der körperliche Kontakt mit den Eltern unangenehm gewesen sei. Während ich ihm zuhöre, fällt mir auf, dass er die beiden ausgefallenen Stunden offenbar nicht erwähnen will und dass es schon einmal vor kurzer Zeit zur Thematisierung des körperlichen Kontaktes zwischen uns gekommen war (ich empfand seinen Händedruck als festhaltend und er monierte das schnelle Zurückziehen meiner Hand). Nachdem ich über eine halbe Stunde abwartend zuhöre, reift in mir die Frage heran, ob ich weiter abwartend zuhören oder das bislang Gesagte kommentieren sollte. Ich empfinde die Situation jedoch eindeutig als einen Konflikt: Das Übergehen der beiden ausgefallenen Stunden ebenso wie ihr Ansprechen, das mich vielleicht in die Rolle des übergriffig erlebten Vaters bringt, erscheint mir nicht unproblematisch. Relativ spontan entschließe ich mich zu einer Bemerkung, in der ich die verschiedenen Einfälle des Patienten mit den beiden ausgefallenen Stunden in lockere

Verbindung zu bringen versuche. Der Patient zerpflückt, fast schon wie erwartet, meine Bemerkung, indem er mir genau erklärt, dass zwischen der Szene mit dem Vater und unserem Händedruck kein Zusammenhang bestünde; außerdem sei es zwar schade, wenn Stunden ausfielen, aber er glaube doch, dass sich dadurch unsere Beziehung nicht trüben würde. Als ich sage, dass ich aus der Befürchtung heraus, er könnte mich mit meinem Hinweis auf die ausgefallenen Stunden wie den eindringlichen oder festhaltenden Vater erleben, gezögert hätte, dies anzusprechen, und jetzt vielleicht wirklich eine vergleichbare Situation entstanden sei, weist er auch dies mit der Bemerkung zurück, das habe vorhin von mir keineswegs eindringlich geklungen, er sehe eben einfach keinen Zusammenhang. In dem Moment aber fällt mir der Inhalt der Stunde vor der Unterbrechung ein, den ich zuvor ausgeblendet hatte: Ich hatte nämlich seine neue Liebesbeziehung angesprochen, und zwar vor allem in einem möglichen Zusammenhang mit der Verschlechterung seiner körperlichen Symptomatik. Und ich frage mich jetzt, ob er mich da als eindringlich oder übergriffig empfunden hatte, da ich ihn mit dieser verbindenden Bemerkung dazu »verführt« hatte, mir erstmals von seinen sexuellen Schwierigkeiten zu erzählen. Schließlich endet die Stunde, indem er sagt: Aber vielleicht verstehe ich auch etwas nicht, was Sie mir sagen wollen.

Im Folgenden seien die bisherigen Überlegungen am Beispiel dieser Stunde noch einmal zusammenfassend kommentiert:

1. Aus einer prozessontologischen Sicht ergibt sich die Frage, ob in dieser Stunde »förderliche« oder »weniger förderliche« Aspekte erkennbar werden: In diesem Sinne kann wohl nicht bestritten werden, dass das analytische Paar seelische Arbeit leistet oder zu leisten versucht. Man kann davon ausgehen, dass der Patient sehr mit seinem Krankheitsrückfall, der neuen Liebesbeziehung, seiner dabei aufgetretenen sexuellen Störung und der für ihn noch fremden analytischen Situation beschäftigt ist. Er beginnt, einerseits die Analyse als einen Raum für seine Sorgen zu verstehen, auch wenn ihm andererseits die mögliche Abhängigkeit noch zu viel Angst bereitet. Der Analytiker hat naturgemäß andere Sorgen: Als Hüter der analytischen Situation denkt er an die Sicherung des Rahmens und an die Realisierung der Methode, aber auch daran, wie sich die seelische

Arbeit des analytischen Paares im Sinne des Verarbeitens, Durcharbeitens und Nacharbeitens (Zwiebel 2007 und Kapitel III, 4.1) fördern lässt und wie sich dies auf das Befinden des Patienten auswirken mag.

2. Eine entscheidende Frage bezieht sich auf das abwartende Zuhören und Reden des Analytikers, das die Biopolarität von teilnehmender Beobachtung und Assoziieren und Fokussieren spiegelt: Waren der Zeitpunkt und der Inhalt der Deutungen angemessen und »förderlich« oder eher hemmend und problematisch bzw. taktvoll, wie E. Gattig sagen würde (E. Gattig 2006)? Vor allem ist die Absicht zu spüren, mit dem Patienten in einen »analytischen Kontakt« zu kommen. Auf den ersten Blick scheint dieser Versuch gescheitert, wenn nicht der Patient am Ende gesagt hätte, dass er vielleicht nicht genau verstünde, was der Analytiker ihm sagen wollte.
3. Damit eröffnet sich als eine weitere Bipolarität, die von Wissen und Nicht-Wissen, auf die auch der Analytiker in der Stunde stößt: Ihm wird nach seiner Deutung erst deutlicher, dass er den Inhalt der letzten Stunde nicht präsent hatte und er daher die Erzählungen des Patienten nur in einem eingeschränkten Sinne als »narrative Derivate«, wie dies Ferro beschreibt, verstehen konnte (Ferro 2002); erst nach der Deutung beginnt der Analytiker zu ahnen, worauf sich der Patient mit seiner Erzählung vom Vater womöglich auch bezieht, nämlich auf sein unbewusstes Erleben, einem anderen Mann von seinen sexuellen Problemen zu erzählen, und seinen Befürchtungen, wie vom Vater dafür entwertet und missachtet zu werden. Und der Analytiker mag im Nacharbeiten realisieren, wie er diese Sorge des Patienten unterschätzte und sich vielleicht »überwertig« um die ausgefallenen Stunden kümmerte, um dabei in die Rolle der anklammernden, auch in gewisser Weise übergriffigen Mutter zu geraten. Auch dies wäre aber im Sinne der Komplementarität als ein Agieren der Gegenübertragung zu verstehen, das ja oft dem Verstehen der Gegenübertragung vorausgeht: Das Nicht-Verstehen bahnt hier erst ein besseres Verstehen dieser Beziehungsdynamik.
4. Und hier ist zu fragen, ob wir diesen Moment, in dem die Entscheidung über Schweigen oder Sprechen bzw. Abwarten und Eingreifen fällt, nicht als Dilemma erleben: Mit einem Sprechen stören oder zerstören wir den Gedankenfluss des Patienten und verhindern

möglicherweise das Auftauchen wichtiger Inhalte, engen also den assoziativen Raum ein; mit dem weiteren Schweigen könnten jedoch das bislang Gesprochene versickern, wieder im Unbekannten versinken und eine angestrebte Umwandlung unerkannter und ungedachter Gedanken und Gefühle in einem gehaltenen intersubjektiven Raum misslingen. Ist der Analytiker hier nicht häufig in einer Lage wie Burians Esel, der sich nicht zwischen zwei Heuhaufen entscheiden kann und schließlich verhungert, oder wie der Gefangene in dem berühmten Gefangenen-Dilemma, der sich für eine Option entscheiden muss, obwohl er die Gesamt-Situation nicht überblicken kann? Andererseits ist sogleich zu fragen, ob dieses Erleben nicht auf einer Polarisierung von Abwarten und Eingreifen beruht, die ja so in der »lebendigen Wirklichkeit« der analytischen Praxis gar nicht existiert: Wie viel ich mit meinem Abwarten nicht schon eingegriffen habe, kann ich ja in diesem Moment und überhaupt grundsätzlich gar nicht überschauen (z. B. wie ich den Patienten bei der Begrüßung angeschaut oder wie ich ihm die Hand gedrückt habe).

Ähnlich wie die Bewertung von Gelingen und Scheitern hängt danach auch die Beschreibung eines Dilemmas von den jeweiligen Voranahmen und Prämissen ab: Trennt man scharf zwischen Reden und Schweigen, zwischen Abstinenz und Agieren, zwischen Anonymität und Selbstenthüllung, zwischen Rahmen und Grenzverletzung, gerät man gerade dann in dilemmatische Situationen, wenn man diese Polaritäten nicht in komplementärem Sinne versteht. Daher könnte es sich als sinnvoll erweisen, zwischen echten und scheinbaren Dilemmata zu unterscheiden. Ich möchte daher die Vermutung äußern, dass dieser charakteristische Moment, der vom Analytiker oft als Dilemma empfunden wird, durch einen transformativen Akt von polarisierendem/dichotomem in komplementäres Denken umgewandelt werden kann, sich also in der Regel als ein zu lösender Konflikt erweist. Erst wenn dieser transformative Akt überhaupt keine förderlichen Elemente mehr für die seelische Arbeit des analytischen Paares ermöglicht, nähert man sich dem an, was man als ein echtes Dilemma oder auch eine aporetische Situation im Sinne von Schneider bezeichnen könnte (Schneider 2006).

Über echte und scheinbare Dilemmata

Der Begriff »Dilemma« bedeutet so viel wie zweigliedrige Annahme, und im Deutschen könnte man auch von einer Zwickmühle sprechen: Es handelt sich um eine Situation, die zwei Wahlmöglichkeiten bietet, welche jedoch beide zum unerwünschten Resultat führen können, wie eben in dem Beispiel von Reden und Schweigen. Durch seine Ausweglosigkeit wird das Dilemma als paradox empfunden. Burians Esel mit den beiden Heuhaufen ist ein Beispiel für ein positives Dilemma – man muss auf eine Wahlmöglichkeit verzichten –, das Gefangenen-Dilemma ein Beispiel für ein destruktives Dilemma, weil man in jedem Fall der Entscheidung jemand anderem oder sich selbst schadet. Die Nähe zu anderen Begriffen wie Paradoxie, Aporie und Antinomie habe ich schon angesprochen, möchte dies hier aber nicht vertiefen; es scheint aber deutlich, dass Dilemmata und Paradoxa in einer komplexen Beziehung stehen.

Betrachten wir kurz ein Beispiel aus einer anderen Tradition. Ein Schüler kommt zu dem berühmten Zen-Meister Hisamatsu, und es entwickelt sich folgender Dialog zwischen beiden. *Schüler:* Wenn ich irgendeinen Weg verfolge, irgendeine Methode anwende, dann komme ich nirgends hin. *Meister:* Richtig. *Schüler:* Doch wenn ich keinen Weg verfolge und nichts tue, dann komme ich auch nirgends hin. *Meister:* Auch richtig. *Schüler:* Da bin ich also in einem Dilemma. *Meister:* Mach dieses Dilemma zu deinem Weg (siehe auch Arp 1994). Hier geht es natürlich um das spirituelle Ziel des Erwachens oder der Erleuchtung, das mit absichtsvollem Tun oder absichtsvollem Nicht-Tun verfehlt wird, weil Absichten immer selbstbezogen sind und Erwachen verhindern. Wenn man aber dieses Dilemma zu seinem Weg macht, dann kann sich eine Form von Absichtslosigkeit entwickeln, die keineswegs mit Inaktivität oder Passivität zu verwechseln ist, sondern als eine Form von Nicht-Handeln verstanden werden kann, in der man aus einer »Leerheit« auch im Sinne der Unwissenheit des Ichs handelt, das ganz der Notwendigkeit der jeweiligen, aktuellen Situation hingegeben ist. Wenn ich rede, dann rede ich, wenn ich schweige, dann schweige ich: nicht, um etwas zu erreichen, sondern weil es die jeweilige Situation gerade erfordert, ihr angemessen ist. Das Motto wäre also ein »Je-nachdem«. Dies ist eine von komplementärem Denken geprägte Haltung, weil sie sich nicht nach polarisierenden Merkmalen richtet (richtig oder falsch, analytisch oder nicht analytisch, noch nicht einmal: förderlich oder schädlich), sondern die Ungewissheit der folgenden Situation akzeptiert, aber gleichzeitig von einer Hoffnung getragen bleibt, dass Verwicklungen konstitutiv für die seelische Arbeit des analytischen Paares sind und zur weiteren Entwicklung beitragen können. Daher halte ich diese Überlegungen auch für den Analytiker für wertvoll – und in gewisser Weise könnte man Hisamatsu durch Bion in dem Dialog ersetzen, und wir würden seine berühmten Worte von »no memory, no desire, no understanding« auf andere Weise verstehen. Es geht dann darum, die scheinbare dilemmatische Grundsituation der analytischen Arbeit nicht vermeiden zu wollen, indem man den »richtigen Weg«, die »richtige Technik«, das »optimale Handeln« zu verwirklichen versucht, sondern ein Handeln aus einer Absichtslosigkeit anstrebt, in der man den Analysanden nicht unbedingt heilen oder ein besonders guter und verständnisvoller Analytiker sein will – alles Zeichen der eigenen Selbstzentriertheit –, sondern sich ganz von der gegenwärtigen Situation leiten lässt und sein Handeln von den Erfordernissen des jeweiligen Momentes abhängig macht. Das Anklammern an »richtig und falsch«, an »gute und schlechte Deutungen«, an »Gelingen und Scheitern« wäre dann ein Versuch, diesem grundlegenden Konflikt der analytischen Situation aus Angst und Schuldgefühl auszuweichen. Damit sind wir also auf eine weitere Komplementarität der analytisch-therapeutischen Position gestoßen, die man als Zielorientierung und Absichtslosigkeit beschreiben kann. Wir können das so verstehen – und so würde ich auch Bion und die vorgestellte Stunde auffassen –, dass Zielorientierung (also therapeutische Ziele) und Absichtslosigkeit komplementär in dem Sinne sind, dass therapeutische Ziele üblicherweise in der Stunde in den Hintergrund treten – sie sind dennoch präsent, da ich ja die Arbeit mit dem Analysanden aufgenommen habe – und gleichzeitig eine Bedingung dafür sind, dass eine Haltung der Absichtslosigkeit in der Stunde jedenfalls passager ermöglicht wird. In der vorgestellten Stunde kommt die Haltung der Absichtslosigkeit ins Schwanken, und man kann nachträglich deutlicher sehen, dass dies sowohl Ausdruck der Übertragungs- und Gegenübertragungsdynamik ist, die noch nicht erkannt ist (die Übernahme der Rolle einer überängstlichen Mutter und der Vermeidung der befürchteten Rolle eines abfälligen Vaters), als auch eine Aktivierung der Sorge aus dem »persönlichen Pol«, die vor allem daher rührt, den Patienten mit seinen schweren Sorgen so lange allein zu lassen. Der Verlust dieser absichtslosen Haltung erweist sich aber insofern als förderlich, als die Beziehungsdynamik besser erkennbar und es dem Analytiker erneut möglich wird, sich einer absichtslosen Haltung in der Arbeit mit dem Patienten anzunähern. Das analytische »Dilemma« zu seinem Weg zu machen, bedeutet dann vor allem, sich nicht in scheinbare Dilemmata zu verstricken, sondern die mit der analytischen Position verbundenen Bipolaritäten immer wieder durch einen transformativen Akt von polarisierendem in komplementäres Denken »in der Schwebe« zu halten. Dies scheint nur möglich, wenn man eine Toleranz für die Fehler, Unvollkommenheiten, Unsicherheiten und Ungewissheiten entwickelt, die alle von negativen Affekten begleitet sind: daher die Bedeutung von Affekttoleranz und Affektregulierung von Angst, Schuld- und Schamgefühlen und nicht zuletzt auch Trauer.

Es sei gerade in diesem Zusammenhang der Affektregulierung unter Bezug auf die vorgestellte Stunde noch ein besonderer Aspekt erwähnt, der von Rey für einen bestimmten Patient-Typus als agoraphob-claustrophobes Dilemma beschrieben wurde, das aber nach meiner Auffassung gerade in dem Moment der Entscheidung »Reden oder Schweigen« auch auf der Seite des Analytikers aktiviert werden kann (Rey 1994).

Psychoanalytische Praxis gestern – und heute

Ich bringe die bisherigen Überlegungen nun auf einen Punkt: die wichtigste Tugend des Analytikers ist demnach seine Präsenz, seine Reflexion des Widersprüchlich-Zusammengehörigen und seine Unaufdringlichkeit – und dies in ihrem komplementären Zusammenhang anzusehen. Das Scheitern an dieser idealen Tugend und das Erkennen und Verstehen dieser Momente fördert allerdings langfristig die seelische Arbeit des analytischen Paares, ja macht im Grunde einen wichtigen, vielleicht den zentralen Aspekt der psychoanalytischen Arbeit aus. Aber ist dies nicht wieder eine verkappt idealtypische Formulierung, die der Alltagspraxis des heutigen Psychoanalytikers widerspricht? In dem Kapitel soll es ja auch um die »heutigen« Dilemmata der analytischen Praxis gehen. Dazu möchte ich auf Freuds Arbeit »Endliche und unendliche Analyse« aus dem Jahre 1937 Bezug nehmen und vor allem die Frage stellen, wie sich seit dieser Zeit die inneren und äußeren Rahmenbedingungen für die analytische Praxis im konkreten Alltag geändert haben und welche dieser Faktoren für Gelingen und Scheitern der analytischen Situation bedeutsam sein könnten.

Freuds Arbeit befasst sich bekanntlich mit der Frage, ob man die beschwerliche Dauer der Analysen verkürzen und ob ein dauerhafter Erfolg erreicht werden könne. Es geht ihm also um das Gelingen und Scheitern der analytischen Arbeit, wobei er klar von therapeutischen Zielsetzungen ausgeht, aber vor allem die Widerstände analysiert, die sich einer Heilung in den Weg stellen. Aus der Sicht unseres Themas fällt auf, wie stark das Denken Freuds im Grunde komplementär aufgebaut ist. Dies wird am deutlichsten in der Beschreibung des Wechselspiels von Lebens- und Todestrieb; er beschreibt das »Zusammen- und Gegeneinanderwirken« beider Urtriebe Eros und Todestrieb, die die Buntheit der Lebenserscheinungen erklären, aber niemals einer von ihnen allein (Freud 1937, S. 89). Da ich ja in dem Titel dieses Kapitels die heutige psychoanalytische Praxis und ihre Dilemmata angesprochen habe, erscheint mir gerade Freuds Arbeit als eine Art vergleichende Folie hilfreich, um die gegenwärtige Situation noch einmal anzusprechen. Ich fasse hier einige der wichtig erscheinenden Veränderungen gegenüber der damaligen Situation von Freud vor allem unter dem Gesichtspunkt der diskutierenden Komplementarität von Gelingen und Scheitern zusammen (ausführlicher bei Zwiebel 2009):

1. Der theoretische und behandlungstechnische Wandel innerhalb der Psychoanalyse, der sich in der Entwicklung verschiedener psychoanalytischer Schulen oder Kulturen zeigt;
2. Die wachsende Bedeutung der empirischen Forschung innerhalb der Psychoanalyse und der empirischen Forschung, die Einfluss auf die klinische Praxis gewinnt;
3. Die Entwicklung und zunehmende Verbreitung anderer Psychotherapie-Richtungen, die von der Psychoanalyse ihren Ausgang genommen haben, und ihr Einfluss auf die gegenwärtige psychoanalytische Praxis;
4. Die Einbindung der Psychoanalyse in das gegenwärtige kassenärzt-

liche Psychotherapie-System und in deren Folge in das gegenwärtig heftig umstrittene Gesundheitssystem mit vor allem problematischen Konsequenzen;
5. Die aktuellen gesellschaftlich-politischen Veränderungen in der westlichen Welt.

In allen diesen Bereichen ist das beschriebene komplementäre Denken für das Aufrechterhalten des psychoanalytischen Denkens dringend erforderlich.

Abschließende Überlegungen

Das Konzept der Komplementarität ist für die Psychoanalyse zentral; die Beziehung zur Theorie der Dialektik im Rahmen der konkreten analytischen Arbeit müsste jedoch noch präziser gefasst werden. Es könnte sich als basale Grundannahme erweisen, die sich vor allem auf unseren psychoanalytischen Erkenntnisprozess und das psychoanalytische Denken bezieht[56]. Dies ermöglicht auch bislang unterschätzte Verbindungen zu östlichen Traditionen, in denen es, wie im Daoismus, um eine Philosophie der Wirksamkeit geht, also ob etwas »läuft« oder nicht. Danach würde man weniger von Gelingen und Scheitern, sondern vom analytischen Weg sprechen, den man sich als einen ständigen oszillierenden Puls von Öffnung, Erweiterung, Verlebendigung auf der einen Seite und Einengung, Wiederholung und Erstarrung auf der anderen Seite vorstellen kann. Es werden dann förderliche oder weniger förderliche Aspekte dieses Weges formuliert, die in jeweils unterschiedlichen Modellen und Konzepten beschrieben werden. Wie schon

56 C. Ammer spricht in einem Vortrag über Komplementarität und Wirklichkeit über die »erkenntnistheoretische Fundamentalität der Komplementarität«. Dabei wird zwischen phänomenologischer und ontologischer Komplementarität unterschieden: In dem ersten Fall ist eine erschöpfende Beschreibung eines Phänomens nur auf zwei sich ergänzende Weisen möglich, in dem zweiten Fall ist eine Kennzeichnung in einer dieser »Weisen« oder »Sprachen« nur begrenzt möglich. Als ein Beispiel wird die Komplementarität in der Medizin angesprochen: In der Praxis habe sich der Mediziner sowohl auf der biologischen als auch auf der Bewusstseinsebene zu bewegen. Es wird aber auch in diesem Vortrag auf das Problem der Sprache verwiesen und die Schwierigkeiten, den Begriff der Komplementarität angemessen zu beschreiben. So wird betont, dass der Begriff der Komplementarität bei der Erkenntnissuche seine Gültigkeit hat, nicht aber zwischen konkreten Entscheidungen.

angesprochen, kann der Analytiker diesen Weg nicht kontrollieren, aber doch vor allem durch sein permanentes Bemühen um komplementäres Denken und Verstehen, das sich in seiner Präsenz, Reflexion und Unaufdringlichkeit prägnant manifestiert, fördern. Ihre einzelnen Komponenten als Ausdruck unseres psychoanalytischen Denkens innerhalb der Pluralität der verschiedenen Ansätze der heutigen Psychoanalyse und der Stellung der Psychoanalyse innerhalb der modernen Gesellschaft zu diskutieren, wäre eine weitere Vertiefung wert.

Die Zen-Perspektive

Wenn wir aus einer radikalen Perspektive auf die Praxis des Zen schauen, so müssen wir sagen, dass es auf diesem Weg weder Gelingen noch Nicht-Gelingen gibt.

Wie wir in unseren bisherigen Ausführungen immer wieder betont haben, ist Zen in seinem Kern absichtslos. Auf dem Sitzkissen bedeutet dies die Praxis des Shikantaza, eine Praxis, die wir als Nur-Sitzen beschrieben haben (Kapitel III, 3.1 »Grundlagen der Praxis«). Dies meint, auch bezogen auf unseren Alltag, dass wir die Dinge und die Welt aus der Perspektive der Leere heraus betrachten. Hier sehen und erleben wir die Welt ohne Konzepte und ohne Identifikation mit ihr. Es ist das Beobachten aus einer Geisteshaltung des Nicht-Eingreifens heraus, wobei der Beobachter dann (später) auch aufgegeben wird. Streng betrachtet gibt es beim Nur-Sitzen ohne einen Beobachter letztendlich auch niemanden mehr, der von irgendeiner Erfahrung berichten könnte. *»Heilvoll ist die Beruhigung aller Wahrnehmungen, die Beruhigung der Entfaltung. Nirgendwo wurde irgendeinem durch den Buddha irgendein Dharma gelehrt.«* (MMK 25.24 in Weber-Brosamer 2005, S. 100)

Zen ist keine Technik, die als Resultat Gelingen oder Scheitern zur Folge hat, sondern Zen ist vielmehr ein »Weg«. Zen ist eine Praxis, die uns, richtig verstanden, ein Leben lang auf unserem (Lebens-)Weg begleitet. Sie ist so in das Leben eingewoben und so in die 24 Stunden des Tages integriert, dass Zazen und Achtsamkeit, die beiden Pfeiler des Zen, jeweils immer im Blickfeld sind. Dabei können wir die Praxis betrachten als eine, die unter dem Schirm des »rechten Verstehens« die Welt aus der Perspektive von Leerheit, Weisheit und Klarheit betrachtet, aus der Sicht der täglichen Praxis heraus die **Verwirklichung** von

Weisheit und Mitgefühl bedeutet. All dies vorausgesetzt, können wir nicht von einem Scheitern des Weges sprechen, denn er wird als Praxis-Lebens-Weg gegangen – oder auch nicht –, und **das jeweilige Tun ist das Gelingen, die jeweilige Tat ist das Angekommensein.**

Dennoch wollen wir es wagen, einige Kriterien anzuführen, unter denen der Zen-Weg, aus der Sicht seines Selbstverständnisses heraus, als gescheitert betrachtet werden könnte. Gescheitert wäre der Zen-Weg dann, a) wenn er nicht mehr nährt, er mit anderen Worten zu einer bloßen Technik reduziert ist; b) wenn er aus Tendenzen des Flüchtens vor gesellschaftlicher oder persönlicher Verantwortung heraus praktiziert wird; c) und wenn Zen zu einer ausschließlichen Wohlfühl- oder Besserfühl-Praxis wird.

Auch wollen wir es wagen, einige Kriterien für eine gelungene Praxis anzuführen. Von einer gelungenen Zen-Praxis könnten wir dann sprechen, wenn das komplementäre Paar von relativer und absoluter Realität verwirklicht ist, wir also in der Lage sind, zwischen Relativem und Absolutem zu oszillieren. Dieses Paar ist komplementär, d. h., der eine Teil ist ohne den anderen nicht existent, die beiden Teile ergänzen sich dabei nicht nur, sie können vielmehr nur mit und durch den anderen existieren. Im Kapitel über die Leerheit hatten wir herausgearbeitet, dass die Wirklichkeit aus Zwei-Komponenten-Systemen (oder auch mehreren Komponenten) besteht, nie aber aus einer einzigen Komponente. Wirklichkeit ist ein Zusammenspiel dieser Komponenten, wobei die einzelnen Komponenten nicht unabhängig, sondern in gegenseitiger Abhängigkeit entstanden sind.

Das Relative und das Absolute sind somit ebenfalls aufeinander bezogen, durch-einander entstanden und ohne das andere nicht existent. Gelungene Praxis macht es möglich, sich frei oszillierend in dieser Komplexität fast tanzend zu bewegen. Das Gleiche gilt für das Getäuscht- und das Nicht-Getäuscht-Sein: Auch sie sind als komplementäres Paar zu betrachten, oft werden sie auch als Nirvāna und Samsāra beschrieben. Nirvāna entsteht in Abhängigkeit zu Samsāra, und beide werden (vom Praktizierenden) als eine nicht zu trennende Einheit erlebt. Wir erwachen hin zu Nirvāna, ohne aus Samsāra herauszufallen, wir erwachen in das Samsāra hinein.

Wie sieht Erfolg eigentlich aus der Perspektive eines Zen-Meisters aus? Es ist die Herzensangelegenheit eines jeden Lehrers, Schüler zu haben, für die Zen nicht eine weitere Technik ist, die sie ihrem Leben hinzufügen, sondern solche, für die Praxis so im Zentrum steht, dass sich das Leben in die Praxis einfügen kann. Dem Leben eine weitere Praxis, hier die Zen-Meditation, hinzuzufügen ist eine Sache, die Praxis in den Mittelpunkt zu stellen und das jeweilige Leben in die Praxis zu integrieren, ist eine andere.

Wenn es dann noch möglich wird, jemanden zu finden, der so wie der Lehrer ganz in die Tradition des Weges einsteigt und die Lehrerlaubnis erhält als eine von Herz zu Herz und Geist zu Geist Übertragung, dann kann die Tradition in ihrer Ursprünglichkeit des Buddhas fortgesetzt werden.

IV. Zur Dynamik von Präsenz und Reflexion: Abschließende Überlegungen

Wir haben in dieser Arbeit den Versuch eines Dialogs zwischen Psychoanalyse und Zen unternommen, indem wir zu zeigen versuchten, dass dieser sinnvoll und fruchtbar sein kann. Nur der Leser kann entscheiden, ob uns dies gelungen ist. Die vielen teilweise detaillierten Beschreibungen der Zen-Praxis und der psychoanalytischen Praxis und der Versuch, die Konvergenzen und Divergenzen herauszuarbeiten, haben uns selbst immer wieder mit einer zentralen Schwierigkeit konfrontiert, die man auch als eine Versuchung beschreiben könnte: die auftauchenden Fragen, Unklarheiten und Ungewissheiten und auch die vielen begrifflichen Probleme zu überspringen und sich in Behauptungen zu retten, die doch letztlich unüberprüfbar bleiben, oder in einen predigenden Ton zu verfallen. Erst am Ende der Arbeit bekamen wir eine Vorstellung davon, dass bei einem solchen Versuch einer vergleichenden Untersuchung so differenter »Wege« es fast unvermeidlich ist, dass sich die verschiedenen Diskurse der Philosophie, der Wissenschaft, der Religion und der Weisheit vermischen. Es ist uns bewusst, dass wir diese Auflösung nicht haben leisten können. Ob daher der Text die Charakteristiken eines »Readers« behält – also eine Materialsammlung für den interessierten Leser und als Ausgangspunkt für weitere Untersuchungen – oder auch einen synthetischen und integrierenden Charakter hat, in dem einige der zentralen Überlegungen zu einem kohärenten Bild zusammenkommen, wird sich erst erweisen müssen. In diesem Schlusskapitel wollen wir unter der Überschrift von »Präsenz und Reflexion« noch einmal einige unserer Überlegungen zusammenfassen, ohne aber den Anspruch einer weitgehenden Synthese verfolgen zu können.

1. Die Frage der Religion tauchte einige Male auf, spielte aber in dem ganzen Text keine zentrale Rolle. Geht man davon aus, dass es in

allen Religionen um die Abwehr von Unheil und die Suche nach Heil bei überweltlichen Mächten handelt (Riesebrodt 2007), so kann man wohl sagen, dass Zen sicherlich dem Religiösen näher steht als die Psychoanalyse. Es gibt einen Erlösungsaspekt im Zen, der allerdings nicht im Transzendenten, sondern in der Radikalität des Immanenten gesucht wird. Erlösung bedeutet, dass es um die Befreiung von »allem Leiden« des Menschen geht, wie es in den ersten Zeilen des Herz-Sutra auch täglich und millionenfach von Buddhisten rezitiert wird: »*Der Bodhisattva Avalokitesvara erkannte in tiefer Übung von Prajna Paramita, dass alle Fünf Skandhas leer sind von eigenem Sein und ward befreit von allem Leiden.*« Es geht also um die Befreiung von allem Leiden, während es sich bei der Psychoanalyse um eine »Behandlung« handelt, die seelisches Leiden zu überwinden oder zu verändern sucht, ohne aber den Anspruch zu haben, den Menschen von seinem alltäglichen Unglück, seiner durch die Lebenstatsachen bedingten Nöte zu befreien. Diese Unterscheidung macht aber auf einen Aspekt der analytischen Behandlung aufmerksam, der manchmal zu wenig beachtet wird: die unbewusste Hoffnung auf Erlösung, was der Psychoanalyse eine religiöse Komponente gibt. Vielleicht könnte man dies auch so formulieren: Zen ist eher ein **Heilsweg,** die Psychoanalyse ein **Heilungsweg,** und bei allen Unterschieden gibt es erstaunlich viele Überschneidungen[1].

2. Im Vergleich zwischen Zen und Psychoanalyse spielt daher der Kontext des Leidens eine wichtige Rolle. Zen setzt an dem Leiden an, das durch die Lebenstatsachen (wie Geburt, Getrenntheit, Körperlichkeit, Vergänglichkeit und Tod) alle Menschen zu bewältigen haben. Dieses Leiden kann, so hatten wir herausgearbeitet, in seiner ganzen Tiefe nur angenommen und akzeptiert werden. Diese Akzeptanz aber ist, und das ist der zweite wichtige Schritt, erst möglich, wenn der Mensch an zwei Tendenzen arbeitet, die letztendlich sein Leiden verursachen: der Tendenz der Anhaftung, welche zu Gier, Hass und Verblendung führt, und der Tendenz, immer wieder getäuscht zu sein hinsichtlich der Wahrnehmung seiner selbst und

---

1 Auf diese Differenz zwischen Heil und Heilung im Zusammenhang mit der Psychoanalyse wurde ich in einem Gespräch mit Dr. Isolde Böhme aufmerksam. (R. Z.)

der Welt. Die Psychoanalyse setzt an dem Leiden an, das durch individuelles Schicksal in Form von Mitgebrachtem, Erworbenem und Erfahrenem das Erleben und Bewältigen dieser Lebenstatsachen erschwert und behindert. In diesem Verständnis könnte man das seelische oder »neurotische« Leiden, das wir klinisch klassifizieren und zu beschreiben versuchen, als einen Mangel oder eine Einschränkung auffassen, diese Lebenstatsachen zu erkennen, zu tolerieren und dennoch ein sinnvolles und freudvolles Leben zu führen. In diesem Sinne haben wir an Freuds berühmte Bemerkung erinnert, dass in der psychoanalytischen Therapie viel gewonnen sei, wenn es gelinge, das hysterische Elend in gemeines Unglück zu verwandeln, gegen das man sich mit einem wiedergenesenden Seelenleben besser zur Wehr setzen könne (Freud 1895, S. 311). Die Psychoanalyse wird hier also als eine Stärkung des Widerstandes gegenüber der unvermeidlichen, gleichsam existenziell begründeten Not des Menschen betrachtet. Das Ziel der Psychoanalyse ist offenbar nicht der glückliche Mensch, sondern der tapfere, mutige Mensch, der sich der schmerzlichen Wirklichkeit des Lebens stellt und die damit verbundenen Versagungen tolerieren lernt. Dies korrespondiert mit einer Aussage von B. Magid, dass ein Gemeinsames von Zen und Psychoanalyse gerade darin bestehe, jegliches Streben nach Glück zu beenden: Glück ist demnach nicht etwas, das man erreichen kann, sondern ein natürliches Nebenprodukt, wenn wir »wir selbst sind«, wie es Magid formuliert (Magid 2002). Das »Wir-selbst-Sein« meint ein authentisches Sein, wie es bei P. Kapleau formuliert war, eine Überwindung der fundamentalen Spaltung der Person, das Realisieren der »wahren Natur«.

3. Das existenziell begründete Leiden und das »neurotische« Leiden lösen eine Suche nach einem Heils- und/oder Heilungsweg aus, wenn der Mensch nicht auf der Flucht vor sich und der Welt bleiben will und wenn er vor allem erkannt hat, dass die Projekte gegen die befürchtete Grundlosigkeit von Selbst und Welt – die romantische Liebe, der Ruhm, das Geld und die Macht – nicht auf Dauer das existenzielle Unbehagen und die Auseinandersetzung mit den Lebenstatsachen besänftigen können (D. Loy 2001). Die verschiedenen Formen von Therapie, einschließlich der Psychoanalyse, die unterschiedlichen Religionen und auch die Kunst stellen mögliche

»Wege« des Heils oder der Heilung dar. Wenn hier noch einmal aus dieser Sicht Psychoanalyse und Zen in dem intendierten bifokalen Sinne betrachtet werden, können wir Folgendes postulieren: Die Psychoanalyse stellt eine »Kultur der Reflexivität« im Sinne einer konkreten Praxis zur Verfügung, in der der Einzelne in einer emotionalen Beziehung zu einem Anderen die lebensgeschichtlich relevanten Ereignisse und Folgen zu erkennen lernt, die das Ertragen, Verarbeiten und Umwandeln der leidvollen Lebenstatsachen (die Abhängigkeit von einem »guten Objekt«, die Anerkennung eines kreativen Elternpaares, von dem man ausgeschlossen ist, die Trennung und die Endgültigkeit des Todes) bisher verhindert haben und nun doch ermöglichen kann. Als Ergebnis einer erfolgreichen psychoanalytischen Behandlung kann man die Entwicklung von »insightfulness« ansehen, die auch als eine Art Immunschutz gegenüber den Wechselfällen des Lebens betrachtet wird (Sugarman 2007). Aus der Sicht des Selbst könnte man auch davon sprechen, dass die Selbst- und Objektrepräsentanzen korrigiert, konturiert und gleichzeitig flexibler werden und die Ich-Identität nicht nur in ihrer Positivität, sondern auch ihrer Negativität stabiler und durchlässiger integriert wird (Schneider 2005).

Zen dagegen stellt eine »Kultur der Präsenz« ebenfalls im Sinne einer konkreten Praxis zur Verfügung, in der der Einzelne in einen lebenslangen Übungsweg eintritt, in dem die Widerstände gegenüber der Realisierung des gegenwärtigen Momentes immer wieder erkannt und überwunden werden. In der Beschreibung von F. Falkenström würde man sagen: Die Selbstrepräsentanzen und die Selbst-Identität werden immer wieder de-konstruiert zugunsten einer Stärkung des »Selbst als Erfahrung«. Dies gestattet die Entwicklung von »reinem Gewahrsein«. Wenn man in diesem Fall überhaupt von einem Ergebnis sprechen kann, so können wir sagen, dass der Übende immer wieder erkennt, dass der gegenwärtige Moment in seiner »Soheit« oder »Dasheit« genau dem entspricht, was sich von den vielen Myriaden von Bedingungen, Umständen, Tatsachen seines Lebens bis zu diesem Moment verdichtet hat. Die uneingeschränkte Akzeptanz dieser »Soheit« können wir auch als »Erwachen« oder »Erleuchtung« bezeichnen. *»In der Erleuchtung nimmt der Geist die Wirklichkeit wahr, mit der er untrennbar verbun-*

den ist« (Kohl 2005, S. 126)[2]. Dies bedeutet in letzter Konsequenz, den eigenen Tod in jedem Moment anzunehmen, allerdings nicht im Sinne von Resignation, sondern im Sinne von vollständigem Loslassen in jeder Lebenssituation: Man lässt jeden Augenblick wieder los, um so Platz zu machen für den nächsten. Dieser kann dann als wirklich neuer erlebt werden, das Leben als Ganzes bekommt so eine neue Qualität von Frische und Spontaneität. Der Zen-Weg als kontinuierliche (Lebens-)Praxis stellt das Gegenwärtig-Sein und den jeweils jetzigen Augenblick immer wieder in den Mittelpunkt, sodass Spontaneität, Wachheit und Freude nicht mehr verschwinden. Es wäre in einer weiteren Untersuchung zu klären, inwieweit es hier Verbindungen zu der Arbeit von S. Erlich gibt, in der er zwischen einem Modus des Tuns und einem Modus des Seins unterschieden hat (Erlich 2003).

4. Das Besondere des Dialogs zwischen Zen und Psychoanalyse besteht nun darin, diese beiden »Kulturen« in ihrer wechselseitigen Bedingtheit zu studieren und zu begreifen. Aus der Sicht der Psychoanalyse spielt die Entwicklung von Präsenz ebenfalls eine entscheidende Rolle: Denn im Grunde geht es immer wieder darum, das Erleben der gegenwärtigen analytischen Beziehung zuzulassen und auf seine Quellen zu reflektieren, was vor allem auch zu einer Stärkung und Modifizierung der Selbst-Repräsentanzen und der Selbst-Identität führt. Die freie Assoziation setzt die Entwicklung von Präsenz in der Form voraus, dass die auftauchenden präsentischen Inhalte im Bewusstsein in ihrem Fluss und ihren Unterbrechungen möglichst ohne Zensur wahrgenommen werden. Diese werden dann zum Material der Reflexionen, die vor allem in den Verbindungen und den Auslassungen, dem Unausgesprochenen und Unerkannten eine bislang unbewusste Bedeutung geben: das Auftauchen des »unbewussten Selbst«. Vor allem auch für die Rolle und Arbeitsweise des Psychoanalytikers ist diese Betonung der Präsenz von großer Bedeutung und nicht zuletzt gerade von Bion, der

---

2 »… es gibt kein einziges fühlendes Wesen, das nicht ganz die Weisheit der Erleuchteten besitzt; sie realisieren es nur wegen falscher Wahrnehmungen, Fehler und Anhaftungen nicht … Wenn sie falsche Wahrnehmungen aufgeben, dann können Allwissenheit, spontanes Wissen und ungehinderte Weisheit erscheinen.« (BOS 1990, S. 281, Übersetzung G. W.)

auch als Mystiker der Psychoanalyse bezeichnet wurde, paradox formuliert worden: »*Der psychoanalytischen ›Beobachtung‹ geht es weder um das, was geschehen ist, noch um das, was geschehen wird, sondern um das, was tatsächlich* geschieht… *Was über den Patienten ›bekannt‹ ist, hat weiter keine Bedeutung: es ist entweder falsch oder unwichtig. Wenn Patient und Analytiker ›es‹ kennen, ist es obsolet. Das Einzige, was in einer Stunde wichtig ist, ist das Unbekannte. Nichts darf davon ablenken, das Unbekannte zu erfassen.*« (Bion 1991, S. 22 ff.) Dies erinnert sehr stark an das erwähnte Kōan vom »Nicht-Wissen ist am nächsten« und beschreibt die Bedeutung der unmittelbaren, nicht durch Wünsche und Erinnerungen verformten Präsenz des Analytikers: seine »reine« Beobachtung. Die auf der Basis von Präsenz gemachten Beobachtungen unterliegen allerdings gleichzeitig der impliziten und expliziten Reflexivität des Analytikers (siehe auch Moser und von Zeppelin, 2009), die schließlich zu einer Fokussierung und Verbalisierung führt. Die Präsenz und die Reflexion geraten dann in einen Gegensatz, wenn das Erleben des Analytikers von eigenen Wünschen und Erwartungen durchsetzt wird und er aus einer wertfreien, offenen Beobachtung herausfällt, weil er am und mit dem Patienten zu sehr zu leiden beginnt.

Etwas Vergleichbares können wir auch in der meditativen Praxis beobachten, auch wenn hier der Weg ein anderer ist: Die Übung besteht gerade darin, nicht in eine Selbstreflexion, sondern immer wieder zur Anwesenheit des gegenwärtigen Momentes zu kommen. Aber auch die Entwicklung von Reflexivität auf dem meditativen Weg kann als eine Voraussetzung und Unterstützung dieses Weges betrachtet werden: Die vielen Widerstände gegenüber der Entwicklung einer präsenten Haltung, gegenüber Achtsamkeit und Mitgefühl, könnten biografisch begründete problematische Entwicklungen einer Selbst- und Identitätsstruktur sein, die letzten Endes nur durch »insightfulness« oder die Entwicklung eines reflexiven Modus des Denkens und Erlebens modifiziert oder transformiert werden können. Die Fixierung an eine bestimmte selbstbezogene Form der Selbst-Identität (der Wunsch nach der Besonderheit »Erleuchtung«) oder auch das Vermeiden konflikthafter Beziehungswünsche im realen Leben stellen vielleicht die stärksten Widerstände auf dem »meditativen Weg« dar und könnten durch die analytische Entwicklung von »insightfulness« jedenfalls partiell verändert werden. Beide Wege kommen sich nach unserem Verständnis im Erleben von Leiden, Schmerz und Unbehagen am nächsten: Die Entwicklung von Präsenz ermöglicht das Wahrnehmen dieser negativen Emotionen, die Entwicklung von Reflexivität das Erkennen der Quellen dieses basalen Unbehagens, was schließlich zu einem täuschungsfreieren Erkennen der materiellen und psychischen Wirklichkeit führt.

5. Schließlich können wir noch nach den Gründen für das Aufsuchen des einen oder anderen Weges fragen, was ja letztlich auf die Frage hinausläuft, ob jemand einen therapeutischen oder eine im weitesten Sinne religiösen oder spirituellen Weg geht. Diese hier vorgelegten vergleichenden Überlegungen legen aber einen Gedanken nahe, der für einen Dialog zwischen Psychoanalyse und Religion möglicherweise wichtig ist. Da man in jedem Fall von einem primären Unbehagen ausgehen kann, hängt sehr viel davon ab, wie dieses Unbehagen interpretiert wird. So ist es einerseits denkbar, dass das existenzielle Leid an den Lebenstatsachen auf metapsychologisch beschreibbare Aspekte bezogen wird – also auf eine problematische Lebensgeschichte, unüberwindbare sexuelle Konflikte, unerfüllte Beziehungswünsche und damit letztlich als Krankheit oder Störung interpretiert wird – oder aber die metapsychologisch beschreibbare Leidenssituation (als Krankheit oder Störung) auf eine existenzielle Ebene bezogen wird. So käme es darauf an, das Leiden des Menschen potenziell auf beiden Ebenen betrachten zu können. Daher würden wir dafür plädieren, auf dem »analytischen Weg« für das existenzielle Leid an einem nicht greifbaren »Ich-Selbst« aufmerksam und auf dem »meditativen Weg« für das metapsychologisch beschreibbare Leid offen zu bleiben. Fasst man hier psychoanalytische und buddhistische Überlegungen zusammen, dann könnten wir in einem sehr weiten Sinne zum einen von einer »Unfähigkeit zu trauern« (A. und M. Mitscherlich 1967), das dem menschlichen Leiden zugrunde liegt, und zum anderen von der Unfähigkeit, aus Einsicht heraus zu handeln, sprechen: Wir hatten im Kapitel über das »Allein-Sein in der Gegenwart des Anderen« postuliert, dass es sowohl in der Psychoanalyse als auch im Zen um das **Studium** des leidenden Selbst geht. Dieses Studium führt zu

Einsichten, die, selbst wenn sie erst einmal intellektuell sein sollten, unweigerlich zu Konsequenzen im Leben führen (müssen). Diese Form der Erkenntnis, die dem Leiden abgerungen wird, setzt einen inneren Transformationsprozess in Gang, der letztlich einen Weg in Richtung großer innerer und äußerer Freiheit, aber auch eine Überwindung existenzieller Ängste verspricht. Aus buddhistischer Sicht müssen wir bereit sein, immer wieder loszulassen, an nichts mehr anzuhaften, und wir müssen erkennen, dass wir generell getäuscht sind, wir »falschen« Ansichten, wie zum Beispiel die Idee einer »Identität« und eines »Ich-Selbst«, aufgeben müssen. »*Der Bodhisattva Avalokitesvara* ***erkannte*** *in tiefer Übung von Prjana Paramita…*« – so beginnt das schon zitierte Herz-Sutra: Er hatte mit andern Worten tiefe Einsichten in die Welt, wie sie wirklich ist. Aus psychoanalytischer Sicht muss man sich von den verlorenen Liebesobjekten, einer enttäuschenden Vergangenheit, Idealen etc. verabschieden. Hier an diesem Punkt findet sich letztlich eine ganz enge Überschneidung von buddhistischer und psychoanalytischer Praxis. Die zum Teil unbewusste Motivation, einen »Weg« zu beschreiten – sei es der buddhistische oder der psychoanalytische –, wäre, die Blockade eines Trauerprozesses über die Vergänglichkeit und Anhaftung aufzubrechen, eine spontane Trauer zu ermöglichen, um sich schließlich der »lebendigen Wirklichkeit« wieder mit der ganzen Libido zuwenden zu können, ohne allerdings erneut an den Objekten der Welt und am eigenen »Ich-Selbst« zu haften. Es ist die tiefe Einsicht, dass wir nicht nur »in« der Existenz leiden, sondern auch »an« der Existenz. Die Voraussetzung dieser Veränderung aber ist die **Aufhebung** unseres grundlegenden Getäuschtseins. Gerade dies könnte eine zentrale Wirkung dieser transformativen Praxis sein: sich der »lebendigen Wirklichkeit« zuzuwenden, ohne sie besitzen zu wollen, und so den gegenwärtigen Moment zu besetzen und »auszukosten«, eine Art Einssein mit dem »nunc fluens«.

Danksagung

Es gibt kaum eine Person, die mein Leben so stark beeinflusst hat wie Richard Baker Roshi, Zen-Meister, Philosoph und Visionär.

Ich bin ihm vor über 25 Jahren zum ersten Mal begegnet, und seitdem gibt es eine tiefe und tragende Lehrer-Schüler-Beziehung. So ist mein Anteil an diesem Buch naturgemäß stark von Baker Roshis Lehren und Denkweisen beeinflusst, aber noch viel stärker beeinflusst ist es durch die jahrelange Praxis, denn in dieser gemeinsamen Praxis findet die eigentliche »Übertragung« statt, eine Übertragung außerhalb der Schriften von Herz zu Herz und Geist zu Geist.

Die eigenen Erfahrungen als Quelle all unseres Handelns ist etwas, auf das Richard Baker Roshi immer wieder hingewiesen hat. Er hat deutlich gemacht, das die Lehren des Buddhas nicht als Ziel unseres Handelns, sondern als Ausgangspunkt unseres Handelns anzusehen sind. Wir beginnen unsere Praxis dort, wo der Buddha am Ende seines Lebens aufgehört hat.

Es nimmt uns jede Zielgerichtetheit, jedes Streben, irgendwo hinkommen zu wollen, denn als Buddhas sind wir schon immer hier: im jetzigen Augenblick und nur hier. Dies kann die Ausgangsbasis für neue Erfahrungen sein, Erfahrungen, die selbst über die des Buddhas hinausgehen können. Solche Erfahrungen geben uns »die Freiheit, zu kommen und zu gehen«, wie es in einem Kōan im »Buch der Heiteren Gelassenheit« heißt.

Ich bewege mich in und bin Teil einer 2500-jährigen Tradition, die mir durch Shunryu Suzuki Roshi und Richard Baker Roshi übermittelt wurde. Es erfüllt mich mit großer Dankbarkeit.

Shosan Gerald Weischede

Literatur

Abe, M. (1985): Zen and Western Thought. Honolulu: University of Hawaii Press.

Ammer, C. (1998): Komplementarität und Wirklichkeit. In: K.-W. Tröger und H. Opitz: Forschung und Glaube. Berlin: Wichern-Verlag, S. 58–66.

Aron, L. (2006): Analytic impasse and the third. Clinical implications of intersubjectivity. Int. J. Psychoanal 87: 349–368.

Arp, U. (1994): Zen-Worte vom Wolkenberg. Meister Yunmen. Frankfurt a. M.: O. W. Barth-Verlag.

Baker, R. (2004): Leerheit – nicht Heiligkeit. Buddhismus aktuell. Teil 1: 2/04: 36–39, Teil 2: 4/04: 36–39.

Balsekar, R. (1988): Experiencing the Teaching. Redondo B., CA: Advaita Press.

Baranger, M.; Baranger, W.; Moms, J. (1983): Process and non-process in analytic work. Int. J. Psychoanal 64: 1–15.

Batchelor, S. (1998): Buddhismus für Ungläubige. Frankfurt a. M.: Fischer Verlag.

Batchelor, S. (2002): Verse aus der Mitte. Berlin: Theseus Verlag.

Baumann, Z. (2008): Anmerkungen zum Kulturbegriff Freuds oder: Was ist bloß aus dem Realitätsbegriff geworden? Vortrag auf der DGPT-Tagung in Bonn, September 2008.

Benjamin, J. (2004): Beyond doer and done to: An intersubjective view of thirdness. Psychoanal. Q 73: 5–46.

Bion, W. R. (1967): Notes on memory and desire. The Psychoanalytic Forum 2: 272 ff., 279 ff.

Black, D. M. (2006): Psychoanalysis and Religion in the 21st Century. London and New York: Routledge.

Bohleber, W. (2005): Der Gebrauch von veröffentlichten und persönlichen impliziten Theorien in der klinischen Situation. Vortrag auf der DPV-Tagung in Bad Homburg.

Bollas, C. (2006): Übertragungsdeutung als ein Widerstand gegen freie Assoziation. Psyche 60: 932–947.

Bollas, C. (2006a): Vom Unbewußten erarbeitete Transformationen. Psychoanalyse in Europa, Bulletin 60: 144–173.

Book of Serenity (BOS) (1990): Übersetzt und herausgegeben von T. Cleary. New York, N. Y.: Lindisfarne Press.

Brenner, C. (1986): Elemente des seelischen Konflikts. Theorie und Praxis der modernen Psychoanalyse. Frankfurt a. M.: Fischer-Verlag.

Bohm, D. (2001): Der Dialog. Stuttgart: Klett-Cotta.

Bott-Spillius, E. (2004): Comments on Owen Renik. Int. J. Psychoanal 85: 1057 – 1061.

Brenner, C. (1986): Elemente des seelischen Konflikts. Frankfurt a. M.: Fischer-Verlag.

Buddhistisches Lexikon (1986): Lexikon der östlichen Weisheitslehren. Frankfurt a. M.: O. W.Barth Verlag.

Byung-Chol Han (2002): Philosophie des Zen-Buddhismus. Stuttgart: Reclam.

Cremerius, J. (1978): Einige Überlegungen über die kritische Funktion des Durcharbeitens in der Geschichte der psychoanalytischen Technik. In: Drews, S.; Klüwer, R.; Köhler.

Cruse, H. (2004): Ich bin mein Gehirn. FAZ v. 5. 4. 2004, 31.

Dalai Lama (2002): Der Weg zum Glück. Freiburg: Herder Verlag.

de Masi, F. (2003): Das Unbewußte und die Psychosen. Einige Überlegungen zur psychoanalytischen Theorie der Psychosen. Psyche 57: 1 – 34.

Desichakar, T. K. V.; Krusche, H. (2007): Das verborgene Wissen bei Freud und Patanjali. Berlin: Theseus-Verlag.

de Wit, Han F. (2001): Buddhistischer und westlicher Geist. Petersberg: Via Nova Verlag.

Döll-Hentschker, S. (2008): Die Veränderung von Träumen in psychoanalytischen Behandlungen. Affekttheorie, Affektregulierung und Traumkodierung. Frankfurt a. M.: Brandes und Apsel.

Dōgen, Writings of Zen Master Dōgen (1985): Moon in a Dewdrop. New York: North Point Press.

Dōgen Zenji (1988): Shōbōgenzō Translated by Kosen Nishiyama Nakayama Shobo Japan Publications.

Dōgen Zenji (2001 – 2008): Shōbōgenzō, Band 1 – 4. Heidelberg: Werner Kristkeitz Verlag.

Duden (2001): Das Herkunftswörterbuch.

Ehrenberg, A. (2008): Psychische Gesundheit und das Dilemma der Autonomie. Vortrag auf der DGPT-Tagung in Bonn, September 2008.

Elberfeld, R. (2004): Phänomenologie der Zeit im Buddhismus. Stuttgart:frommann-holzboog Verlag.

Erlich, S. (2003): Über Einsamkeit, Narzissmus und Intimität. Forum Psychoanal 19: 5 – 17.

Eshold, M. (2000): Das Regelfolge-Argument für die Komplementarität naturwissenschaftlichen und hermeneutischen Wissens. Prima philosophia 13: 43 – 52.

Falkenström, F. (2003): A buddhist contribution to the psychoanalytic psychology of self. Int. J. Psychoanal 84: 1551 – 1568.

Fenichel, O. (2001): Probleme der psychoanalytischen Technik. Gießen: Psychosozial-Verlag.

Ferro, A. (1999): The Bi-Personal Field. London: Routledge.
Ferro, A. (2002): Seeds of illness, seeds of recovery. London and New York: Brunner Routledge.
Fink, K. (1989): From Symmetry to Asymmetry. Int. J. Psychoanal: 481–489.
Fonagy, P. et al. (2002): Affektregulierung, Mentalisierung und die Entwicklung des Selbst. Stuttgart: Klett-Cotta.
Freud, S. (1895): Studien zur Hysterie. GW I. Frankfurt a. M.: Fischer Verlag.
Freud, S. (1900): Die Traumdeutung. GW II/III.
Freud, S. (1914): Erinnern, Wiederholen, Durcharbeiten. GW X, 126–136.
Freud, S. (1914) »Vergänglichkeit«. GW X, 358–361.
Freud, S. (1913): Weitere Ratschläge zur Technik der Psychoanalyse: Zur Einleitung der Behandlung GW VIII.
Freud, S. (1923): »Psychoanalyse« und »Libidotheorie« GW XXIII.
Freud, S. (1926): Hemmung, Symptom und Angst. GW XIV.
Freud, S. (1937): Endliche und Unendliche Analyse. GW XVI.
Freud, S. (1940): Some elementary lessions in psychanalysis. GW XVII, 139–147.
Freud, S. (1968): Briefwechsel an M. Bonaparte. Briefe 1873–1939. Frankfurt a. M.: Fischer Verlag.
Fromm, E.; Suzuki, D. T.; de Martino, R. (1972): Zen-Buddhismus und Psychoanalyse. Frankfurt a. M.: Suhrkamp.
Fürstenau, P. (1979): Zur Theorie psychoanalytischer Praxis. Stuttgart: Klett-Cotta.
Gabbard, G. O. (2007): Bound in a nutshell: Thoughts on complexity, reductionism and infinite space. Int. J. Psychoanal 88: 559–574.
Gattig, E. (2002): Zur Psychoanalyse des Taktgefühls. Vortrag in Bremen.
Green, A. (2002): Arbeit über die zentral-phobische Position. Psyche 56: 409–441.
Greenberg, J. (1995): Psychoanalytic Technique and the Interactive Matrix. Psychoanalytic Quarterly 64: 1–22.
Greenberg, J. (2001): The analyst's participation: a new look. JAPA 49: 359–381.
Greenson, R. (1965): Das Problem des Durcharbeitens. In: Psychoanalytische Erkundungen. Stuttgart: Klett-Cotta, 1978, S. 178–221.
Grinberg, L. et al. (1993): W. R. Bion. Eine Einführung. Stuttgart: frommann-holzboog Verlag.
Hardt, J. (2006): Über die zukünftigen Chancen der Psychoanalyse – oder besser: des psychoanalytischen Projektes, 249–271 In: A. Springer, K. Münch und D. Munz: Psychoanalyse heute? Gießen: Psychosozial-Verlag.
Heenen-Wolf, S. (2008): Geteiltes Leid ist halbes Leid. Kleine Metapsycholo-

gie des analytischen Zuhörens. Vortrag auf den Lindauer Psychotherapiewochen 2008.
Heidenreich, T., Michalak, J. (2003): Achtsamkeit (»Mindfulness«) als Therapieprinzip in Verhaltenstherapie und Verhaltensmedizin. In: Verhaltenstherapie 13/4: 264 – 274.
Hoffman, I. Z. (1998): Ritual and spontaneity in the psychoanalytic process. A dialectical-constructionist view. Hillsdale, NJ: The Analytic Press.
Hoffman, I. Z. (2003): Sixteen Principles of Dialectical Constructivism. http://www.psychematters.com/papers/hoffman2.htm
Hui-Neng (1989): Das Sutra des Sechsten Patriarchen. Frankfurt a. M.: O. W. Barth Verlag.
Israelstam, K. (2007): Creativity and dialectical phenomena. From dialectical edge to dialectical space. Int. J. Psychoanal 88: 591 – 607.
Izutsu, T. (1991): Philosophie des Zen-Buddhismus. Hamburg: Rowohlt Verlag.
Jiminez, J. P. (2006): After pluralism: Toward a new, integrated psychoanalytic paradigm. Int. J. Psychoanal 87: 1487 – 1507.
Jokisch, R. (2008): Komplementarität und Distinktion. http://www2 tu-berlin.de
Jullien, F. (2001): Der Weise hängt an keiner Idee. Das Andere der Philosophie. München: Wilhelm Fink Verlag.
Kabat-Zinn, Jon (2003): Gesund durch Meditation. Frankfurt a. M.: O. W. Barth-Verlag.
Kakar, S.; Clement, C. (1993): Die Verrückte und der Heilige. Religiöse Ekstase und psychische Grenzerfahrung. München: Biederstein.
Kakar, S. (2002): Psychoanalyse und östliche Traditionen des Heilens. In: Zs psychoanal Theorie u. Praxis 17, 3: 199 – 214.
Kantrowitz, J. L. (2001): Commentary to J. Greenbergs paper. JAPA 49: 398 – 406.
Kantrowitz, J. L. (2004): A different perspective on the therapeutic process: the impact of the patient on the analyst. In: D. Ananstasopoulos und E. Papanicolaou (Hrsg.): The Therapist at work. London: Karnac, S. 17 – 41.
Kapleau P. (1997): Der vierte Pfeiler des Zen. Frankfurt a. M.: O. W. Barth-Verlag.
Kendo, Yoshida (2003): Betrachtungen aus der Stille. Frankfurt a. M.: Insel Verlag.
Kees, D. (2008): Interview in FAZ vom 11. 10. 2008.
Klüwer, R. (2006): Die vollständige psychoanalytische Methode und ihre klinischen Anwendungen. Zur vernachlässigten Dimension des Fokalen. Psyche 60: 1105 – 1125.
Kohl, C. T. (2005): Buddhismus und Quantenphysik. Oberstdorf: Windpferd.

Kornfiled, Jack (2001): After the Ecstasy, the Laundry: How the heart grows wise on the spiritual path. München: Bantam Books/Random House.

Laplanche, J. (2004): Die rätselhaften Botschaften des Anderen und ihre Konsequenzen für den Begriff des »Unbewussten« im Rahmen der Allgemeinen Verführungstheorie. Psyche 58: 898–913.

Laplanche, J.; Pontalis, J. B. (1972): Das Vokabular der Psychoanalyse. Frankfurt a. M.: Suhrkamp Verlag.

Lear, J. (2007): Den Untergang einer Kultur durcharbeiten. Psyche 61: 345–367.

Leuzinger-Bohleber, M. (1995): Die Einzelfallstudie als psychoanalytisches Forschungsinstrument. Psyche 49: 434–488.

Leuzinger-Bohleber, M. (2007): Forschende Grundhaltung als abgewehrter »common ground« von psychoanalytischen Praktikern und Forschern? Psyche 61: 966–994.

Lexikon der östlichen Weisheitslehren (1994): Frankfurt a. M.: O. W. Barth Verlag.

Loy, D. (1988): Non-Dualität – über die Natur der Wirklichkeit. Frankfurt a. M.: Krüger Verlag

Loy, D. (2000): Lack and Transcendence. Hastings, New Zealand: Humanity Books.

Magid, B. (2002): Ordinary mind: Exploring the common ground of Zen and psychotherapy. Somerville, MA: Wisdom Publications.

Malan, D. H. (1979): Individual Psychotherapy and the Science of Psychodynamics. London, Boston, MA: Butterworths.

Mentzos, S. (2005): Neurotische Konfliktverarbeitung. Frankfurt a. M.: Fischer-Verlag.

Mertens, W. (1999): Traum und Traumdeutung. München: C. H. Beck.

Merzel, G. (2008): Big Mind. Großer Geist – Großes Herz. Braunschweig: Aurum Verlag.

Mitscherlich, A.; Mitscherlich, M. (1967): Die Unfähigkeit zu trauern. Grundlagen kollektiven Verhaltens. Frankfurt a. M.: Suhrkamp-Verlag.

Mūlamadhyamaka-Kārikās. In: Weber-Brosamer, B., Back, D. M. (2005): Die Philosophie der Leere. Wiesbaden: Harrassowitz Verlag.

Molino, A. (1998): The Couch and the Tree: Dialogues and Buddhism. North Point Press.

Möller, H. G. (2001): In der Mitte des Kreises. Frankfurt a. M. und Leipzig: Insel Verlag.

Moser, U., von Zeppelin, I. (1996): Der geträumte Traum. Wie Träume entstehen und sich verändern. Stuttgart: Kohlhammer Verlag.

Moser, U., von Zeppelin, I. (1996): Die Entwicklung des Affektsystems. Psyche 50: 32–84.

Moser, U. (2001): What is a Bangaloo, Daddy? Übertragung, Gegenübertragung,

therapeutische Situation. Allgemein und am Beispiel »früher Störungen«. Psyche 55: 97 – 135.
Moser, U., von Zeppelin, I. (2009): Implizite und Explizite Formen der Reflexivität (am Beispiel von Traum, Wahn und psychoanalytischer Situation). Unveröffentlichter Vortrag.
Müller-Pozzi, H. (1991): Psychoanalytisches Denken. Eine Einführung. Bern: Hans Huber.
Müller-Pozzi, H. (2008): Eine Triebtheorie für unsere Zeit. Bern: Hans Huber.
Nishijima, G. W. (2001): Zeit und Erwachen in Dōgen Zenji's Shōbōgenzō. Lotusblätter 3/2001: 18 – 23.
Nāgārjuna's Letter to a Friend (2005). Ithaca: Snow Lion Publikations.
Nyanatiloka (1989): Der Weg zur Reinheit. Vissuddhi-Magga. Konstanz: Verlag Christiani.
Ogden, T. (2004): This art of psychoanalysis. Int. J. Psychoanal. 85: 857 – 877.
Ogden, T. (2005): Reading Bion. In: Ogden, T.: This Art of Psychoanalysis. London und New York: Routledge.
Parson, W. B. (1999): The enigma of the oceanic Feeling. Oxford: Oxford University Press.
Parson, W. B, (2008): Psychoanalysis meets Buddhism: The Development of a Dialogue. Unveröffentlichtes Manuskript.
Parsons, M. (2006): The Analyst's Countertransference to the psychoanalytic process. Int. J. Psychoanal. 87: 1183 – 1198.
Pelled, E. (2007): Learning from experience. Bion's concept of reverie and Buddhist meditation. Int. J. Psychoanal. 88: 1507 – 1526.
Plassmann, R. (2007): Psychoanalyse und EMDR. Vortrag auf der DPV-Tagung Bad Homburg.
Solms, M. (1996): Was sind Affekte? Psyche 50: 485 – 522.
Pontalis, J. B. (1989): Ins Beginnen verliebt. Tübingen: Edition discord.
Quinodoz, J. M. (1993): The Taming of Solitude. London, New York: Routledge.
Quinodoz, D., Aubry, C., Bonard, O., Déjussel, G., Reith, B. (2006): Being a psychoanalyst: An everyday audacity. Int. J Psychoanal 87/2: 329 – 347.
Rabten, G. (2003): Der Geist und seine Funktionen. Le Mont-Pèlerin, CH: Edition Rabten.
Racker, H. (2002): Übertragung und Gegenübertragung. München, Basel: E. Reinhardt-Verlag.
Renik, O. (2004): Intersubjectivity in psychoanalysis. Int. J Psychoanal 85: 1053 – 1064.
Rey, H. (1994): Universals of Psychoanalysis in the Treatment of psychotic and borderline states. London: Free Associations Books.
Riesebrodt, M. (2007): Cultus und Heilsversprechen. München: C. H. Beck.

Rosenfeld, H. (1981): Zur Psychoanalyse psychotischer Zustände. Frankfurt a. M.: Suhrkamp Verlag.

Rubin, J. (1996): Psychotherapy and Buddhism: toward an integration. New York: Plenum Press.

Sartre, J.-P. (2007): Das Sein und das Nichts. Hamburg: Rowohlt Verlag (7. Auflage).

Scharff, J. (2008): Verwickeln und Entwickeln – das analytische Paar und das Sexuelle. Vortrag auf der DPV-Tagung in Hamburg, 2008.

Schmid, Wilhelm (2007): Glück. Frankfurt a. M.: Insel Verlag.

Schneider, G. (2002): Die Zukunft? Die notwendige Atopie der Psychoanalyse. Und vergessen wir nicht – Bartleby… Unveröffentlichtes Manuskript.

Schneider, G. (2003): Fokalität und Afokalität in der (psychoanalytischen) tiefenpsychologisch fundierten Psychotherapie und Psychoanalyse. In: Gerlach, A. et al. (Hrsg.): Psychoanalyse mit und ohne Couch. Haltung und Methode. Gießen: Psychosozial-Verlag, S. 108 – 125.

Schneider, G. (2005): Die Gefahr der Heilung – psychische Veränderung als tödliche Bedrohung. J Psychoanal. 51: 81 – 112.

Schneider, G. (2006): Ein »›unmöglicher‹ Beruf« (Freud) – zur aporetischen Grundlegung der psychoanalytischen Behandlungstechnik und ihrer Entwicklung. Psyche 60: 900 – 931.

Schneider, G. (2008): Vortrag auf der DGPT-Tagung in Bonn, September 2008.

Sedler, M. (1983): Freud's concept of working through. Psychoanalytic Quarterly, LII: 73 – 98.

Shōbōgenzō (2001 – 2008): Band 1 – 4. Heidelberg: Werner Kristkeitz Verlag.

Stark, T. (2005): Die masturbatorische Position und der Ausschluß der Verführung. Eine situationstheoretische Konzeption und ihre technischen Folgen. Psyche 59: 1 – 33.

Stern, D. et al. (2002): Nicht-deutende Mechanismen in der psychoanalytischen Therapie. Psyche 56: 974 – 1006.

Stolorow, R., Atwood G. (1992): Contexts of Being: The Intersubjective Foundation of Life. Hillsdale, N. J.: The Analytic Press.

Streeck, U. (2002): Begrüßungen und Verabschiedungen. Forum Psychoanal. 18: 20 – 36.

Streeck, U. (2002): Handeln im Angesicht des Anderen. Psyche 56: 247 –274.

Sugarman, A. (2006): Mentalization, insightfulness, and therapeutic action. The importance of mental organization. Int. J. Psychoanal 87, 4: 965 – 987.

Suler, J. (1999): Paradox. In: Molino, A. (Hrsg.): The Couch and the Tree. Dialogues in psychoanalysis and buddhism. New York: North Point Press.

Suzuki, S. (1975): Zen-Geist – Anfänger-Geist. Berlin: Theseus-Verlag.

Suzuki, S. (1970): Zen mind, Beginners mind. New York: Weatherhill Inc.

Thanissaro Bhikkhu (2008): Leere (Emptiness) Gestalttherapie 22/1.

Thich Nhat Hanh (1993): Das Diamant Sutra. Berlin: Theseus-Verlag.
Thich Nhat Hanh (2001) Aus Angst wird Mut. Berlin: Theseus-Verlag.
Thomä, H.; Kächele, H. (1985) (Hrsg.): Lehrbuch der psychoanalytischen Therapie. Bd. 1: Grundlagen. Berlin, Heidelberg, New York, Tokyo: Springer.
Thomas, C. A. (2008): Am Tor zur Hölle: Der Weg eines Soldaten zum Zen-Mönch. Berlin: Theseus.
Treuerniet, N. (1996): Über eine Ethik der psychoanalytischen Technik. Psyche 50: 1 – 31.
Tuckett, D. (2005): Does anything go? Int. J. Psychoanal. 86: 31 – 49.
Wallerstein, R. S. (2006): Entwicklungslinien der Psychoanalyse seit Freud: Divergenzen und Konvergenzen einer Wissenschaft im steten Wandel. Psyche 60: 798 – 828.
Wandschneider, D. (1995): Grundzüge einer Theorie der Dialektik. Stuttgart: Klett-Cotta.
Watts, A. (2002): Weisheit des ungesicherten Lebens. O. W. Barth Verlag.
Weber-Brosamer, B.; Back, D. M. (2005): Die Philosophie der Leere. Harrassowitz Verlag.
Weischede, G. (2006): »In welcher Welt leben wir eigentlich?« Lesebuch eines Zen Adepten. Hagen: Pomaska Brand Verlag.
Weischede, G. (04/2004): In welcher Welt leben wir eigentlich? Xen 1 Dharma Sangah Europe, Buddhistisches Studienzentrum Johanneshof, Herrischried.
Weischede, G. (12/2004): Ein sicherer Ort Xen 2 Dharma Sangah Europe, Buddhistisches Studienzentrum Johanneshof, Herrischried.
Weischede, G. (07/2005): Ankommen im Atemkörper Xen 3 Dharma Sangah Europe, Buddhistisches Studienzentrum Johanneshof, Herrischried.
Weischede, G. (05/2006): Ein Haus für die nächsten tausend Jahre Xen 4 Dharma Sangah Europe, Buddhistisches Studienzentrum Johanneshof, Herrischried.
Weischede, G. (07/2007): Verantwortung praktizieren Xen 5 Dharma Sangah Europe, Buddhistisches Studienzentrum Johanneshof, Herrischried.
Weischede, G. (2008): »Die kleine Pause zwischen den Gedanken«. In: »Kommunikation und Seminar«. Paderborn: Junfermann Verlag.
Welwood, J. (1998): Towards a Psychology of Awakening: Buddhism, Psychotherapy, and the Path of Spiritual Transformation. Boston: Shambala Pub.
Wilber, K. (1999): Das Wahre, Schöne, Gute – Geist und Kultur im 3. Jahrtausend. Frankfurt a. M.: Krüger Verlag.
Winnicott, D. W. (1993): Reifungsprozesse und fördernde Umwelt. Geist und Psyche. Frankfurt a. M.: Fischer Verlag.
Wolinsky, S. (2002): Ich bin dieses Eine. Frankfurt a. M.: VAK Verlag.

Wurmser, L. (1987): Die Flucht vor dem Gewissen. Berlin, Heidelberg, New York: Springer Verlag.

Wurmser, L. (1989): Die zerbrochene Wirklichkeit. Berlin, Heidelberg, New York: Springer Verlag.

Zwiebel, R. (1992): Analytiker-Geist/Anfänger-Geist. Fragmente – Schriftenreihe zur Psychoanalyse 38: Traum und Trauma: 151 – 161.

Zwiebel, R. (1994): Übertragung und Gegenübertragung im Lichte des Anfängergeistes. Unveröffentlichter Vortrag in der Akademie für Psychoanalyse in Stuttgart, Dezember 1994.

Zwiebel, R. (1999): Neue Spiritualität und Psychoanalyse. Einige Gedanken zum »ozeanischen Gefühl«. In: Schlesinger-Kipp, G. (Hrsg.): Psychoanalyse in der Tradition Alexander Mitscherlichs. Gießen: Psychosozial-Verlag.

Zwiebel, R. (2001): Das Konzept des Inneren Analytikers. Forum Supervision, 9/18: 65 – 82.

Zwiebel, R. (2003): Die Position des Analytikers. In: Gerlach, A., Schlösser, A.-M., Springer, A. (Hrsg.): Psychoanalyse mit und ohne Couch. Gießen: Psychosozial Verlag: S. 36 – 59.

Zwiebel, R. (2003): Psychische Grenzen und die innere Arbeitsweise des Analytikers. Psyche 57: 1131 – 1157.

Zwiebel, R. (2004): The Third Position: Reflections about the internal analytic working process. Psychoanalytic LXXIII: 215 – 265.

Zwiebel, R. (2004): Einige klinische Anmerkungen zum Konzept des »lebendigen analytischen Kontaktes«. In: Ullrich Beumer et al. (Hrsg.): Freie Assoziation. Zeitschrift für das Unbewusste in Organisation und Kultur. Festschrift zur Emeritierung von Dieter Ohlmeier, 7/1 S. 55 – 75.

Zwiebel, R. (2004): Der Analytiker als Anderer: Überlegungen zum Einfluß der Person des Analytikers in der analytischen Praxis. Psyche 58: 836 – 868.

Zwiebel, R. (2007a): Verarbeiten – Durcharbeiten – Nacharbeiten – die seelische Arbeit des analytischen Paares. Vortrag auf der IPA-Tagung in Berlin, Juli 2007.

Zwiebel, R. (2007b): Von der Angst, Analytiker zu sein. Das Durcharbeiten der phobischen Position. Stuttgart: Klett-Cotta.

Zwiebel, R. (2008): Allein-Sein in der Gegenwart des Anderen. Vortrag auf der DGPT-Tagung in Bonn, September 2008.

Zwiebel, R. (2009): Gelingen und Scheitern: Dilemmata heutiger psychoanalytischer Praxis. Frankfurt a. M.: Geber & Reusch.